心を科学する　心理学入門

岩崎祥一
Iwasaki Syuichi

勁草書房

はじめに

　「心を科学する」という限定をつけて心理学入門を著したのは，講義などで学生からもたらされる反応をみると，心理学はどうやら科学の一分野だと思われていない，という印象に対する著者の戸惑いが背景にあった。どうも，世間一般で受け取られている心理学というのは，隠れた心の動きを読み取ったり，人間の性格を診断したり，カウンセリングにより心の悩みを解消したり，というどちらかというとより臨床的な，悪く言えばどこか胡散臭い学問だと思われているようである。

　しかし，第 1 章でも紹介しているように，心理学は 19 世紀に誕生して以来，一貫して心という主観的世界を「客観的に」理解することをめざしてきた。個人の心に去来する思いのような本人しか知り得ないことがらを理解することは，かつてはもっぱら哲学の仕事であった。しかし，主観にだけ頼っていたのでは，議論は，水掛け論に終わる可能性が高い。そうなると，議論は一定の方向に収束せず，ただ循環するだけとなる。科学的方法論は，そうした無駄な議論を排除し，議論を収束させることを可能にする。

　それでは，主観的なものをどのように客観化し，そこから収束可能な議論を引き出したらよいのだろう。心理学者は，長年，この点に苦労を重ねてきた。そのため，最初は，内観により，次には行動を通じて，そして近年は脳の活動と対応させることで，主観世界を客観世界に結びつけようとしてきた。そこでは，観測の確かさと結果の確かさを基礎に，合理的推論を加えることで収束可能な議論を得る努力が重ねられてきた。

　近年，臨床医学では，「証拠に基づいた（evidence-based）治療」という言葉がよく聞かれるようになってきている。これもそれまでの個々のお医者さんの個人的経験に基づいた治療法ではなく，多くの臨床医がたくさんの患者さんに治療して得られた結果を統計的に処理して得られた結果に基づいて，もっとも有

効と思われるやり方を選択すべきだという考えが反映されている。個々人の経験には限りがあり，たまたま出会った印象的な例に判断が強く影響される傾向がある。そのため，経験的な治療法は，独りよがりになりやすい。それを排する方法が多くのデータの統計処理である。同じ事が心理学でも言える。一人一人，皆違っている人の行動や心の働きについて，自分の個人的経験に頼った説明は，たとえ妥当なものだとしても，別の説明との間で論争が起こった場合，一定の結論に収束することはむずかしい。

客観性を支える最初の基盤は，実験による観測の確かさである。物理の世界では，観測を何兆回も繰り返すことで，現象の確からしさを極限まで追求しているが，心理学ではそんなに何度も観測を繰り返すことは，生き物を対象として実験を行うという現実的な制約もあり，不可能である。その代わりとして，（物理学とは違い，実験それ自体は行うことにそれほどのコストがかからないこともあり）複数の研究者が，同種の実験を繰り返し，その再現性を統計的にチェックすることで，現象の客観性を高める工夫をしている。

客観性を支える第2の基盤は，妥当性と論理である。ここでいう妥当性とは，実験が測定した結果が，問題とする現象を本当に反映していると言えるかどうかという点である。これは，現実世界に密着した現象を扱っている心理学では微妙なむずかしさを伴う問題である。たとえば，トピック6–1で取り上げた「服従の心理」のような実験では，現実の世界で起こった出来事（ナチスによるユダヤ人の虐殺）を，実験室で果たしてどこまで再現できているかが問題になる。扱っている現実の問題に照らして妥当性が保証された実験であれば，結果の解釈に論理的な整合性があれば，客観性は一定程度保証される。

以上，長々と心理学の「科学的」有り様について述べてきたが，科学的であることが格別すばらしいということが言いたいわけではない。単に，それがもっとも確実に事象の本当らしい説明を手に入れる手軽な方法だというに過ぎない。科学的であろうとすると，対象から除外されてしまう現象も出てくる。これは，科学的アプローチの弊害である。たとえば，心理学の歴史を振り返ってみると，行動主義の時代には，観察可能であることを重視するあまり，心の世界で日頃経験されている多くの現象（たとえば，意識や注意）が，研究対象から排除されてしまった。これは，手段と目的を混同したことがもたらした科学的アプローチ

の弊害と言える。

　本書は，全部で 8 章から構成されている。第 1 章は，主に心理学の歴史と方法について述べている。そのため，やや形式的で堅い内容となっているかもしれない。もし，興味がなければ，無視しても後の章の理解に特に支障はないであろう。

　第 2 章は，脳と心の関係についての紹介である。心の働きを支えているのは，脳の様々な部位の機能であることを，理解していただくのが狙いである。そのためには，神経細胞や神経伝達物質，脳の解剖学的な構造についても，ごく初歩的な説明を行っている。最近の脳科学ブームもあり，脳の機能や構造についての説明も，それほど違和感なく受け入れてもらえると期待している。もし，興味があれば，ぜひこの分野の本を読んでいただきたい。

　第 3 章は，普通は心理学の入門書には登場しないが，近年研究が盛んになった進化心理学の紹介である。著者の個人的思いとして，人間の行動を理解するためには，心の働きを生み出す基本的メカニズムについて知る必要があると考えている。では，何がそうした基本的メカニズムであろうか。それは「本能」と本能に駆動された学習であると考える。人間の場合，「本能」とは，特定の生まれつきの行動傾向（第 6 章）と学習傾向（第 5 章「学習の準備性」）のことである。「本能」の理解のためには，それが形成されてきた歴史，つまりヒト以前の高等な霊長類からヒトに至る進化の過程を知る必要がある。なぜなら，「本能」を支える心の働きは，環境に対する適応を通じて，つまり進化の過程で，現在観察されるようなあり様となったからである。生まれついた環境がどのようなものだったとしても，それに適応することができることが，我々人間の大きなアドバンテージとなっている。言い換えると，ヒトの適応能力は，大きな脳がもつ大きな学習能力に支えられている。大きな学習能力を効率的に駆動するのが，「本能」の役割の 1 つである。

　第 4 章は，「外界について知り，行動を意図的に制御する」という心の働きを扱っている。これは，知覚と認知の機能である。知覚の働きについては，主として視覚を扱っている。これは，人間が視覚優位の動物であること，それに心理学での知覚の研究では，視覚に関する研究が，歴史的にも，内容的にも最も豊かであるからである。認知の機能は，「認知革命」以後，知的機能のみならず，

はじめに

人間行動のあらゆる側面をカバーするようになっており，科学的な心理学研究では主流をなす心の働きである。認知について触れている内容は，紙面の制約もあり，ごく表面的な浅いものとなっている。ぜひ，他の多くの関連図書を読んで，理解を深めていただきたい。

第5章は，学習と記憶を扱っている。これは，行動主義の時代から受け継がれている心理学の伝統的な研究分野である。学習に関する研究は，現在は，生理学的な研究や遺伝学的な手法による研究が主流となっているが，ここでは古典的な内容を紹介するにとどめた。記憶についても，言語材料を用いた伝統的な記憶研究を主として紹介している。

第6章は，人を行動へと駆り立てる内部の状態（動機づけと情動）について紹介している。行動の自発性を支え，我々が他の人の心を理解しようとするときに用いている装置が，この動機づけと情動である。また，学習や行動の選択にも深く関わることで，ヒトらしさを生み出すことに重要な貢献をしている心の機能でもある。

第7章は，個人差を扱っている。人は一人一人独自の個性を持っている。その個性は，知能と性格にまとめることができる。この2つの個性の側面が，どのように測定されるのか，またそれを生み出す要因にはどのようなものがあるのかについて紹介している。

第8章は，心の働きに変調が生じた場合に，どのような問題がおこるのか，それをどのように正常な状態へと戻すのか，つまり心の働きの臨床的な側面を扱っている。内容は，ごく表面的なものであるが，臨床心理学や精神医学について紹介した書籍は事欠かないので，興味のある方は，ぜひそうした本を読んでいただきたい。

以上が本書の構成である。本書で扱っていない重要な心理学の研究分野としては，社会心理学と心の発達がある。これについては，ぜひ他の教科書なり入門書なりを読んでいただきたい。

最後に，誤解を招かないように付け加えておくが，人間を理解するためには，科学的心理学がすべてではない。理解には，客観理解と共感的理解がある。本書で紹介した内容は，他人を冷静に見つめて得られる前者の理解であり，人と関わる職業で重要な後者の理解ではない。後者の理解を深めるには，より個人

の内面を具体的に扱った臨床的なケース研究や（サンプルに歪みがあるが）小説や
映画のような架空の物語から学ぶことが有効である。

目　次

はじめに

第1章　科学としての心理学 ································· 3

1.1　科学という行為　3
1.2　科学としての心理学の歩み　8
1.3　心理学におけるパラダイムシフト　9
1.4　心理学の研究対象と方法　15
1.5　心理学と統計　18

第2章　脳と心 ······································· 29

2.1　心の座はどこか　29
2.2　心とは　32
2.3　神経系と脳　34
2.4　機能局在　40
2.5　大脳半球機能の左右差　43
2.6　覚醒と睡眠　49

第3章　心の進化 ····································· 57

3.1　進化と遺伝子アルゴリズム　57
3.2　ヒトの特徴　59
3.3　直立2足歩行　61
3.4　脳の拡大　64

vii

目　次

　　3.5　ヒトの家族の成立　70

　　3.6　道具の使用と製作　71

　　3.7　言語の進化　74

　　3.8　高次の精神機能　82

　　3.9　ヒトの社会性の進化　87

第4章　知覚と認知 93

　　4.1　感覚器官の役割　93

　　4.2　感覚器官による情報伝達　94

　　4.3　知覚の安定性　100

　　4.4　視覚情報処理の2つの経路　102

　　4.5　環境と関わる　104

　　4.6　対象知覚　108

　　4.7　認知とは　113

　　4.8　注意　113

　　4.9　自動と能動　115

　　4.10　知識の構造　116

　　4.11　思い出すと思いつく　118

　　4.12　意思決定　121

第5章　学習と記憶 129

　　5.1　様々な学習　129

　　5.2　学習の進化　130

　　5.3　慣れ　131

　　5.4　古典的条件づけ　132

　　5.5　道具的条件づけ　135

　　5.6　観察学習　140

　　5.7　学習の準備性　143

　　5.8　記憶　147

目　次

5.9　感覚貯蔵　148

5.10　短期記憶　150

5.11　長期記憶　153

5.12　何が記憶に残るのか　154

5.13　覚えるという行為　159

5.14　思い出すとは　161

5.15　記憶は経験の忠実なコピーか　164

5.16　忘れるとは　168

第6章　動機づけと情動 ································· **177**

6.1　動機づけとは　177

6.2　動機づけの仕組み　178

6.3　生物学的動機づけと視床下部　179

6.4　内発的動機　181

6.5　社会的動機　182

6.6　労働への動機づけ　185

6.7　動機づけと学習　186

6.8　ヤーキス＝ドッドソンの法則　190

6.9　情動　193

6.10　情動の機能　194

6.11　情動にともなう末梢の生理学的変化　199

6.12　情動の理論　200

6.13　表情の生得性　205

6.14　情動に関わる脳のシステム　208

第7章　個人差 ··· **219**

7.1　個人差の測定　219

7.2　初期の知能測定の試み　220

7.3　ビネーによる知能テスト開発　222

目　次

　　7.4　知能の成り立ち　225

　　7.5　知能に対する遺伝の影響　229

　　7.6　知能に対する環境の影響　231

　　7.7　知能に関わる遺伝子　235

　　7.8　性格　236

　　7.9　性格の構造　236

　　7.10　類型論と特性論　237

　　7.11　特性論　237

　　7.12　性格の測定法　238

　　7.13　性格の基本的次元　239

　　7.14　三つ子の魂百まで　241

　　7.15　性格に対する遺伝的影響　241

　　7.16　性格に対する環境の影響　244

　　7.17　個人差と社会適応　247

第8章　脳の病気・心のやまい‥‥‥‥‥‥‥‥‥‥‥‥‥‥‥‥‥‥‥‥‥　253

　　8.1　精神疾患の分類　253

　　8.2　脳の機能変調　254

　　8.3　心の機能変調　258

　　8.4　人格障害　265

　　8.5　脳の病気・心のやまいはなぜ起こるか　269

　　8.6　脳の病気・心のやまいを治療するには　273

　　8.7　行動変容の仕組み　277

引用文献‥‥‥‥‥‥‥‥‥‥‥‥‥‥‥‥‥‥‥‥‥‥‥‥‥‥‥‥‥‥‥　285

事項索引‥‥‥‥‥‥‥‥‥‥‥‥‥‥‥‥‥‥‥‥‥‥‥‥‥‥‥‥‥‥‥　303

人名索引‥‥‥‥‥‥‥‥‥‥‥‥‥‥‥‥‥‥‥‥‥‥‥‥‥‥‥‥‥‥‥　311

目　次

トピック

トピック1-1：自然現象の統計分布　　27
トピック2-1：体外離脱体験　55
トピック3-1：共感性の進化　91
トピック4-1：月の錯視　125
トピック4-2：閾下広告　127
トピック5-1：夢と記憶　172
トピック5-2：心因性健忘　174
トピック6-1：服従の心理　214
トピック6-2：労働の倫理　216
トピック7-1：誰がエイリアンに誘拐されるか　251
トピック8-1：セルフカウンセリング　282

心を科学する

心理学入門

第1章 科学としての心理学

　この章では，科学的とはどのような営みであり，また科学の中で心理学はどのように位置づけられるのか，またどのような歴史的経緯により現在の心理学の研究方法や研究対象が決まってきたのかについて紹介するとともに，科学的心理学を支える方法論の概略を紹介する。

1.1　科学という行為

1.1.1　数量化

　科学の営みは，理論と実験により支えられている。実験は観測により現象を数値で表現する。この数値で表現するという営みが科学の第一歩である。数字に表された現象は，それ自体が一種の抽象表現である。リンゴが 5 個ある状態とミカンが 5 個ある状態は，5 という数としては同じであり，5 個のリンゴと 3 個のリンゴを足そうが，5 個のミカンと 3 個のミカンを足そうが得られる数 8 は，具体的な実態としては違うもの（リンゴとミカン）だが，個数としては同じである。このように，数値化することで現実の対象から特定の性質を抽象化して表現することができる。科学が目指しているのは，そうした抽象化された世界の姿とそれを動かしている仕組みを明らかにすることである。

　数量化することの意味は，言葉による表現に伴う曖昧さを取り除き程度の違いを量として扱えるようにすることにある。科学・技術の発達した現代に生きるわれわれは，こうした数量化に何の疑問も抱かないかも知れないが，これは

3

第 1 章　科学としての心理学

歴史の中で徐々に培われていった態度がそうさせているのである。古代ギリシャ
の哲学者アリストテレスは言葉による定性的な叙述と分析の方が数字を用いた
定量的な手法より有用であるとみなしていたという[1]。当時は，数量化の意義
はおしなべてその程度にしか認識されていなかったものと思われる。

1.1.2　心理学での数量化

　長さや重さのような物理的な量の場合には，それを Kg や cm を単位として
計量することに特に疑問は起こらないかもしれないが，心理学が扱う心が示す
性質（属性）は，それを数量化しようとすると，その意味する内容がかならず
しも単純に理解や納得できるとは限らないものがたくさんある。それにもかか
わらず，第 7 章（個人差）でも紹介するように，心理学はさまざまな心の属性に
ついて，それを数値化するための方法を開発してきた。では，心理学的計測に
よって表現される数とは，どのような性質の数だろうか。

1.1.3　数のカテゴリー

　感覚の数量化の研究で有名な**スティーブンス**（Stevens, S.S.）は，表 1–1[2] に
あるように，数を 4 つのカテゴリー（尺度）に分類している。そのうち，名義数
（nominal number）に基づく**名義尺度**は，アンケート調査の結果を統計処理する
際に性別を区別するために，男性を 1，女性を 2 とするように，質的に異なる
集団に対し任意の数を割り振る手続きをいい，その結果割り当てられた数字は，
数としての働き（大きさや順序）はなく，便宜的にラベルとして使われている。こ
れ以外の，**順序尺度**，**間隔尺度**，それに**比率尺度**は，それぞれ順序のみが保た
れていて 2 つの間隔の間で等距離性のないのが順序尺度，等間隔を保証された
数の並びからなる間隔尺度，等間隔の上にゼロ点をもち，比率の計算ができる
比率尺度というように，この順でより数としての性質が明確になっていき，そ
れに応じて適用可能な統計処理も変化してくる（表 1–1）。心理学で主観的な状
態を数量化する場合に最も一般的なやり方は，その心理量に対しある範囲の数
から最もふさわしいものを選ぶというやり方である。こうして得られた結果は

---

1)　クロスビー，A.W.（2003）. pp. 31–32.
2)　Stevens, S.S.（1946）.

4

1.1 科学という行為

表 1-1：スティーブンスによる数の尺度

尺度	基本的実験操作	可能な統計量
名義	同一性の決定	場合の数 最頻値 随伴相関
順序	大小判断	中央値 百分率
間隔	距離の同一性・差	平均や標準偏差 順序相関 積率相関
比率	割合の同一性	分散係数（平均値に対する表中偏差値の割合）

順序尺度で表された数である。たとえば，痛みの程度を 0-10 のなかから答えさせる，ある対象がどれくらい好きか（あるいは嫌いか）を 7 段階で評定させるなどがこれに相当する。このやり方で，比較的簡単にさまざまな主観的な状態を量として計測することができる。

1.1.4 理論の役割

現象を観測し，そこから数量化したデータを得るのは実験の役割だが，そうしたデータが大量に集まってくると，そこに何らかの秩序を見いだす必要がでてくる。人間が一時に扱えるデータはたかだか数個（第 5 章「短期記憶」の節）に過ぎず，これを超えるデータを一度に与えられても，われわれの頭はそのデータ量に圧倒されて混乱するだけである。科学的な研究は，現象の観察から始まるが，その結果としてさまざまな知見がデータとして集積される。科学的な態度が広まり始めた 18 世紀のヨーロッパでは，逸話的な体験談も含むありとあらゆる知見を一つにまとめようとした啓蒙思想が起こった。当時の啓蒙思想家ディドロとダランベールは，仲間と協力してその当時の種々雑多な知識を 20 年以上もかけ全 28 巻の百科全書にまとめている。こうした知識の集積は，当時の啓蒙主義的な時代精神とマッチしていたのかもしれないが，大量の知識の羅列は，好奇心を満足させることはあっても，そこからなんらかの一貫したイメージや思想を得ることはできず，ただただ知識でいっぱいになり頭が混乱するだ

5

第1章　科学としての心理学

けである。

　インターネットの普及が進んだ現在では，グーグルで検索用語を打ち込めば
たちまち膨大なデータを手に入れることができる。そうしたデータは信頼性の
乏しいものや一方的な立場から書かれたものなど，玉石混淆であるが，こちら
がそのことに留意してデータを利用する分にはたいへん有用なデータベースと
なっている。IT 技術の発達した現在では，データの不足ではなく，その過剰に
こそ問題がある。過剰なデータがもたらす問題は，啓蒙主義の時代の百科全書
がもたらす問題とも共通の，それをどのように総合的に評価しまた秩序づける
かという問題である。これを行うのが理論の役割である。

　科学理論は，実験で得られたデータに構造を与える役割を果たすとともに，こ
れまで得られていないデータについても，どのような結果が得られるかを予想
させてくれる。理論の予想が本当に正しいかどうかは観測により確認される。古
典的な科学理論から例をとると，アインシュタインが打ち立てた一般相対性理
論は，宇宙の質量及びエネルギーと時空の構造の関係を扱っている。そこから導
かれた結果の一つが，大きな質量を持つ物体の周辺では時空が歪むというそれ
まで想像すらされなかった予想である。この予想は，イギリスの天文学者アー
サー・エディントン卿を中心とする観測隊が 1919 年の日食の際に南アフリカ
で太陽の近傍にある星の位置を観測し，その位置が日食の前後でどのくらいず
れるかを測定することで確認され，これにより一般相対性理論とアインシュタ
インの名声は不動のものとなった[3]。このように，理論は新しい実験をもたら
すことで科学の研究の発展に貢献するとともに，得られたデータに構造を与え
ることで，われわれの認知能力に対する負荷を軽減してくれる。

1.1.5　パラダイムシフト

　現在の科学的研究は，一種のビジネスとして組織的に行われている。科学者
は，それぞれの分野で正当と認められたテーマについて，適切と認められた方
法で実験を行いそれによりデータを得る。データが得られたら，それを一定の
形式でまとめて論文として発表する。そのためには，論文は，まず雑誌に投稿

---

3)　モファット，J.W. (2009).

6

され，そこで同じ内容を研究する他の研究者達により評価され，発表する価値が高いと認められると，はじめて雑誌に掲載されることが許される。こうした一連のプロセスを科学史家のトーマス・クーンは，『科学革命の構造』[4] というよく知られた本の中で**パラダイム**（paradigm）という言葉で表現した。パラダイムとは，クーンが通常科学と呼んだ一定の決まり事の枠内で営まれる科学者の日常的な仕事の枠組みをいう。そこでは科学者は過去の業績を受け継ぎそれを発展すべくパラダイムが認めた方法を駆使して研究を行い，その成果をパラダイムに合致する論文誌に発表する。クーンは，そうした活動をパズル解きと読んだ。しかし，こうした研究活動の中から稀にそれまでの理論とは合わない知見が得られることがある。そうした知見をクーンは，アノマリーと呼んだ。アノマリーとは異常とか例外という意味である。アノマリーの発見がきっかけとなって，それまでのパラダイムが棄てられ，新しいパラダイムが採用されることになる。この変革のプロセスをクーンは科学革命と名付けた。

　現実の科学的研究は，生身の人間が行っている活動であり，当然それを行う人間のもつ性質を反映して人間くさいものとなる。具体的な例をあげると，自分が信じていることがら（科学者の場合はこれまでのパラダイムとそれが支える理論）と合致する意見はたやすく受け入れても，合わない意見に対してはなかなか受け入れようとしないのが人の常であり，科学者といえども例外ではない。従って，クーンのいうアノマリーが見つかったとしても，それが学界でただちに受け入れられ，古い理論が新しい理論にとってかわられるということになるとは限らない。アノマリーが新しい理論やパラダイムになるまでには，長い時間が必要なことが多い。

　そうしたアノマリーに対する他の研究者からの強い反発を示す例を心理学の研究から選ぶと，チンパンジーでの言語学習実験（第3章）に触発されて，大型のオウム（ヨウム）に言語を教えることを試みた**ペパーバーグ**（Pepperberg, I.）という女性研究者の経験談[5] がある。オウムを含むいくつかの鳥類では人の発声を真似た音声を習得できることはよく知られているが，ペパーバーグの研究は，それが単なる物まねではなく，概念の習得に基づく言語行動である可能性

---

4)　クーン, T. (1971).
5)　ペパーバーグ, I.M. (2010). pp. 105–107.

第 1 章　科学としての心理学

を示した画期的研究成果である。

　しかしこの成果は，現在でも言語行動に関して信じられている理論的枠組み
とは相容れないアノマリー中のアノマリーである。1979 年に彼女が初期の成果
を短い論文にまとめ，サイエンスというアメリカの権威ある学術誌に送ったと
ころ，「関心のあるテーマではない」という短いコメントとともに返送されてき
たという。どうも内容をまともに検討したとは思えないほどそのレスポンスは
早かったと彼女は述べている。その後，イギリスのネイチャーに論文を送った
時にも同様の扱いを受けた。言語は人間に特有の機能だと考えられており，人
間以外の動物で我々人間が使用している言語と同等の機能を習得できたという
例は，その当時は（そして現在でも），チンパンジーやゴリラのような高等類人猿
でしか知られていず，クルミ程度の大きさの脳しかもたず，しかも高等哺乳類
のような発達した大脳皮質を持たない鳥類が言語使用や抽象的な概念の獲得と
呼べる行動を示すなどとはとうてい信じられないというのが，言語進化につい
て研究している研究者の大部分の考えだった。従って，ペパーバーグの得た研
究結果は，現在でもそれまでの言語に関する理論を変えるべきアノマリーでは
なく，鳥類での一風変わった学習行動の特殊なケースとして扱われているよう
である。

1.2　科学としての心理学の歩み

　心理学が科学としての歩みをスタートさせたのは，科学の中でも後発であっ
た。一般には，1879 年にドイツの**ヴント**（Wundt, W.）がライプチッヒ大学に
心理学の研究室を創設したことに始まるとされている。ヴントは，医師として
の教育を受けた後，1875 年に哲学の教授としてライプチッヒ大学にやってきた。
こうしたバックグラウンドもあって，ヴントは，問題意識としては哲学の，方法
論としてはその当時の生理学の研究方法である反応時間の測定を取り入れ，実
験により心の過程を明らかにしようとした。ヴントが用いたもう一つの研究法
は，**内観**（introspection）と呼ばれる方法であった。これは，実験参加者が自分
の心を観察し，それを言語報告するという方法である。そのために，実験参加
者は自分の観察した心の状態を正確に言語化できるようにあらかじめ訓練を受

ける必要があった[6]。

1.3　心理学におけるパラダイムシフト

　心理学では，これまで 2 度にわたりパラダイムシフトが起こっている。最初のパラダイムシフトは，ヴントが用いた内観という観察方法に対する異議から生まれた**行動主義**（behaviorism）であった。行動主義が問題にした点は，内観という方法及びその方法により観察された心の中で生ずる現象にあった。内観を用いて心の現象に迫ろうとしても，それにより得られた内容は当人しか知ることができず，他者にはそれを直接確認するすべがない。言い換えると，それは主観的な現象である。

　この内観報告の主観性については，イギリス経験哲学者のロックが哲学の問題として検討している。ロックは，色のスペクトラムが普通の人とは逆転した仮想的な人物（仮に太郎と呼ぶ）を想定した。太郎は，普通の人が青い光（波長が短い）と見る光を「赤」と知覚し，逆に普通の人が赤い光（波長が長い）と知覚する光を「青」と知覚する。ロックが取り上げた問題とは，もし，そういう人が存在したとしたら，太郎の知覚を通常の色彩知覚を持つ人と区別できるだろうか，という疑問である。太郎は，青い光に対し，普通の人が「赤い」と感ずる主観的な知覚印象を持っているが，言葉を習得する過程でそれに対しては「青い」という言葉を発することを学んでいる。従って，青い光に対しては普通の人とは違った主観的体験を持っているにもかかわらず，やはり「青い」と反応することになる。つまり，主観的印象がたとえ異なっていたとしても，太郎の色彩知覚に対する内観報告を調べるだけでは，その違いを明らかにすることはできないだろう。だとすると，内観によって感じている色がどのようなものであるかをいくら議論しても，堂々巡りに終始してしまう[7]。実際，たとえば，芸術作品の善し悪しを巡って，批評家の間で意見が対立した場合，双方の主張が主観的印象に立脚しているため，決着がつかないことがままある。

---

6)　トムソン, R. (1969).
7)　Byrne, A. (2010).

第 1 章　科学としての心理学

1.3.1　行動主義

　客観性を重視した立場から，科学的心理学は観察可能な現象のみを研究対象
とすべきだと唱えたのは**ワトソン**（Watson, J.B.）というアメリカの心理学者で
あった。何を科学的とみなすかに関するワトソンの考えは，当時の論理実証主
義という科学哲学の影響を強く受けたものであった。彼は，1913 年に『行動主
義者から見た心理学』という著書を出版し，当時のアメリカ心理学会に最初の
パラダイムシフトを起こした[8]。ワトソンが唱えた行動主義は，その後に起こっ
た第 2 のパラダイムシフトといえる認知革命を経た現在でも，行動科学という
専門分野の名称としてその影響を残している。ワトソンは，心理学は観察でき
るもの，つまり行動を研究対象にすべきだとの立場に立ち，「観察できるものに
範囲を限って，これらのものだけについて，法則を立てようではないか」と述
べた。またすべての行動は，「生理学的つまり電気化学的物質的事象に基づき，
刺激－反応という図式にもどることができる。有機体はある刺激を知覚し，そ
の刺激を生理学的に加工し，外部に向かう反応で応答する。これが行動である」
とも述べている。ワトソンの提唱した行動主義の心理学では，観察可能な**刺激**
（Stimulus: S）と**反応**（Response: R）の間の関係に注目した。彼は，刺激と反応
（S-R）の関係が経験によってどのように変化するか，つまり学習過程について
の研究を心理学の中心課題にすえた。

　行動主義の心理学は，もう 1 つの原則に依っていた。それは，全ての行動は，
生物が生まれつき持っている基本的な反応傾向が後天的に修飾されて（学習に
より変更されて）できあがっているという立場である。よく知られた逸話として，
ワトソンはアルバートという名前の幼児に対し，彼がペットにしていた白ネズ
ミを用いた一種の条件付けを試みたとされる。その条件付けとは，白ネズミを
見せた上で，アルバート坊やの背後で金属棒をたたいて大きな音を立て，坊や
を驚かすというやり方である。これを繰り返すことで，アルバート坊やは，白
ネズミを怖がるようになり，その反応はやがて白いウサギやサンタの白ひげな
ど，いろいろな白いものへと広がっていった（これは「学習」のところでふれる般
化と呼ばれている現象である）。この実験によりワトソンは，恐怖反応が学習によ

---

8)　ワトソン, J.B. (1968).

1.3 心理学におけるパラダイムシフト

り特定の対象に条件付けられることを実証するとともに，それまで先天的影響が強いと思われていた情動反応が実は後天的な学習により特定の対象と結びつくようになると主張した。この話は，恐怖反応は，条件付けにより獲得された反応だというワトソンの主張を裏付けるものとして心理学の教科書にもよく引用されている。しかし，条件付けがその後も持続しているかどうかを調べるためにワトソンが後に行った観察では，アルバートは，白ネズミをみると，「左側に倒れてから，四つん這いで起き上がり，ハイハイして逃げていったが，同時にバブバブと楽しそうな声をあげた」と報告されている。これを読むと，アルバートは必ずしも単純に白ネズミを怖がるようになったと言い切れないことがうかがえる。

　ワトソンが主導した行動主義は，米国を中心に発展してきた20世紀前半の科学的心理学のパラダイムとなった。同じ時期にロシアではパブロフが，唾液分泌反射の経験による変容過程を研究していた。パブロフは，消化腺の研究を専門とする生理学者で，よく知られている古典的条件づけの研究を開始した当時には既にノーベル生理学・医学賞を受賞（1904年）したほどの世界的な生理学者であった。パブロフの古典的条件付けの研究は，ワトソンの行動主義を支えるバックボーンともなっていた。パブロフ自身も，『大脳半球の働きについて——条件反射学』という著作の中で以下のように述べ，客観性を重視する研究態度の重要性を強調している。

　　消化腺の活動をくわしく研究しているうちに，私はいわゆる腺の精神的興奮をとりあげねばならなくなった。共同研究者のうちのある人達とこの事実をさらに深く分析しようとして，最初一般的に認められているとおりに，心理学的方法に基づいて，動物が考えたり感じたりできると仮定した。しかしここで，研究室でいままでみられなかったできごとにぶつかった。私はもはや自分の共同研究者と討論を進めることができなくなった。めいめいが自分の考えを固執して他の人を一定の実験で納得させることができなかったのである。このことは私に，物事を心理学的に判断することにはっきりと反対する決心をさせた。私は対象を純客観的に外側から，ある瞬間にどういう刺激が動物に加えられ，それにひきつづいて刺激に対する応答として，動物が何

第 1 章　科学としての心理学

を運動や分泌の形で表現するのかを正確に記述して研究を進めようと決心した[9]。

　行動主義は，前節で述べたように，観察可能なものを重視するあまり，心の内面に生ずる現象は研究の対象とすべきではないと考えた。その結果，思考，イメージ，それに注意や意識など，高次の精神過程（機能）に属する現象が心理学の研究の対象から外れることになった。これは，方法論上の困難のため心理学が本来研究対象とすべき現象から目を背けるという，本末転倒のやり方であった。その結果，行動主義は，「認知革命」[10] と呼ばれている 2 度目のパラダイムシフトを引き起こすことになった。

1.3.2　認知革命

　1960 年代以降，高次の精神過程の研究は，心理学の外部で起こった変化の影響を受けて，再び心理学の中心的な研究テーマとなっていった。その結果，それまで軽んじられていた高次の精神機能に関する研究が，実験心理学と呼ばれていた研究分野を中心に認知心理学として再び脚光を浴びることになった。心理学で起こったこのパラダイムシフトは，「認知革命」とも称されるように，心理学だけでなく，情報科学，哲学，言語学，神経科学など高次の精神機能が関係するさまざまな問題を追及する他の諸科学とも連動し，現在では**認知科学**（cognitive science）と呼ばれているより広い学問分野を形成するようになった。

　心理学でのこうしたパラダイムシフトを象徴する 2 冊の著作がある。1 冊は，コーネル大学の**ナイサー**（Neisser, U.）が 1967 年に著した『認知心理学』[11] である。この本の第 1 章でナイサーは，「美は見る人の目の中にあり（Beauty is in the eyes of the beholder）」という欧米のことわざを引用しながら，「我々は外界を直接知ることはできず，感覚器官から送られてきた感覚データに対し，さまざまな処理を施した結果として間接的に知ることができるだけである」と述べ，心の状態は感覚器官から与えられたデータを処理した結果，心の中に作り上げ

---

9)　パブロフ, I. P. (1975). p. 24.

10)　Gardner, H. (1985).

11)　Neisser, U. (1967).

1.3 心理学におけるパラダイムシフト

られたものであることを明確に主張している。この点をより情報科学に即して現したのが，**リンゼイ**（Rinsei, P.H.）と**ノーマン**（Norman, D.A.）が 1972 年に著した『情報処理心理学入門』[12] である。この本は，その題名に情報処理という言葉を冠していることからも明らかなように，人間が日頃行っているさまざまな精神活動，とくに知覚，学習と記憶，それに情動の問題に対し，情報処理という観点から統一して眺めたもので，今となってはそれほど目新しいとは感じないかもしれないが，出版された当時これを読んだ著者は，「目から鱗」の思いがしたことを覚えている。

上記 2 冊の本のいずれもが，心理学の外部で起こった 2 つのパラダイムシフトについて紹介している。それは，**人工知能**（artificial intelligence）の研究，とくにパターン認識の研究と**チョムスキー**（Chomsky, N.）の変形文法である。このうち，人工知能の研究は，第二次大戦後発達してきた通信やコンピュータによる情報処理に関わる学問である情報科学を背景とした分野である。この 2 つの研究分野に共通しているのは，アルゴリズムの重視である。**アルゴリズム**（algorithm）とは，問題解決に至る手続きをいい，一般には，コンピュータが特定の問題を計算処理するやり方のことを意味するが，ここでは広く脳を含む任意の情報処理システムが一定の入力を受け取り，それに対し解を出力するための処理手続き（これがアルゴリズムであり，コンピュータではプログラムに相当する部分にアルゴリズムが含まれている）の意味で使っている。

人工知能の研究は，人間が行っている判断や推論などをコンピュータに代行させることをもくろんで 1970 年代ころまで盛んに研究された。初期には，定理の証明や積み木を操作するシステムなどが開発され，こうした研究が進展すればやがては人間が行っているいろいろな仕事をコンピュータを積んだ機械が代行する時代がやってくるというイメージが一般にも広がっていった。たとえば，SF 作家のアーサー・C・クラークと映画監督のスタンリー・キューブリックがアイデアを出し合ってキューブリックが監督し，1968 年に公開された SF 映画『2001 年宇宙の旅』には，HAL という人工知能を備えたコンピュータが登場する。この HAL は，高度の知能と独立した感情と意思を持ち，人間の言葉を理

---

12) Lindsay, P.H., & Norman, D.A. (1975).

第 1 章 科学としての心理学

解するものとして描かれている。しかし，人工知能の研究を通して，我々人間が日常的に行っている行動，つまり周囲の環境を把握し，他の人と意思疎通することで協力し合って仕事をこなすという我々人間にとっては当たり前と思えることが，いざコンピュータにやらせようとすると実は非常に困難な課題であることが徐々に明らかになってきた[13]。

認知革命のもう 1 つの推進力となったのが，**チョムスキー**が言語学で起こした革命であった。チョムスキーは，それまでの言語学が実際の言語行動から得られたデータ（チョムスキーの表面構造）を収集することを重視し，言語行動，とくに文法に従った文の生成を可能にしているアルゴリズムに注目してこなかったのを批判し，実際に出力された文章は，深層にある構造に対し一定の処理を行った結果として生み出されると提案し，その規則を**変形文法**（transformational grammer）と名付けた。その証拠としてチョムスキーは，表面的な構造（単語の並び方）は異なるのに意味は同じといえる能動態の文（例：A dog bites him.）と受動態の文（He is bitten by a dog.）やその逆に表面的な構造は似通っているが意味は全く違う文の存在を指摘した。能動態と受動態の違いは，同じ深層構造から出発し，それに異なる規則を適用することで表面的な構造の違う 2 つの文が生成されたものだと説明した。チョムスキーのこの文法規則に対するアプローチは，言語行動を，コンピュータがアルゴリズムに従ってデータを処理し，目的の出力を得ることと等価な振る舞いだと捉えた点で，これまでの言語学のパラダイムを大きく転換することになった[14]。

発達心理学の重要な研究テーマの 1 つといえる**言語習得**（language acquisition）に関しても，チョムスキーは大胆な提案をしている。それは，人間の言語学習は進化の過程でヒトが獲得した脳のプログラムによりあらかじめ準備されている，という**言語本能説**（language instinct theory）とも呼ばれる説である（学習の準備性については，第 5 章を参照）。チョムスキーがなぜそのようなアイデアをもつようになったかというと，幼児が言語を習得する過程で周囲の人々から受け取る言語データに比べ，獲得される文法規則が複雑すぎるのではないかという疑問からである。幼児に接する母親や周囲の人々は，決まり切った簡単な文で

---

13) Gardner, H. (1985). 第 6 章
14) Chomsky, N. (1968).

幼児に話しかける。しかし，そうしたデータを基に幼児は大人の文法規則を獲得することができるとチョムスキーは主張した。文法規則の複雑さに比べ，それを生み出す基になるデータが単純な文法的構造しかもたないものであるなら，データから規則を抽出することは到底できないであろうというのが，チョムスキーの推論である。第5章で紹介するように，動物の示す複雑な行動には，本能行動のように，あらかじめ行動を制御するプログラムが脳にできあがっており，学習が不要なものから，学習の準備性があり比較的短時間のうちに学習が可能なもの，さらには何度も繰り返すことでようやく学習が可能な行動まで，さまざまなものが知られている。チョムスキーは，人間は，どの文化，どの人種であっても世界中のどの言語も等しく母語として習得可能であるのは，進化の過程であらかじめ準備された言語行動を制御するプログラムが，具体的な言語データに接することで，細部が具現化することによる，つまり学習は世界中の言語に共通した構造部分（これはランゲージユニバーサル（language universal）と呼ばれている）ではなく，構造の細部の違いにのみ必要だと主張している。従って，この説によれば，幼児が言語習得で必要な経験は大幅に少なくてすむことになる[15]。

　認知科学の分野では，現在，情報処理を「脳が行っている計算」として捉え，心の働きを脳活動の測定によって明らかにしようとするアプローチが盛んになっている。これは心理学者だけでなく，生理学者をはじめとする他分野の研究者をも巻き込んで，脳科学ブームと称される一種の流行のようになっている。

1.4　心理学の研究対象と方法

　心理学が研究対象とするのは心に関わる諸現象であるが，心の働きは，行動を通して外に表れる。それを観察することによりデータを得ることができる。痛みのような直接観察できない心の状態については，何らかの質問を実験参加者に出し，それに対する答えを得る（たとえば，痛みであれば，その程度を数値で評価してもらう）ことでデータを得ることができる。次に得られたデータを説明する

---

15)　ピンカー, S. (1995). 第1章

第 1 章　科学としての心理学

表 1–2：心理学で用いられる測定方法

測定法	具体的な測定対象	指標
内観	内省に反映される（自覚可能な）心的状態	言語報告 評定
反応	身体反応	反応時間 強制選択（ある／なしなどを強制的に選ばせる）
生理学的反応 1	末梢の生理学的反応	ポリグラフ（皮膚電気反応や心拍など）
生理学的反応 2	中枢（脳）の反応	脳波（頭皮上から測定される脳の電気的活動） PET や fMRI（脳血流に依存した指標）

仮説を考え，この仮説が正しいかどうかを，さらに実験を行うことで確かめる。仮説が正しいことが確認されれば，その仮説はある現象を説明する理論となる。こうした一連のプロセスはどの科学にも共通の手続きであり，データを得るための具体的な方法やデータの検証方法に研究分野による違いがあるだけである。

1.4.1　具体的研究方法

　人間のさまざまな錯誤について論じた『錯覚の科学』[16] という興味深い本には，「心の働きを支えるメカニズムを解明することが心の科学としての心理学の課題だといえる。そのための第一歩は，心の状態を計測により数量化する，つまり計量することである。人間の全ての心の状態は，原理的には計量可能だと心理学者は考えている」と書かれている。この言葉からも分かるように，心理学でもその第一歩は現象の量化，つまり測定である。表 1–2 に心理学が用いている測定方法をまとめておいた。

　既に心理学の歴史に触れた前節で，最初に用いられたデータ収集方法は，心の状態を自分で観察し，それを言語的に報告する内観法だったことを紹介した。内観法は，実験参加者が訓練を経て自己の内面を観察する技量を身につける必要があり，簡単に誰にでもできるわけではなかった。しかし，内観がおこなっていることは，主観的な状態を外部に言語を使って報告することであり，そのエッセンスである主観的な状態を外部に報告するというやり方は，現在でも性

---

16)　チャブリス，C.・シモンズ，D. (2011). p. 116.

1.4 心理学の研究対象と方法

表 1–3：ドンダースの反応時間課題

反応時間のタイプ	反応の選択性	日常的な例
単純反応	特定の刺激に対し決められた反応を行う	ヨーイドンでのスタート
Go/no-go	複数の刺激が提示され，そのうち特定の刺激に対してのみ反応する	信号器を見ての横断
選択反応	複数の刺激が提示され，そのそれぞれに別の反応キイで反応する	タッチタイピング

格や態度などの測定で，さまざまに姿を変えて用いられている。

これ以外に，反応に要する時間を測定する**反応時間** (reaction time: RT) 測定も，ヴント以来，現在まで広く用いられている。ただ反応を得るだけでなく，その反応が得られるまでのトータルの時間を測定することで，目には見えない心の過程を分析することを最初に試みたのはオランダの生理学者**ドンダース** (Donders, F.C.) であった。ドンダースは，19 世紀後半に発表された「心の過程の速度」と題した論文[17] で，異なる心の過程を必要とする課題を 3 種類設定し，それらを実行するのにかかった時間を測定し，異なる過程に要した反応時間の差分を計算することで，特定の心の過程に要する時間を求めた (表 1–3)。この反応時間の差分をとることで特定の過程に要する時間を測ることができるというドンダースのアイデアは，その後，反応時間に限らず，脳活動の計測でも特定の処理過程に関わる脳の領域を明らかにするために応用されている。

ヴントの時代にはまだ開発されておらず，現在の心理学研究で広く用いられているのは，脳波や自律神経系の反応を電気生理学的に計測する**生理心理学** (psychophysiology) 的方法である。こうした方法は，微弱な生体信号を扱うため，それを記録し，人が見ることのできる形に可視化する必要がある。そのためには，微弱な電気信号を増幅できる生体用アンプが発明される必要があった。たとえば，脳波は，神経細胞の活動に伴って生ずる μV 単位の電気的活動であり，これを頭皮上に配置した電極から計測することで記録される。

最も新しい脳活動の記録手段は，**機能的イメージング** (functional imaging) と呼ばれている観測技術である。これには，大きく 2 つの方法がある。1 つは最

---

17) Donders, F.C. (1969).

第 1 章 科学としての心理学

近では癌検診でも用いられている **PET** と呼ばれている装置で，もう 1 つはこれも医療用の診断装置である MRI を応用した**機能的 MRI**（fMRI）と呼ばれている装置である。これ以外にも，**NIRS** という赤外線を頭皮上から投射し，脳内で反射してくる赤外線の変化を調べる装置も用いられている[18]。

　これらの脳活動の計測装置はいずれも血流に依存した計量を行っている。PET の場合には，放射性同位元素でマーキングしたグルコース（糖）や水を静脈に注入し，それが体の各部に運ばれて発するガンマ線を測定する。特定の部位に放射性同位元素が蓄積しそれが排泄されるまでの時間経過から血流量を推定する。血流量は，脳活動に伴い変化するので，これが間接的に脳活動の指標となる。fMRI は，医療現場で検査装置として用いられている MRI を利用した脳活動の計測技術である。MRI は，核磁気共鳴という現象を利用している。これは，1.5 テスラ以上の強い定磁場の中に置かれた原子が高周波で変動する磁場に共鳴し，その時特定の周波数の電波を吸収したり放出したりする現象である。核磁気共鳴が起こると，計測する対象となる原子に特有の周波数での電磁波が放出される。これを計測することで，特定の原子の体内での分布状態を調べることができる。通常の MRI では，水素原子の核磁気共鳴を測定することで，体内の水の分布を調べている。しかし，脳活動を測定する場合には，水素原子ではなく，赤血球に含まれるヘモグロビンが酸素と結びつくことによる核磁気共鳴信号の変化を測定している。ヘモグロビンの酸素飽和度は，脳活動が昂進すると低下するが，血流増加により回復する。そのため，この信号を MRI により測定することで間接的に脳の活動状態を測定できることになる。

1.5　心理学と統計

1.5.1　確率的なもののとらえ方

　人間はどうも確率的な事象について確率に応じた対応をするのは苦手なようである。たとえば，「タバコを吸い続けると肺ガンになる」という研究結果が新聞やテレビで流れると，よく「私の祖父はヘビースモーカーだったが，90 歳まで生き

---

18)　Rosenzweig, M.R., Breedlove, S.M., & Watson, N.V. (2005). pp. 45–49.

1.5 心理学と統計

ていた」といったたぐいの反論が出される。しかし，これは**疫学** (epidemiology)
的なデータに対する誤解から生まれた反論である。確率的な事象では，確率が
ゼロでない限りは，例外はそれ単独では反論にはならない。疫学は，病気の原
因を統計的な手法で探る医学研究にとって重要な分野であるが，そこで扱って
いる病気の原因（疫学では危険因子と呼ばれている）とされることがらは，いずれ
も病気との間に確率的な因果関係があるという意味であり，「タバコを吸い続け
れば必ず肺ガンで死ぬ」ことを意味している訳ではない。肺ガンで死ぬ人は全
死亡者の一部を占めるに過ぎず，他の大部分の人も遅かれ早かれ何かの原因で
死ぬことになる。さらに，タバコを吸わないことは肺ガンでは死なないことを
意味しない。つまり，タバコを吸っても吸わなくても肺ガンで死ぬ可能性はゼ
ロではない。これは，タバコ以外にも肺ガンに関係する要因はいくつもあるか
らである。問題は，タバコを吸うことでどれだけ肺ガンの危険性が増すかとい
う点にある。そこで，疫学的にタバコと肺ガンの因果関係を調べようと思った
ら，タバコを吸う集団と吸わない集団を長期間にわたり追跡し，2つの集団で肺
ガンになった人の割合を比較するという手間と時間のかかる方法でデータを集
める必要がある。これが疫学調査である。こうして得られたデータに対し，タ
バコを吸う人と吸わない人に分けた上で，それぞれの群のうち何人が肺ガンに
なったかを調べる。両グループで肺ガンになった人の割合に統計的な差がみら
れて初めて，タバコが肺ガンの危険因子であると結論づけることができる。

　ある現象に関して自分なりの考え（仮説）を持っていたとする。その場合，普
通の人がする行動は，おそらく自分の考えに合うデータを集めようとすることだ
ろう。しかし，それだけでは自分の考えが正しいことの証明にはならない。一般
にはこの点に対する理解が十分でないようである。**確認バイアス** (confirmation
bias) と呼ばれる判断の錯誤が知られている。これは，自分の考え（科学では仮説）
に合致するデータは受け入れやすいが，合わないデータは拒否するという傾向
をいう。たとえば，ある療法が肺ガンに効くのではないかと思ったら，その人
はおそらく多くの肺ガン患者にその療法を試してみて，ガンが治ったあるいは
症状が改善した症例を集め，その療法を施したが治らなかったあるいは症状が
改善しなかった症例は無視するであろう。その結果，その療法を提唱する人は，
それが有効な治療法だと思い込むことになる。疫学的な手法を使わない限り，

19

第 1 章　科学としての心理学

ある治療法が本当に（という意味は統計的な裏付けがあるという意味であるが）有効な治療かどうかは確認できない。実際，日本で保険適用となっている治療法は，治験と呼ばれている手続きを経て，効果が認められたものだけである。

1.5.2　統計を支える確率分布

　現象の観測で得られたデータは，あらゆる変動を含んだ現象全体（統計学では**母集団** (population) と呼ばれている）からのランダムなサンプルとみなされている。具体例をあげると，日本人男子高校生 100 人の身長を測定したデータのセットは，日本人男子高校生という制約を守った上で存在する可能性のある全ての人から構成された集団（母集団）からランダムに選んだ 100 名の身長ということになる。それを**度数分布** (frequency distribution) として表すとその形は，図 1–1 のような釣り鐘型となり，**正規分布** (normal distribution) で近似できる（すべての現象が正規分布で近似できるとは限らないことについては，トピック 1–1 参照）。度数分布とは，横軸に（身長なら 5cm 間隔で分割するというように）一定の刻みで値を小さいものから順番に区切り，縦軸にそれぞれの刻みに入るサンプル数を示したものである。正規分布は，ガウス関数と呼ばれる関数で表現される。この正規分布の具体的な形は，ガウス関数の 2 つのパラメーターにより決まってくる。それは，**平均** (mean) と**標準偏差** (standard deviation: SD) である。平均は，分布の中央にある頻度の最も高いところの X 軸の値である。これに対し，標準偏差は，平均を中心とした分布の広がり（データのばらつき）の程度を示している。標準偏差が大きいほど，分布の形は平たくつぶれたものになる。

1.5.3　相関関係

　2 つの変数 (x,y) にどれ位関連があるかを表す統計指標が**相関係数** (correlation coefficient) である。相関係数は，0〜±1 の範囲の値をとる（図 1–2）。相関係数の絶対値が 1 の時（-1 の時には a の値は負となる）には，y=ax+b の一次関数上に全てのデータがのってくる。つまり，x の値が決まれば，この式の x にその値を代入することで y の値は計算できる。逆に，相関係数が 0 の時には，x と y の間にはなんら関連性がないことを意味し，x がどのような値をとっても y の値がどうなるのかは全く予想できない。ただし，相関関係がどの程度の大きさ

20

1.5 心理学と統計

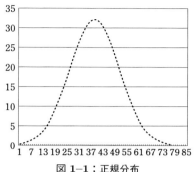

図 1-1：正規分布

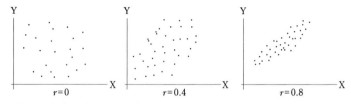

図 1-2：相関の程度とデータの分布の関係　相関係数は，0 と ±1.0 の間の値となる。相関係数の絶対値が 1 に近づくほど，相関が高い。

だとその指標の予測性が十分だと言えるのかについては，専門家の間でも考え方に違いがあり，相関係数が 0.3 以下だとその後の行動を予測するには十分でないという意見もある。

これに対し，疫学的な観点からは，たとえ相関係数の値が 0.1 以下であっても，大きな集団としてみれば意味のある結果につながることも十分ある。一例をあげると，アスピリンは心臓病の予防に効果があるとされているが，その服用と心臓発作との相関は −0.03 しかない。しかし，1 万人以上の全対象者で考えると，それでもアスピリンを服用したことで 85 名が心臓発作を免れることができたと推定されている[19]。このように，低い相関であっても社会全体としてみると，十分に意味のある影響を与えることになる。

実際，多くの研究を総合した結果[20]をみると，0.3 以下の相関関係は，心理

---

19) Roberts, B.W. et al. (2007).
20) Meyer, G.J. et al. (2001).

21

第 1 章　科学としての心理学

学だけでなく医学領域でもそれほど珍しくない。たとえば，上記のアスピリン
の心臓発作予防効果以外にも，化学療法と乳ガンの生存率との関係（0.03）や過
去の喫煙歴と肺ガン（0.08）の関係も 0.1 以下の相関である。逆に 0.3 以上の相
関がある指標としては，心理学では性別と自己主張の程度（0.32：男性が高い）や
共感性や養育（0.42：女性が高い）の関連性がある。これに匹敵する相関を身体
面で探すと，性別と体重の相関（0.26）や身長と体重の間の相関（0.44）がある。
さらに，高度と日中の気温のように，関係があって当然と思われているもので
すら，0.34 程度の相関である。こうした相関係数の値をみると，心理学の計測
が他の分野に比べ，特に精度が低いとは言えないことが分かるだろう。

　相関係数は，あくまで得られたデータ間の関連性に過ぎず，それをただちに
因果関係と考えてはいけない。背後に別の変数があり，それが 2 つの変数と関
連しているために 2 つの変数間に相関が得られる場合もある。米国の心理学の
入門書には，「アイスクリームの消費量と水難事故の件数には関連性がみられる
が，なぜそうなのかその理由を答えなさい」という問いがあるという[21]。こ
れは，気温が高いという別の要因が両者の間にみかけの関連性を生み出してい
る例である。さらに，アンケートを用いた研究のように，数多くの変数につい
てデータが得られる場合には，変数間に見られる相互相関から，他の変数の影
響を取り除いて特定の 2 つの変数の相関関係のみを抽出する目的で**偏相関係数**
（partial correlation）を計算する。

1.5.4　統計的検定

　実験を行い，得られた測定値（**従属変数** (dependent variable) と呼ばれる）を個
人ごとに平均し，実験操作（**独立変数** (independent variable) と呼ばれる）の影響が
あったかどうかを調べるために行われるのが，**統計的検定** (statistical test) であ
る。たとえば，ある認知機能に男女差があるかどうかを知りたいとする。この
場合の実験操作に該当するのは（実際に男女差を生み出す操作を行うことはできない
ので），男女を実験参加者として集めるという手続きである。この 2 つの集団に
対し，たとえば，**心的回転** (mental rotation) の能力（頭の中で物体のイメージを回

21）　チャブリス, C.・シモンズ, D. (2011).

1.5 心理学と統計

表 1-4：数の尺度と検定方法

数の尺度	検定のタイプ
名義尺度	χ^2 検定
順序尺度	U 検定
距離・比率尺度	t 検定・分散分析

転させる操作。これは**視空間機能** (visuospatial function) と呼ばれている認知機能を反映する。一般にこの機能は女性よりも男性の方が成績がよいとされている[22]）を調べる課題を課し，その結果得られた男女別々のデータを基にそれぞれの集団ごとの平均値を計算したところ，男性の成績が女性よりも良かったとしよう。この場合，男女の心的回転能力には差があると結論づけてよいだろうか。それを決めるのが，統計的検定である。平均値に差がみられても，それだけでは，それが統計的に裏付けのある差（**有意差** (significant difference) と呼ばれている）かどうかは分からない。この点をはっきりさせるためには，統計的検定を行う必要がある。

　統計的検定には，大きく分けて，得られたデータが一定の分布をもつ母集団からのランダムなサンプルであると仮定して検定を行う**パラメトリック検定** (parametric test) と，そうした仮定なしに順序や頻度だけを基に検定する**ノンパラメトリック検定** (non-parametric test) とがある（表 1-4）。

　検定の方法として，心理学では多くの場合パラメトリック検定，その中でも特に**分散分析** (analysis of variance: ANOVA) が用いられている。分散分析は，もともと農学分野での実験データに対する統計的検定を行うために生まれてきた検定方法で，複数の実験操作を組み合わせた実験を行い，その影響を調べることができる。分散分析では，複数の実験操作のそれぞれについて統計的にみてその影響があると言えるか（これは主効果と呼ばれている）だけでなく，複数の実験操作が相互に影響し合って結果が得られたのか，それとも加算的（これは足し算という意味）に影響しているかを調べることもできる。これは，**交互作用** (interaction) と呼ばれている。さきほどの心的回転についての実験を例にとると，男女差だけでなく，年齢の影響も同時に調べる実験をおこなったとする。この場合，実

---

22) Caplan, P.J. et al. (1985).

第1章 科学としての心理学

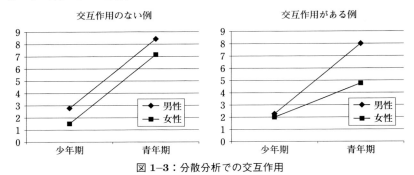

図1-3：分散分析での交互作用

験操作は，男女と年齢の違いの2要因ということになる。年齢としては，思春期前後の年齢による違いを調べようと考えたとする。思春期前後には，第2次性徴を経ることによる性ホルモンの影響により，男女の身体的な特徴に差が出てくるが，それだけでなく，認知機能にも男女差が顕著になることが知られている。そのため，思春期以前では男女差が小さいのに思春期を過ぎるとその差が大きくなることが考えられる。もし，これが心的回転の能力にも言えるとすると，思春期以前の年齢で調べた場合には，心的回転課題の成績の男女差は小さいが，思春期以降にはそれが大きくなることが予想される。交互作用がある場合には，図1-3のように，2つの要因は，平行なグラフを描かず，一方が他方の端よりも広がったりすぼまったりというように非平行な直線となったり，あるいは2つのグラフが交差したりする。これに対し，交互作用の要因が有意とならないときには，2つのグラフは平行線を描く。

統計的検定は，一般に（慣習として）5%を**有意水準** (level of significance) としている。この5%とは，実験操作の結果として得られた複数の平均値間の差が偶然に得られる確率を意味し，5%では20回に1回ということである。有意水準とは，本来実験操作による影響はない（これは**帰無仮説** (null hypothesis) と呼ばれており，検定を行う時に仮に採用する仮説のことをいう）のに，たまたま実験結果のバラツキにより，検定結果が有意と判定されてしまう誤りの確率を20分の1以下にしようという取り決めである。これは統計的検定では**第1種の誤り** (Type 1 error) と呼ばれている。5%という有意水準は，それほど低い（稀な）確率では

ない。なぜ，この程度のゆるい基準とするのかというと，それは実はもう1つの誤りを避けるためである。もう1つの誤りとは，本来は差があるのに，検定の結果，差がないと判断する誤りである（**第2種の誤り** (Tyep 2 error) と呼ばれている）。この2つの誤りは，相互に相容れず，一方を高くすればもう一方は低くなる。つまり，有意水準を厳しくすれば，第1種の誤りはそれだけ高い確率で避けることができるが，逆に本来差があるのに差がないと誤る第2種の誤りを犯す確率が高くなってしまう。両者の折り合いをつけたところが，5%という有意水準である。

　心理学の実験では，実験で得られた結果に対し，差がないと仮定した上で統計的検定を行い，有意差が得られた場合だけ，実験操作の影響があったとみなす。有意差が得られるかどうかは，2つの統計的パラメータに依存する。それは，平均値の差と標準偏差の大きさである。平均値の差は大きければ大きいほど有意差が得やすいことは容易に理解できるだろうが，有意差が得られるかどうかに関してもう1つ重要なのがデータのばらつきの程度，つまり標準偏差である。大きい標準偏差は分布が横に広がった正規分布からデータが得られたことを意味し，そこから得られたデータの平均値はサンプルのばらつきにより観測の度に大きく変化する可能性が高い。その場合，同一の母集団からサンプリングされた2組のデータ（従って，統計的には同じ平均値となるはず）の平均値が，見かけ上大きく異なっていることがある。統計的検定は，このデータのばらつきの程度を考慮し，実験操作が操作を受けた対象に何らかの影響を与えたと言えるかどうかを推定する手続きである[23]。行動は個人差などさまざまな要因が影響するため，心理学では，統計的な確認を経た結果に基づいてのみ，自分の意見を主張できる。

Q & A

Q: 心理学はどのような役に立つのでしょうか。

A: 我が国に限らず心理学が盛んな米国でも，心理学は社会に対してあまり貢献していないのでは，という意見があることは事実ですが，知能や性格の測定に代表される人の特性を測定する道具の開発では，明らかに有用な貢献をしています。また，あまり知られてい

---

23)　Ferguson, G.A. (1971).

第 1 章　科学としての心理学

ませんが，道具的条件づけの技法は，薬物の開発など医学分野でも利用されています。これ以外にも，人的管理や広告など産業分野でも心理学の知見や技法が幅広く利用されています。臨床分野では，心理療法が心の健康維持・回復に役立っています。

Q: 心理学が科学だというのはどういうことでしょうか。

A: 本文でも述べていますが，科学というのは方法論のことです。科学的な方法とは，他の人が検証可能な手続きでデータの収集が行われ，それが承認された手続きで処理され，論理的な推論により結論が導かれるという過程です。こうした方法に則って研究が行われている限り，得られた知見に誤りが混入する可能性を低くすることができ，かつそこから導かれた理論がその時点で偏りの少ないものとなっているという意味です。

さらに学ぶために

『心は実験できるか──20 世紀心理学実験物語』ローレン・スレイター　紀伊國屋書店
『情報処理心理学入門 1・2』P.H. リンゼイ & D.A. ノーマン　サイエンス社
『続科学の終焉──未知なる心』ジョン・ホーガン　徳間書店

トピック 1–1　自然現象の統計分布

トピック 1–1　自然現象の統計分布

　統計的な分析では，個々のデータのばらつきを生む母集団の特性は，正規分布により代表できると仮定されている。しかし，なぜ正規分布なのかは統計の教科書などでもあまり説明されていない。ただ，統計学では多くの独立した変数（独立したとは，ある変数の状態が他の変数の状態に影響しないことを表す統計用語で，具体例をあげれば，サイコロの目は，それを振る 1 回 1 回が独立の事象であり，前の目が次の目に影響することはない）の総和としてある特性の値が決まる場合，その特性は正規分布となることが知られている。身長や知能は，遺伝的な影響が強く，また知能の場合，それに関係する遺伝子は何十もある。こうした遺伝子の影響（個人差の章でも述べているように，遺伝子以外にも環境要因も影響する）の総和として知能が決定されるとするなら，それが正規分布により近似できることは，理論的にも十分納得できる。

　統計の教科書には，正規分布以外にもポアソン分布やワイブル分布などいろいろな確率分布関数が登場するが，こうした分布とは違いあまり教科書には登場しないが，自然現象によく見られる分布がある。それはベキ分布である。ベキ関数とは，$y = X^n$ という関数の総称である。この関数の両対数をとると，$log(y) = nlog(X)$ となり，$log(y)$ を Y，$log(x)$ を X とおくと，$y = ax$ の形，すなわち一次関数となる。要するに，ベキ関数とは，両対数でプロットすると直線となる関係をいう。

　自然現象で，ベキ関数が当てはまる場合，その多くが傾きが負となる。つまり，両対数グラフで表すと右下がりの直線になる。これを度数分布を表す関数と考えると，X 軸を右に移動する（通常は値が大きくなる）につれ，頻度（これは Y 軸）が急激に低下する形をとる。いいかえると，大きな出来事は滅多に起こらないということである。明治時代の物理学者で随筆家の寺田寅彦が言った「災害は忘れたころにやってくる」という言葉も，大きな災害はめったにおこらず，記憶から忘れ去られようとするころにまた経験するということを意味しているものと思われる。

　マーク・ブキャナンという科学ジャーナリストの書いた『歴史の方程式――

27

第 1 章 科学としての心理学

科学は大事件を予知できるか』という本には，砂山の物理学と称して，砂山が崩れるまで砂を一粒ずつ落としていったときに，崩落の規模と頻度の関係がベキ分布で近似できることを例にあげて，こうした自然現象の多くがベキ分布により近似可能だと述べている。ベキ分布となる現象には，これ以外にも，たとえば，地震のマグニチュード（これはそれ自身対数で計量）と頻度の関係や山火事の規模と頻度があり，これが地震の予測を困難にしている理由の 1 つであるとしている。ブキャナンは，人間に関わる現象のうち，傾きが負のベキ関数で近似できるものとして，都市のサイズとその数の関係や，景気循環，あるいは論文の引用数ごとの論文数（たくさん引用される論文ほどその数が少なくなる）などの例をあげている[24]。

---

24) ブキャナン, M. (2003).

第2章 脳と心

　この章では，歴史的にみて心と体の関係がどのようにとらえられていたかを振り返るとともに，心を支える脳の構造と機能について紹介する。脳と心の関係についての理解が深まるとともに，今では古くから信じられてきた心＝意識という考えは，心を理解する上で十分とは言えないことが明確になっている。言い換えると，心は自覚可能な働きだけで成り立っているのではなく，自覚に上ることのない多くの働きにより支えられている。そのため，内観では知ることのできない心の機能がたくさんあり，心の働きを知るためにはどうしてもそれを支えるハードウェアとしての脳の構造と機能について，基本的なことがらを知っておく必要がある。

2.1　心の座はどこか

　現在では，心の働きは脳が支えていることに異論を唱える人はいないと思われるが，歴史を振り返ってみれば，心の働きが体のどの部分により支えられているのかについては，今とは違ったいろいろな考えが流布していた。よく知られているように，古代エジプトの王は，死後も生前と同じように生活を続けられるようにと，その肉体はミイラとして保存されていた。有名なツタンカーメン王は，ミイラ化した肉体とは別に，体から取り出された臓器のうち，肝臓，肺，それに胃と小腸が瓶に入れられて保存されていた。しかし，脳は頭蓋骨から取り出され，棄てられてしまった。このことから，古代エジプトでは死後の生活

第 2 章 脳と心

にとって脳は残すに値しない臓器と見なされていたと思われる。また，聖書に脳に関する記述がみられないことから，その時代には脳はさほど重要視されていなかったようである[1]。

これに対し，古代ギリシャでは医術の祖とされるヒポクラテスのように，脳に損傷を受けると心の働きに影響が出ることに気がついていた人もいたが，哲学者のアリストテレスのように心は心臓に宿ると考えていた人もいた。中国でも心臓という言葉に象徴されているように，心の臓器として心臓を考えていたと推察される。こうした古代の心の座に対する考え方は，脳が心の座だと広く認められるようになった現在でも，人々の認識のどこかに生き残っているようで，心臓移植を受けた人で，移植によりドナーの記憶がレシピエントに移ったとする『記憶する心臓——ある心臓移植患者の手記』という本[2]が出版されている。

西洋では，ルネサンスころには脳が心の座だとする考えが広まっていたと思われる。その証拠は，背景に脳の形が描かれた絵の存在である。この絵を描いたのは，ルネサンスの画家及び彫刻家として有名なミケランジェロである。彼は，ローマのシスティン礼拝堂の天井に創世記に題材をとった「アダムの創造」など 4 枚のフレスコ画を描いているが，そのうち，「アダムの創造」には，アダムに命を吹き込もうとして手をさしのべる神の姿が描かれている。神の背景には神を取り囲むおおいが描かれており，その輪郭は脳の形をなぞっており，脳の内側面に見られる主たる溝も描きこまれている。ミケランジェロ自身，何度も人体解剖を行っており，人体の構造に精通していた。ミケランジェロが，神の背景に脳を描いていることから，ミケランジェロは脳が心の座であることを明確に認識していたものと思われる[3]。

17 世紀のフランスの哲学者デカルト（Descartes, R.）は，脳の働きは動物の行動を支える時計のような機械的なメカニズムだと考えた。熱いものに手が触れると思わず手を引っ込めるという反射的な行動は，熱を受けた部分からの信号が脊髄に伝わり，そこからの反射で手を引っ込める動作が起こると機械的に説

---

1) Rosenzweig, M.R., Breedlove, S.M., & Watson, N.V. (2005). pp. 16–18.
2) シルヴィア，C.・ノヴァック，W. (1998).
3) Suk, I., & Tamargo, R.J. (2010).

30

明されている。この説明は，現在の知識からしてもそれほど間違っていないが，デカルトは，こうした精巧な機械としての仕組みは，動物の行動を支える仕組みではあっても，人の心とは相容れない仕組みだとみなしていた。当時の伝統的な考えに従い，デカルトは，人間以外の動物はすべて一種の機械だが，人間には心（というより魂）があり，そのため，自由意思や道徳感を持ちうると考えた。自由意思や道徳感は魂という非物質的な存在しか持ち得ない属性で，それが脳という物質的な存在に指令を出してコントロールしているというのがデカルトの考えであった。これは，二元論と呼ばれている物質と精神を別の実体とみなす考え方である。機械としての脳と魂としての心をつなぐインターフェースに相当する器官としてデカルトは松果体（ヒトでは，後頭葉の奥に隠れているが，大脳皮質が未発達の魚類では頭蓋骨のすぐ下にあり，第3の目としての役割をもち，季節の変化を読み取り，繁殖行動を制御するために役立っている）を想定していた。その根拠としてデカルトがあげた理由は，脳の他の部位はいずれも左右一対だが，松果体は1つしかないということであった[4]。このことは，デカルトが心は1つのまとまりをなしており，分割できないと考えていたことを示している。

　心は分割不可能だとする考えは，デカルトの当時から現在まで根強く信じられている。しかし，分割脳の研究（2.5.3）などから考えて，心が分割不可能だというデカルトの時代から受け継がれているこの信念は，今では正しいとは言えない。それにも関わらず，この信念が今に至るまで連綿と受け継がれてきているのは，心を意識された状態と同一視し，意識には一度に1つのことしかうかばないという内観を支えに，それ以外の意識に上らない心の働きを無視した，あるいはそれに気がつかなかったためだと考えられる。デカルトからさらに100年後の18世紀には，脳の構造の研究と損傷による機能への影響から，少なくとも教育のある西洋の人にとって，心の座が脳にあることは広く受け入れられるようになっていた。

---

4)　Smith, C.U.M. (1998).

第 2 章　脳と心

2.2　心とは

　心の定義として広辞苑には「人間の精神作用のもとになるもの。また，その作用」とある。この定義からすると，心は精神作用を生み出す仕組みと生み出された精神作用そのものを意味することになる。心の座が脳にあるとすれば，精神作用を生み出す仕組みとは脳の仕組みのことであり，生み出された精神作用とは，我々が自覚する精神活動の全体（考えや感情，意図など）とそれに基づく外部への反応ということになる。これに対し，心に対応する英語である**マインド**(mind) の意味を英々辞典でひくと，「考える能力」という意味だと書かれていることから，欧米ではマインドはより知的なニュアンスを帯びた言葉として一般に受け取られているようである。

　古くから，哲学者は心とは自覚された精神活動のことであると考えてきた。自分自身の心の状態について内観してみても，自覚できない精神活動の存在については，確認しようがないこともあり，そうした自覚できない精神活動は存在しないものと思われていた。こうした思い込みを覆し，自覚に上らない精神活動の存在を初めて人々に認識せしめたのがオーストリア生まれの精神医学者の**フロイト** (Freud, S.) である。フロイトが心を氷山に喩えたことはよく知られている。氷山は，その大部分が海中に沈んでおり，ごく一部分だけが海上に姿を現している。フロイトは，心も氷山のように，自覚できるのはごく一部だけで，それ以外の大部分は**無意識** (unconsciousness) の活動にとどまっていると考えた。フロイトが主として問題とした精神活動は動機づけ，特に性的な動機づけにかかわるものであった。そうした動機づけはしばしば道徳律と対立するため，ことに性的なことがらをタブー視する傾向が強かったフロイトの時代（19世紀後半から 20 世紀初頭）には，当人にも自分がそうした衝動を抱いていることは認めがたいと感ずることが多かった。そうした衝動の存在を認めたくないという気持ちが強く働くと，抑圧という心の働きによりそれは無意識の中に閉じ込められるとフロイトは考えた。第 8 章で紹介するように，フロイトは，抑圧され無意識となった動機が心の別の部分にそのエネルギーを供給すること（**カセクシス** (cathexis) と呼ばれ，充当とか備給という訳語があてられている）で神経症と

2.2 心とは

いう心の病が発症すると主張し，それを治療する手段として**精神分析**（psycho-analysis）という心理療法を開発した[5]。現在ではフロイトのいう無意識に抑圧された動機づけだけでなく，知覚から意思決定や目標への志向など精神活動のあらゆる側面を支える脳の活動は，基本的に自覚に上らないまま進行することが明らかになってきている。そのため，今ではフロイトの氷山の喩えは，動機づけに関わる心の面に限定されず，心そのものの喩えだといえる。

内観に頼る限り，心とは自覚可能な脳の働きに限定されることになる。欧米では，マインドの辞書的意味として「考える能力」がのっていることは既にふれたが，ヴントの弟子であったキュルペ（Kuple, O.）をリーダーとした**ヴュルツブルグ学派**（Würzburg school）は，思考や選択（意思決定）の課程を内観法により分析しようとした。ヴュルツブルグ学派の研究から，我々は刺激を受けるとそれに対し反応しようとする構えが形成されることが明らかになったが，それがどのようにして形成されるのかは内観では明らかにならなかった。つまり，皮肉なことに，内観法では最終的なアイデアがうかぶ過程や意思決定に至る途中のプロセスについては何も分からなかった[6]。

心の機能とは，外界を知覚し，学習した結果や知識に助けられて自分の置かれた状況を認識し，それ認識に基づき外界に対し応答することで適応的な結果を得ることである。心とはこうした一連のプロセスを支える働きに対して与えられたラベルであり，そのプロセス自体はこれまで信じられてきた常識とは異なり基本的に意識にはのぼらない。ハーバード大学の医学部教授で睡眠の研究で名高い**ホブソン**（Hobson, J.A.）も，「心とは脳内情報のすべてであり，意識（狭い意味の心）とは，こうした情報を部分的に脳が自覚すること」だとしている[7]。ホブソンのような脳科学の研究者のほとんどが**心脳一体論**（integrated theory of mind-brain）の立場に立っている。そうした立場からすれば，心の働きを支える実体は脳であり，その働きは脳で行われる様々な神経活動に還元することができることになる。

---

5) Erdelyi, M.H. (1985). 第 3 章
6) トムソン, R. (1969). pp. 75–80.
7) ホブソン, J.A. (2007). p. 301.

2.3 神経系と脳

2.3.1 シナプスの構造と機能

心との座としての脳は，ヒトの場合，1000億以上の**神経細胞**（neural cell）の集合体である。神経細胞は，図2-1のような構造をしている。神経細胞も細胞の一種であり，細胞体には核がある。しかし，通常の細胞とは異なり神経細胞には他の神経細胞とネットワークを作るために，神経細胞同士の情報伝達を支える仕組みが備わっている。それが，**樹状突起**（dendrite）と**軸索**（axon）である。樹状突起と細胞体は，信号の受け手の役割を担い，軸索は信号の発信と伝達の役割を担っている。つまり，神経細胞の信号伝達は，樹状突起から軸索に向かう一方通行である。

信号は，**シナプス**（synapse）を介した**神経伝達物質**（neurotransmitter）の放出により行われる。神経伝達物質はシナプスに含まれている**シナプス小胞**（synaptic vesicle）と呼ばれる袋の中にしまわれているが，それが放出される時にはシナプスの膜とくっつき，シナプス外に袋が開くことで**シナプス間隙**（synaptic cleft）と呼ばれるシナプスとその受け手側の神経の間の隙間に放出される。放出された神経伝達物質は受け手の神経細胞にある**受容体**（receptor）に結合することで**イオンチャンネル**（ion channel）と呼ばれているゲートを開く作用をする。このゲートの開閉により細胞内外の複数のイオン（ナトリウム，カリウム，カルシウム，

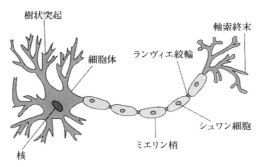

図2-1：神経細胞の構造

2.3 神経系と脳

塩化物）の流入と流出が制御されている[8]。

2.3.2 神経伝達物質

脳の活動を支えている神経伝達物質には，大きく分けて4種類のタイプがある。1つは，前節で述べた**グルタミン酸** (glutamic acid) と **γ-アミノ酪酸** (GABA) で，これらはアミノ酸の一種である。アミノ酸以外では，**モノアミン** (monoamine) に含まれるカテコールアミン類（アドレナリン（エピネフェリン），ノルアドレナリン（ノルエピネフェリン），ドパミン）とトリプトファンから合成されるインドールアミン類（セロトニンやメラトニン）がある。これに加えて**アセチルコリン**と**神経ペプチド**（エンドルフィン，サブスタンス P，サブスタンス K）がある。ペプチドはアミノ酸の短い連鎖で形成された化学構造をしている。グルタミン酸とGABA 以外の神経伝達物質は，直接神経細胞同士の信号処理に関わってはいない。それらは，脳の信号伝達と処理を調節する働きを担っており，調節系の神経伝達物質と呼ばれている。

調節系の神経伝達物質で，特に脳の活動状態の維持，つまり**覚醒** (arousal) に関係しているものは，ノルアドレナリン，ドパミン，セロトニン，それにアセチルコリンである。覚醒剤と呼ばれているアンフェタミン類やコカインは，脳内のノルアドレナリンやドパミンの量を増やすことで脳の活動に影響を与える薬物である。逆に抑制性神経伝達物質である GABA の作用を強める薬物は，抗不安薬や睡眠導入剤，それに麻酔剤として用いられている。脳に影響するさまざまな薬物は，受容体に結合することでその作用を及ぼす。たとえば，タバコに含まれるニコチンは，2つあるアセチルコリンの受容体のタイプのうち，ニコチン受容体に結合することでアセチルコリンと同様に作用する[9]。

調整系の神経伝達物質は，脳の信号処理にさまざまな影響を及ぼしている。そのため，心の働きと密接に関係した脳の機能にも関係してくる。たとえば，以下で述べる睡眠と覚醒の制御，学習における強化（第5章），情動反応（第6章），性格の基本的な個人差（第7章），精神疾患（第8章）などで調節系神経伝達物質の働きが関係している。

---

8) レスタック, R.M. (1995). 第2章
9) レスタック, R.M. (1995). 第3章

35

第 2 章 脳と心

2.3.3 神経細胞による信号処理と信号伝達

　神経細胞の一つ一つは，他の神経細胞とシナプスという構造を介してつながっている。他の神経細胞との間につながりを持たない細胞は生きてゆけない（第 2 章の Q & A を参照）。神経細胞の一つ一つは，他の神経細胞からの化学物質の刺激を受けて，イオンチャンネルを開け閉めすることで，細胞内外で維持されている電位差に変化を生み出す。興奮性の神経伝達物質であるグルタミン酸は，電位差を解消する方向（これをプラスの変化とする）に**膜電位**（membrane potential）を変化させ，抑制性の神経伝達物質である γ-アミノ酪酸は，電位差がさらに大きくなる方向（これをマイナスの変化とする）へと変化させる。両者が足し合わさって膜電位の変化の方向と大きさが決まることになる。この膜電位の変化が細胞体の表面を広がり，軸索の根本まで伝わると，軸索はパルス状の電位変動（インパルス：impulse）を発生させる。ただし，インパルスが発生するためには膜電位の変化が一定以上の大きさである必要がある。インパルスは軸索を伝わり，シナプスを介して次の神経に膜電位の変動を起こす。これが神経細胞による情報処理の基本である。

　特定の神経細胞は，多くの興奮（プラス）と抑制（マイナス）の信号を，シナプスを介してそれにつながっている多くの神経細胞から受け取る。興奮と抑制が足し合わされることで膜電位のレベルが決定される。これが神経細胞が行っている演算である。パソコンの中央演算処理ユニット（CPU）が行っている演算も基本にあるのは足し算と引き算であるが，神経細胞の場合は，コンピュータと異なり，行っている計算は膜電位の連続的な変化によるアナログ演算である。膜電位の変動が軸索まで伝わり，そこでインパルスに変換される。膜電位の変動の大きさがインパルスの頻度に変換され，次の神経への信号となる。生理学者は，こうして生まれるインパルスを数えることで，神経細胞の信号処理の様子を知ることができる。多くの神経細胞の活動は，集団としてまとまると，脳内に一定方向の電流が生まれる。これを頭皮上から記録したものが**脳波**（electroencephalogram: EEG）である[10]。

---

10)　Rosenzweig, M.R., Breedlove, S.M., & Watson, N.V. (2005). 第 3 章

36

2.3.4 脳の構造

脊髄 (spinal cord) の終端がふくらんだものが脳である。脳は，図2-2のように，**脳幹部** (brain stem)，**間脳** (diencephalon)，**終脳** (telencephalon) に分かれている[11]。脊椎動物の進化に従い，終脳特に**大脳皮質** (cerebral cortex) は次第にその大きさを拡大してきた。ヒトでは，その拡大は極限まで達している。

大脳皮質は，知覚や記憶それに判断など**高次の精神機能**に関わる処理を行っている。大脳皮質には，たくさんの**溝** (sulcus, いわゆるしわ) がある。このしわは，皮質が溝の部分で折りたたまれて内側に入り込んだためにできる。しわが多いほど頭がよいという俗信があるが，同じヒト同士でそうしたしわの数と知能の関連があることは知られていないが，異なる脊椎動物間で比較すると，脳が大きくなるにつれ，大脳皮質表面のしわが増えていき，かつ形がより丸くなる。これは，一定の体積の中になるべくたくさんの神経細胞を詰め込むには，球に近い形がよいこと，また神経細胞をたくさん並べるためには，表面積を稼ぐためにしわがよる必要があるからである。それというのは，神経細胞の細胞体は，大脳皮質表面に6層の層構造を形成しており，そこから軸索が内側に向かって伸びるという構造をしているからである。この構造は，最初のスーパーコンピュータとして知られているクレイ1でとられた構造とも類似している。クレ

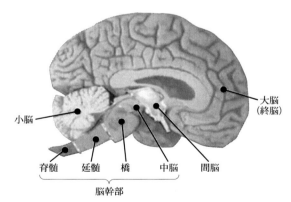

図 2-2：脳の構造

---

11) 原一之 (2005).

第 2 章 脳と心

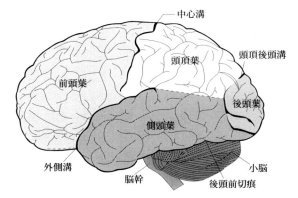

図 2–3：大脳皮質の領域　出典：Gray's Anatomy, Figure 728.

イ 1 では，演算を行う CPU などを並べた基盤から伸びる電線が筐体の内側に向かって配線されていた。これは，基盤同士の配線をなるべくコンパクトに短くする工夫であったが，脳でも同様に皮質表面同士の神経細胞の連絡をなるべく短い距離で実現しようとしてこのような構造をとるようになったと思われる。

大脳皮質は左右の**半球**（hemisphere）からなり，そのそれぞれが，図 2–3 のように大きな溝により 4 つの領野に区分され，それぞれの領野には名前がついている。先頭にある領野は**前頭葉**（frontal lobe）と呼ばれている。その後ろには，上側に**頭頂葉**（parietal lobe），下側に**側頭葉**（temporal lobe）があり，最後部は**後頭葉**（occipital lobe）と呼ばれている。それぞれの領野は，さらに細かな区画に分割されており，その区画ごとに番号がふられている。これは，**ブロードマン**（Brodmann, K.）というドイツの解剖学者が顕微鏡で調べた神経細胞の様子から分けた区画で，ブロードマンの 17 野というように区画の番号をつけて呼ばれている[12]。ちなみに，17 野というのは，後頭葉の最も後ろ側に位置する一次視覚野で，ヒトでは後頭葉の内側面に広がる領野である。

脳の前後関係を表すため，前後方向は**吻側**（rostoral）と**尾側**の（caudal）軸で，上下方向は，**背側**（dorsal）と**腹側**（ventral）の軸で，その向きが表現されている。さらに外側と中心部は**外側**（lateral），**内側**（medial）と呼ばれている。なお，

---

12) 原一之 (2005).

2.3 神経系と脳

吻側・尾側及び背側・腹側という言い方は，四足動物での脳の方向から出てきた呼び方で，吻側の吻とは口を意味している。ヒトでの脳の向きと呼び方との対応がずれているのは，ヒトへの進化の過程で，大脳が脊髄に対し90度折れ曲がったように拡大していったからである。

2.3.5 三位一体の脳

脳は，進化とともにより終端部の構造が拡大していった。この進化の様子を反映して，ヒトの脳は進化的により古い構造からより新しい構造まで，3つの層をなしている。これをアメリカの心理学者**マクリーン**（McLean, P.D.）は，三位一体の脳と呼んだ。このうち，最も古い部分は爬虫類脳と呼ばれている脳幹・脊髄系で，反射活動や生命維持に関わっている。その次には，爬虫類脳を覆うように古哺乳類脳と呼ばれている**大脳辺縁系**（limbic system）がある。これは動機づけや情動の機能に関わっている。さらに，それらを覆うようにその外側に発達したのが新哺乳類脳と呼ばれている**新皮質**（neocortex）である[13]。

行動の制御という観点から脳をながめると，脳をやはり3つに区分することができる。1つは，進化的にみて最も古い動機づけ系である。これは，マクリーンの三位一体の脳のうち，爬虫類脳と古哺乳類脳が担っている。この系は，進化の過程で獲得した広い意味の動機づけ（第6章）に関係しており，特定の目的にそった行動を起こす働きを担っている。たとえば，おなかがすくと食物を求めるという行動や恐怖を感ずると逃げ出すというような行動がこのシステムにより制御されている行動の例である。2つめは，学習により獲得した習慣に基づく行動の制御系である（第5章）。これは，マクリーンの新哺乳類脳，つまり大脳皮質（特に前頭葉以外の部分）を中心として広がっている。このシステムは，毎日の生活の大部分を占める習慣づけられた行動を起こす仕組みである。さらに3つめとしては，能動的制御系がある（第4章「自動と能動」の節）。これは，**前頭前野**（prefrontal cortex）の**背外側部**（dorsolateral area）を中心とする前頭葉にその制御のためのネットワークが形成されている。このシステムの役割は，習慣的な行動では対応できない場合に，その場で適切と思われるやり方を考案（発

---

13) グリーンフィールド, S. (2001). pp. 159–160.

第 2 章　脳と心

明）したり，動機づけや学習に基づいた自動的行動を抑えたりすることである。たとえば，恐怖心から逃げだそうと思っても，義務感からその場に踏みとどまるという行動を可能にしているのがこの能動的システムの働きである。

2.4　機能局在

　機能局在（functional localization）というアイデアは，西洋では 19 世紀には既に一般的になっていた。これを示すのが，19 世紀に流行した骨相学である。これは，ウィーンの医師ガル（Gall, J.）が唱えた説で，頭蓋骨のふくらみ方から人の心の働きのうち，優れている側面が何かを判断できるという主張である[14]。この主張の基になったアイデアは，2 つの要素に基づいていた。その 1 つは，様々な機能は大脳皮質表面の別々の部位に分散して割り振られているという機能局在説で，もう 1 つはある機能が優れている場合，それを担っている大脳皮質の部位が相対的に他よりも大きくなるという考えであった。こうした考え方は，現在でも間違っていないが，ガルの説が非科学的だったのは，大脳表面の部分的な拡大が頭蓋骨のふくらみとして外部から観察可能だと主張した点である。ガルがなぜそうしたアイデアを抱くようになったかというと，おそらくある人の行動を観察して，その人が優れている資質をその頭蓋骨のふくらみと対応づけて考えたためであろう。

2.4.1　大脳表面の電気刺激

　動物の大脳表面を電気的に刺激すると，身体反応が表れることがあることは，既に 19 世紀には知られていた。イギリスの生理学者シェリントン（Sherington, C.S.）は，20 世紀初頭に，サルやチンパンジーを対象に大脳表面の**運動野**（motor area）を電気的に刺激することで，運動野の特定部位と体のある部位が一対一で対応していることを見いだしている。

　同じことを人で組織的に行ったのがカナダの脳外科医ペンフィールド（Penfield, W.）である。ペンフィールドは，**てんかん**（epilepsy）の患者に対する外科手術

---

14)　Rosenzweig, M.R., Breedlove, S.M., & Watson, N.V. (2005). pp. 18–19.

40

2.4 機能局在

に際し，通常の全身麻酔ではなく局所麻酔により患者の意識状態を保ったまま
で，脳の開頭手術を行った。局所麻酔での手術が可能だったのは，頭蓋骨や脳神
経には痛覚がないため，頭皮だけを局所麻酔により痛みを感じなくしてやれば，
脳そのものの切除は麻酔がなくても可能だからである。てんかんの患者のなか
には薬物治療では発作を抑えることがむずかしい難治性てんかんの患者がいる。
そうした患者に対し外科手術により発作の元になっている**焦点**（focus）と呼ば
れている部位を取り除く手術が行われることがある。

　こうした手術は，現在も行われているが，今のやり方は，まず焦点の位置を脳
波によりおおまかに推定しておき，それに基づき焦点があると想定された部位
を中心として，大脳表面に紐状に並んだ電極を埋めこむための開頭手術が行わ
れる。その後，埋め込まれた一連の電極のうち，どの電極から発作時の特有の
脳波が記録されるかを調べることで発作の位置を正確に決定している。このよ
うにして焦点の位置が明確になったら，再び脳の手術を行い，その周辺の脳組
織を取り除くという外科治療が行われる。ペンフィールドが手術を行った 1930
年代から 1940 年代当時，まだこうした技術がなく，ペンフィールドはやむなく
局所麻酔により開頭手術を行い，焦点があると思われる場所の周辺を電気的に
刺激し，意識を保った状態の患者からてんかん発作の時と同じ症状が得られる
かどうかを口頭で聞き出し，焦点の位置を特定するという方法をとった。

　ペンフィールドは，様々な焦点部位のてんかん患者を対象に，電気刺激実験
を繰り返し，大脳表面の機能地図を作り上げた。得られた成果のうち，最もよ
く知られているのは，運動野と**体性感覚野**（somatosensory area）で見いだされた
大脳皮質と体表面との一対一の対応関係である（図 2-4）。ペンフィールドは，こ
の対応関係が身体を表現していることからそれをホムンクルス（homunculus）と
呼んだ[15]。

　このホムンクルスは，奇妙に歪んだ形をしており，よくみると，実際の身体表
面に比べ，拡大している領域と逆に縮小している領域があることが分かる。こ
の歪みは，実は脳が心の機能を実現するために用いている根本原理を反映した
ものである。その原理とは，個々の神経細胞のもつ情報処理能力には限界があ

---

15)　ペンフィールド，W.・ラスミュッセン，T. (1986). 第 2 章

第 2 章　脳と心

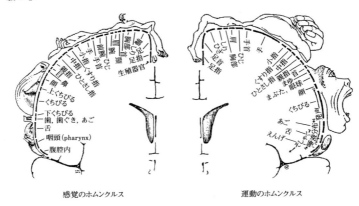

感覚のホムンクルス　　　　　　運動のホムンクルス

図 2–4：大脳皮質の表面と体表面の関係　出典：ペンフィールド・ラスミュッセン (1986).

るので，より多くの情報を処理するためには，それだけたくさんの神経細胞が協力して活動する必要があるというものである。神経細胞の信号伝達はそれほど早くないので，神経細胞同士が相互に信号をやり取りして1つの機能を果たすためには，お互いが近接して並んでいる必要がある。皮膚の敏感な領域にはより密な感覚細胞があり，それだけ多くの情報が脳に送られてくるので，それを処理するためにはたくさんの神経細胞が必要となる。そこで必然的に脳表面での対応する領域もより広くなる。皮膚感覚の鋭敏な場所（たとえば唇や指先）と鈍感な場所（肩や尻）は，生まれつき決まっており，体性感覚野の対応する領域の広がりもそれに応じて違っている。これに加えて訓練によっても皮膚の敏感さが変化する。そうした鋭敏さの増大は，体性感覚野の拡大が支えている。このことは，小さい時（12歳以下）からバイオリンを弾き続けているプロのバイオリニストは，弦を抑える左手に対応した体性感覚野の領域が普通の人に比べ大きくなっていたという報告[16]からもうかがえる。

　ペンフィールドが行った大脳表面の電気刺激により，心の機能と脳の部位が密接に対応していること，さらには運動野や体性感覚野のような特定の領野内では機能単位（体の部位）ごとに対応する部位が別れていることが明らかになった。

---

16)　Elbert, T. et al. (1995).

2.5　大脳半球機能の左右差

この結果は，脳の機能局在を明瞭に裏付けたものといえる。しかし，ペンフィールドが発見した脳の電気刺激による心への影響は，運動や感覚にとどまらなかった。ペンフィールドは，心の状態とは脳が作り上げた一種のまぼろしであることを思わせる結果も見いだしている。特にそうした幻覚様体験の多くは側頭葉の電気刺激で得られた。一例をあげると，ある患者は手術前，右側頭葉を焦点とするてんかん発作に頻繁に見舞われていたが，そうした発作時には，「突然自分の身の回りの状況がなにかしらなじみ深いものであるような気がする」という感じを得ていた。これは，第5章で述べる**デジャビュ**（既視感）という現象である。ペンフィールドによる側頭葉の電気刺激でも，既視感やその逆の**未視感**（ジャメビュと呼ばれ，知っているはずのものや状況が見知らぬものに感じられる）が報告されている。さらには，過去の体験が今その場で体験しているかのようにあざやかに蘇ってくるという報告や自分の体が手術台とは別の位置に移動したように感ずるという報告も，側頭葉の電気刺激で得られている[17]。この最後のものは，**体外離脱**（out-of-body）という幻覚で，最近の研究（トピック2–1）では，側頭葉と頭頂葉の境界付近の電気刺激でこの幻覚が生ずることが確認されている。

2.5　大脳半球機能の左右差

2.5.1　機能の一側への偏り

　大脳皮質を構成する左右一対の半球は，形も大きさもほぼ等しく，ほぼ同等の機能を果たしており，もし一方が損傷を受けた場合には，他方がその機能を代行することは低年齢では十分可能である。しかし，成人の脳機能をいろいろな方法により調べてみたところ，左右の**大脳半球**（cerebral hemisphere）は機能ごとに得意な半球が違うことが明らかになった。これは，**機能の非対称性**（functional asymmetry）とか**側性化**（lateralization）と呼ばれている。大脳半球の機能の非対称性に関して古くから知られていたのは，言語と利き手である。これらはいずれも左半球（**交差支配**(crossed control) により右手は左半球により制御されており，左

17）　ペンフィールド，W.・ラスミュッセン，T. (1986). 第9章

第 2 章　脳と心

手はその逆に右半球により制御されている）にその機能を担当する部位が偏っている。

　言語に関して左右の半球に機能差があることは，19 世紀には既に知られていた。フランスの解剖学者**ブローカ**（Broca, P.P.）は，脳梗塞後に言葉を発することができなくなった（**失語症**（aphasia））患者を死後に解剖し，左前頭葉が損傷されていることを発見した。そこで，ブローカはこの部位がこの患者の失語症の原因だと推定した。現在では，左前頭葉のこの領域は，言語の表出に不可欠な領野としてブローカ野と呼ばれている。言語の聴取に関わる左半球の領野は，側頭葉のシルビウス（Sylvius）溝にある聴覚野を取り囲むように広がっており，やはりこの部位の失語症との関わりを発見したドイツの解剖学者**ウェルニッケ**（Wernicke, K.）の名をとり，ウェルニッケ野と呼ばれている。

　言語に限らずいろいろな心の働きに左右の半球で得意不得意があることは，1970 年代に主として心理学的方法を用いて実証された。そこで用いられた方法は，聴覚では**両耳分離聴**（dichotic listening）による提示法，視覚では**タキストスコープ**（tachistoscope）という装置を用いた一側半球への情報の提示である。両耳分離聴では，ステレオのヘッドフォンにより左右に異なる音声刺激（単語や環境音など）をペアにしたものを複数組聞かせ，それについて報告させたり判断を求めたりした（4.8 も参照）。その時の左右の耳の成績を比較するとその成績の違いは刺激の内容により異なることが明らかになった。言語刺激では右耳が左耳よりも成績が良いのに対し，環境音の場合には，逆に左耳の方が成績が良かった。この違いは，右耳から与えられた刺激は，まず左半球の聴覚野に届き，そこから言語刺激の場合には，左半球にあるウェルニッケ野に情報が送られるので，より直接的にその情報を処理することができるのに対し，左耳に言語刺激が与えられた場合には，まず右半球の聴覚野にそれが届き，その後より機能的に劣っている右半球で言語的処理が行われるか，あるいは脳梁を介して左半球のウェルニッケ野に転送されるため，情報の半球間の転送に伴うロスが起こり，成績が低下すると考えられている。

　視覚刺激を用いた実験では，タキストスコープが用いられた。この装置は，刺激を一側の**視野**（visual field）に短時間だけ提示することができた。そうすると，図 2–5 にあるように右視野に提示した刺激は，まず左半球の後頭葉にある視覚野に送られる。同様に刺激を左視野に提示すると，その情報はまず右半球の視

2.5 大脳半球機能の左右差

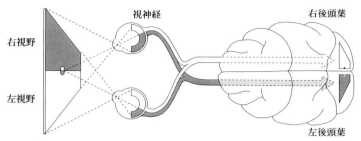

図 2-5：左右視野の各半球への投射 右視野（視野の右半分のこと。右眼ではない）は左後頭葉へ，左視野は右後頭葉へ投射される。刺激を短時間（0.2秒以内）だけ，一方の視野に片寄せて提示することで，一側の半球だけに情報を提示できる。出典：Gazzaniga, & LeDoux (1978).

表 2-1：大脳半球の機能差

左半球優位	右半球優位
言語	視空間知覚
計算	情動の表出と知覚
複雑な運動技能	顔の知覚
	注意
	音程の知覚

覚野に送られることになる。ちなみに，よく右目の情報は左半球に，左目のそれは右半球に送られるといわれるが，これは左右の目が常に同一の対象に向けられる人間のような動物では誤りであり，一側の半球に送られるのはどちらの目で見ても，あるいは両目で見たとしても，視野の反対側の半分となる。

両耳分離聴と視覚刺激の短時間一側提示を用いて調べたところ，脳に特に異常のない人でも，左右の半球には課題に応じてわずかにその能力に違いがあることが明らかになった。現在では，第1章でふれた機能的イメージング法を用いて脳の活動を測定できるので，特定の課題でどちらの半球がより活発に活動するかを簡単に調べられるようになった。この方法で得られた結果も，おおむね心理学的方法を用いて得られた結果と一致しており，表2-1のような機能の一側への偏りが確認されている[18]。

---

18) Dimond, S.J., & Beaumont, J.G. (1974). 第4章，計算については Pesenti, M. et al. (2001).

第 2 章　脳と心

2.5.2　利き手

　誰でも気がつくもう 1 つの機能の偏りは，**利き手**（handedness）である。ヒトでは人口の約 90％は右利きであり，右手は左半球によりコントロールされている。つまり，利き手についてヒトでは左半球の優位性がはっきりしている[19]。これは，かつては言語進化に伴って生じた人類に特異な特徴だとされていた。ヒト以外の霊長類に関しては，チンパンジーやゴリラなど我々に最も近縁な高等類人猿も含めて，個体ごとには利き手があっても，集団としてみると右手を使う個体も左手を使う個体もほぼ半々で偏りはないとされてきた。しかし，ヒヒやチンパンジーでの最近の研究では，ヒト以外でも集団全体として右手を使う個体がより多いことが分かってきた。たとえば，ヒヒでは，相手を脅かすために地面をたたくというジェスチャーが見られるが，これを行う際に右手で行う個体の方が左手で行う個体よりも多いこと[20]や，チンパンジーでは，仲間に手を伸ばす動作や遊びに誘うために自分の周囲にあるものをたたく動作でやはり右利きの傾向がはっきりと見られた[21]。このように，仲間とのコミュニケーションの手段として行われるジェスチャーでは右利きが強くなることが判明している。また，音声の制御に関しては，鳥類やラットでも左半球優位であることが知られている。こうしたことから，コミュニケーションに係わる行動は左半球に機能が偏る傾向がみられ，この傾向は進化的にみて古い起源をもつと考えられる。言語はそうした進化の流れの中で左半球に局在するようになったものと推測される。

2.5.3　分割脳

　大脳半球は，左右 2 つの半球に分かれている。それぞれの半球は，**脳梁**（corpus callosum）（図 2-6）と呼ばれる神経繊維の束により相互に情報のやり取りができるようになっている。このため，脳梁が機能している状態では左半球と右半球は情報を共有でき，一方が得た情報は他方の半球でも利用できる。しかし，脳梁が切断されると，左右の半球はそれぞれ独立して機能するようになる。この

---

19)　Coren, S. (1992).
20)　Meguerdichian, A., & Vauclair, J. (2006).
21)　Meguerditchian, A. et al. (2010).

2.5 大脳半球機能の左右差

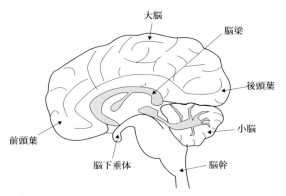

図 2-6：脳梁　出典: http://www.civillink.net/fsozai/nou.html#a1

脳梁が切断された状態は，**分割脳**（split brain）と呼ばれている。

　心が1つのまとまりをなしているという実感を支えるために脳梁が重要な働きを担っていることは，それを切断してみるまでは分からなかった。心の統合に脳梁が重要な役割を担っていることは，最初サルを用いた実験で明らかになった。この実験を行ったのは，英文学から心理学に進み，さらには発生生物学や生理学の分野で研究を行った米国の発生生物学者**スペリー**（Sperry, R.W.）だった。

　スペリーとその弟子達は，サルの脳梁を切断した上で，特定の刺激にだけ報酬が伴うことを習得させる弁別学習実験を行った。その際，弁別刺激を一方の視野にのみ提示することで一側の半球のみが弁別刺激を知覚できるようにした。その結果，サルは脳梁に異常のないサルと同様に，報酬を伴う刺激に対してのみ反応するようになり，弁別反応が完成した。その後で，今度は弁別刺激をもう一方の半球に提示するようにした。脳梁により左右の半球がつながっている普通のサルの場合，既に一方の半球が弁別反応を習得しているので，別の半球に対し弁別刺激を提示しても，すぐに正しく弁別反応ができるようになる。これに対し，脳梁を切断したサルでは，最初の学習と同じだけ訓練をしないと弁別ができるようにはならなかった。また，最初の学習時とは逆の（以前の学習では報酬と関連づけられていない）弁別刺激に対して報酬を与えるようにしても（これは**反転学習**（reversal learning）と呼ばれており，通常では前の学習が邪魔をするので，学習が完成するまでには最初の訓練に要した以上の試行数を必要とする），最初の学習

47

第 2 章　脳と心

と同じ程度の試行数で学習が完了した。この結果は，脳梁を切断すると，左右の大脳半球はそれぞれ独立した脳として機能するようになることを示している。ちなみに，前の学習と似た内容を学習する場合に，学習に要する手間が少なくなることは学習の**転移**（transfer）と読ばれている。我々は，通常，利き手で字を書くことを習得しているが，けがなどで利き手が使えなくなると，上手ではなくても非利き手を使って字を書くことができる。これは転移により字を書くために必要な技能が左右両方の半球に貯蔵されているからである。なお，こうしたスペリーの研究成果は，スペリーにノーベル生理学・医学賞をもたらしたほど画期的なものであった[22]。

　人間でも分割脳の手術が行われている。それは他の手段では治療できない難治性のてんかんを治療するためである。てんかんでは，焦点から脳全体へ発作が拡大し，けいれんを伴う大発作となる。こうした発作を防止する目的で，難治性のてんかん患者に対し脳梁を切断する手術が行われ，ある程度の効果をあげていた。スペリーの弟子の**ガザニガ**（Gazzaniga, M.S.）は，手術の結果分割脳となった患者を対象に，左右半球の機能を調べる様々な研究を行い，脳梁が統合された心の働きにとって重要な役割を果たしていることを明らかにした。彼の研究から例をあげると，分割脳の患者に対し，タキストスコープを用いて一側の半球にのみ情報を提示した実験がある。この実験で情報を提示された半球はその情報を理解していることが容易に確認できた。たとえば，分割脳患者にある物体の絵を，タキストスコープで瞬間提示し，その物体を複数の物体の中から触覚を使って選ばせると，どちらの半球に情報を提示しても，それが何であったかは容易に答えることができた。ただし，言葉で報告できるのは左半球に情報を提示した場合だけで，右半球は，提示された情報が何であったかは言葉では報告できない。しかし左手でさわることで正しく物体を選び出すことができるので，右半球が提示された情報を正しく理解していることが分かる。

　ガザニガは，左右の視野に別々の情報を瞬間提示し，それに基づいてそれぞれの手が最もよく合う図を指し示すという課題を分割脳患者で試みた。ある分割脳患者は，左半球がニワトリの足を見せられ，右半球が雪景色を見た時に，右

---

22)　Sperry, R.W. (1990).

手でニワトリの頭を指し，左手でシャベルを指すという反応をした。何故そのような選択をしたのかを患者に尋ねたところ，患者は「鶏小屋を掃除するにはシャベルが必要でしょう」と答えたことから，ガザニガは，左半球には何ら情報を持っていないときでも自分が行った行動に「適当な」説明を与える働きがあるとした。ガザニガは，このような左半球の働きを，解釈脳と呼んでいる[23]。

2.6 覚醒と睡眠

生物は，さまざまなリズムに従って生活している。鳥の渡りや繁殖期に見られる年単位のリズム，月経周期のような月単位の周期もある。そうした周期的な活動の変化で最もなじみ深いのが日単位の周期であろう。この周期は，睡眠と覚醒により区切られている。多くの生物は，**概日周期**（サーカディアンリズム，circadian rhythm）と呼ばれる日単位の周期活動を示す。概日とは，リズムが正確に24時間ではなく，おおよそ24時間の周期となっているという意味である。このことは，洞窟で時計を外して生活をおくった研究者の活動リズムが，24時間よりやや長い周期を示し，覚醒と睡眠のサイクルが次第に外部の周期とずれていったことから明らかになった。普通の生活を送る限り，体が持っている概日周期は，外部の日周期に同調して24時間の周期を保っている。現在では，このリズムの制御に，**視床下部**（hypothalamus）にある**視交差上核**（suprachiasmatic nucleus）が重要な役割を果たしていることが判明している[24]。

2.6.1 覚醒

20世紀初頭のヨーロッパで，インフルエンザのような症状に続いて昏睡状態を呈する嗜眠性脳炎が流行した。この病気にかかった患者は，外部から強く刺激を与えてやらない限り昏睡状態を続けた。嗜眠性脳炎患者の脳を死後に解剖したオーストリアの神経科医の**フォン・エコノモ**（von Economo, C.F.）は，脳幹部に損傷があることを見いだした。その後，米国の生理学者の**マグーン**（Magoun, H.W.）と**モルッチ**（Moruzzi, G.）は，睡眠中のネコの脳幹にある網様体を電気刺

---

23) Gazzaniga, M.S., & LeDoux, J.E. (1978). 第7章
24) 井上昌次郎 (1989). 第2章

第 2 章　脳と心

激する実験を行ったところ，これによりネコが覚醒したことから，この部位が睡眠と覚醒を制御している脳のシステムであるとし，**脳幹網様体賦活系**（brain stem reticular formation activation system）と名づけた。モルッチとマグーンは，末梢と中枢を連絡している感覚神経や運動神経は，脳幹網様体に側枝を伸ばし，これを通じて脳幹網様体を刺激することで覚醒が維持されるとした[25]。その後の研究により，脳幹部には複数の調整系神経伝達物質の起始核があることが判明し，そうした調節系の神経伝達物質の相互作用が覚醒と睡眠の制御に重要な役割を担っていることが明らかになっている。

2.6.2　睡眠と夢

　睡眠（sleep）は古くから休息の時だと思われてきた。実際，よく眠った後では疲れがとれてすっきりした感じがする。なぜ，覚醒と睡眠が一日の中で交替するのかを説明しようとした睡眠研究者は，こうした普段の感じ方を裏付けるように，睡眠の機能は日中の活動で蓄積した何らかの代謝産物を取り除き，脳の生化学的状態を元に復することだと考えていた。しかし，1953 年に**アセリンスキー**（Aserinsky, E.）と**クライトマン**（Kleitoman, N.）により，睡眠には脳の休息以上の機能があると思わせる発見が行われた。アセリンスキーは当時クライトマンの指導の下で研究していた大学院生だった。アセリンスキーは，脳波上では明らかに眠っていると思われる人の眼球が左右にピクピクと動くことに気がついた。そこで，眠っている人を起こして訪ねたところ，その人は夢を見ていたと報告した。そのため，この睡眠の段階は，**レム睡眠**（REM sleep）と名付けられ，夢を見る睡眠として広く知られるようになった。レム（REM）とは，**急速眼球運動**（rapid eye movement）の頭文字をとってつけられた略語である。なお，レム睡眠以外の時期は，**ノンレム**（non-REM）睡眠と呼ばれている。

　一晩の睡眠は，最初ノンレム睡眠で始まり，その後にレム睡眠の相が続く。この周期は約 90 分で，これが一晩の睡眠中に数回起こる。周期が繰り返されるごとに徐々に睡眠は浅くなり，かつレム睡眠の持続時間が徐々に長くなっていく（図 2–7）。レム睡眠では，脳波上は覚醒期に近い波形が観測されるにもかか

---

25)　マグーン，H.W.（1967）．第 5 章

2.6 覚醒と睡眠

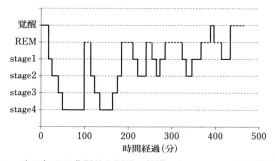

図 2-7：一晩に起こる典型的な睡眠の経過　Stage 1–4 は NREM 睡眠。

わらず，起こそうとしてもなかなか覚醒せず，筋緊張も低下した特異な生理学的状態を示す．なお，一晩の睡眠のうち，前半はノンレム睡眠が占める割合が高く，後半はレム睡眠の割合が高くなる[26]．

　アセリンスキーとクライトマンの発見に触発され，夢とレム睡眠の関係を調べる研究がその後数多く行われている．そうした研究から，レム睡眠中には，約80％の割合で夢が報告されることが判明した．しかし，その後の研究では，ノンレム睡眠であっても少なからず夢が報告されることが分かり，現在ではレム睡眠と夢を見るという行動が不可分の関係にあるとする見方には賛否両論がある．とはいえ，レム睡眠時に報告される夢が典型的な夢の特徴 (2.6.3) を持っていることから，ハーバード大学の睡眠研究者のホブソンのように，現在でもレム睡眠と夢との結びつきを重視する研究者もいる．

2.6.3　夢の機能

　夢は睡眠中に誰もが多かれ少なかれ経験するありふれた行動であるが，その役割については，諸説ある．夢がなぜホブソンが定義するように，「主に視覚的なイメージからなり，幻覚めいて荒唐無稽な内容をもつにもかかわらず，そのイメージは現実の体験だと錯覚したまま経験される」という特徴をもつのかに関しては，古くからいろいろなアイデアが出されてきたが，現在でも定説は得られていない．

---

[26]　ロック, A. (2006). 第 1 章

第 2 章　脳と心

　古典的な説明としては，フロイトによる夢の**願望充足説**（wish fulfilment theory）
がよく知られている。フロイトは，睡眠中に生ずるさまざまな願望が睡眠を妨
害しないよう，夢の中で満足することが夢の役割だと考えた。フロイトは，抑
圧された性的な動機づけという彼の理論的立場から，性的願望が生み出す夢は，
睡眠の妨げにならないよう検閲を受け，本来の性的な意味づけをなくした害の
ない内容に変更されていると考え，この夢の機能を**夢の仕事**（dream work）と
呼んだ。フロイトは，夢が奇妙でそのストーリーが一貫せず，登場人物や状況
がしばしば複数の対象が融合したものとなっているのも，こうした検閲による
変容のためだと解釈した[27]。

　フロイトの説に対しては，現在では否定的な意見が多いが，夢が奇妙でその
内容が一貫しないことは，多くの夢研究からも確認されている。こうした夢内
容の奇妙さがなぜ生まれるのかに関して，睡眠と覚醒を制御している生理学的
な仕組みから説明しようとしたのはホブソンと**マッカーリー**（McCarley, R.）で
あった。彼らは，フロイトの説のように夢に意味を見いだそうとする考えに真っ
向から反対して，**活性化―合成説**（activation-synthesis theory）を提案した。彼
らは，レム睡眠時に脳幹部から発せられた信号が大脳皮質をランダムに活性化
し，その結果として脈絡のないイメージが生まれると考えた。夢のストーリー
は，こうしたランダムに活性化したイメージをなるべく意味のある物語に統合
しようとした結果であるとした。彼らの考えでは，夢に隠された意味などはな
く，夢を見ることは特に何かの訳に立つものではないということになる[28]。

　フロイトの夢理論に肯定的な立場から，脳損傷後の**夢見**（dreaming）の頻度低
下を手がかりにして，夢が生成される仕組みを考察したのは，**ソームズ**（Solms,
M.）という南アフリカの精神医学者である。ソームズが多数の脳損傷患者を丹
念に調べたところ，脳損傷により夢を見なくなるのには 2 つの場合があった。1
つは，大脳辺縁系から前頭葉に投射しているドパミン神経が損傷された場合で
ある。第 2 のケースは，ドパミン神経による大脳辺縁系からの信号が後頭葉に
フィードバックされる経路の損傷で起こる。このフィードバックされた信号に
より頭頂葉から後頭葉にかけての領域が活性化されると，夢の内容である視覚

---

27)　フロイト, S. (1969). 第 3 章
28)　ホブソン, J.A. (2007). 第 7 章

イメージが生まれる。ソームズは，夢が感情的な内容となるのは，情動や動機づけに関わる大脳辺縁系から前頭葉に投射されるドパミン神経が夢の駆動源になっているためだと考えている。さらに，夢が情動と動機づけのシステムにより生み出されるにもかかわらず，起きている時のように行動に反映されないのは，レム睡眠中には行動を統括する前頭前野の外側部の機能が低下しているのと運動を実際の筋肉の活動として実現するための信号が視床や延髄でブロックされているためである。つまり，ソームズの考えでは，夢は動機づけのシステムが行動化することを防ぐことで，フロイトの夢理論で主張されたように，睡眠からの覚醒を防ぐという機能を果たしていることになる[29]。

　フロイトの観点を離れて，夢の機能的意義に関して，夢が記憶の定着に関わっているという知見が近年積み重なってきている。そのきっかけとなったアイデアは，夢は日中の行動で積み重ねられた無駄な記憶痕跡を取り除き，記憶に関わる脳のネットワークをより効率よくするという主張である。このアイデアを提案したのは，ワトソン・クリックの二重らせんモデルでノーベル生理学・医学賞を受賞したことで有名な**クリック**（Crick, F.）とその共同研究者の**ミッチソン**（Mitchison, G.）である。これは，夢の「消去」説といえる[30]。最近になって，夢が記憶形成に役立っているという，より積極的な知見が得られている（トピック5–1）。具体的には，レム睡眠は手続き的学習（第5章）を促進し，ノンレム睡眠は知識のような宣言的記憶の定着をうながすとされている。

Q & A

Q: よく脳の **80%**ほどは使われていないので，それを開発すれば能力をアップすることができるという話を耳にするのですが，それは可能でしょうか。

A: これは，必ずといっていいほどよく出る質問ですが，実際にはそうしたこと（使われていない脳細胞がある）はありません。神経細胞は，他の神経細胞とシナプスを介してつながって信号のやり取りをしないと生きていけないので，完全に使われない状態では存在し続けることはできません。実際，先天性の視覚障害がある人では，網膜からの入力がないために，視覚の信号を受け取る後頭葉の領域（17野）は他の感覚（触覚）のために使われてしまい，使われないままにはなっていません。

---

29)　Solms, M. (1997).

30)　Crick, F., & Mitchison, G. (1983).

第 2 章　脳と心

Q: 脳のしわの数が多いほど頭が良いということを聞いたことがあるのですが，本当ですか。

A: 脳のしわとは，溝と呼ばれている大脳皮質が折りたたまれてできた構造です。人間の場合には，脳の表面にはたくさんの溝がありますが，どこにどのような溝があるかは，ほぼ決まっており，個人の能力に応じて違っている訳ではありません。ただし，種間の比較では，脳が大きくなるにつれしわも増えます。これは，本文で述べたように，脳の構造上，体積の増加を最小限に保ったまま大脳皮質の表面積を大きくする必要があるからです。そのため，脳の大きな動物ほど脳の形は丸くなり，かつ表面にはしわが寄ります。

Q: 脳に傷がついたために言葉を発しようとしても「**TAN**」という単語しか言えなくなってしまった人の話を聞いたことがあります。事故や脳手術などで脳に損傷を受けることで，心の働きに何らかの異常をきたしてしまうような例は多いのでしょうか。

A: この症例は，左前頭葉に脳梗塞を起こした人で，ブローカという解剖学者が報告した運動性失語の患者さんです。脳の損傷がある程度以上であれば，その損傷部位に依存したさまざまな障害が出てくるのが一般的で，かつてはこれが脳の機能局在を調べるほとんど唯一の方法でした。

Q: 脳梗塞で半身麻痺などが起こっても，リハビリをすることで機能が回復するのはなぜですか。

A: 神経細胞は，他の神経細胞と信号をやり取りすることで機能を維持していることは，前の質問でお答えした通りですが，単に機能を維持するだけでなく，訓練により機能の向上も可能です。たとえば，本文中でも述べたように，バイオリン奏者が弦を押さえるのに使う指を制御している運動野の領域では，運指に関わっている領域が大きくなるという変化がみられます。このように，特定の目的に関わる神経細胞の連絡が良くなったり，また周囲の神経細胞を巻き込んでその機能を果たそうとする変化（これは脳の可塑性と呼ばれている）が起こるからです。リハビリの場合も，障害された機能を訓練することで，その機能に関わっていた壊れた神経細胞に代わって，周囲の神経細胞が失われていた機能を代行するようになります。

さらに学ぶために

『心をつくる──脳が生みだす心の世界』クリス・フリス　岩波書店

『脳は眠らない──夢を生みだす脳のしくみ』アンドレア・ロック　ランダムハウス講談社

『脳と意識の地形図──脳と心の地形図 2』リタ・カーター　原書房

トピック 2–1　　体外離脱体験

　自分の体はどこにあると感じているだろうか。そんなの決まっているじゃないか。今自分がいるところにあると感じているじゃないか，そう答えが返ってくるものと思われる。その通りである。しかし，そう感ずるのは脳の健全な働きがあるからである。もし，その働きが乱されると，自分のいる位置が本来の位置からズレて感じられる。脳の特定の場所を刺激することで，こうしたズレが起こることを最初に実証したのは，本文でも触れたカナダの脳外科医ペンフィールドである。ペンフィールドは，てんかん患者の手術の際に側頭葉のいろいろな部位を電気刺激をしたところ，ある場所を刺激された女性の患者は，「わたしはまるでここにいないのでのではないかという奇妙な感じがしている」と言った。また，側頭葉の別の場所を刺激した時には，「自分が遠くに浮遊してゆく感じ」だとも述べている[31]。さらに，現実の自分を外部から凝視できるような場所に自分がいると感ずることもある。これは，体外離脱体験と呼ばれている。

　最近，てんかん発作そのものやてんかん患者に対する電気刺激から，自分の意識が体から 2-3 メートルほど上に移動し，自分の本来の体の位置とは 180 度回転した状態（つまり，仰向きの姿勢が裏返しとなり下を向いて横たわった状態）となったという体外離脱体験が報告されている[32]。ペンフィールド達の報告した側頭葉とは位置が少しずれているが，この研究では側頭葉と頭頂葉の境界（**側頭頭頂接合部** (temporo-parietal junction: TPJ)）付近がこの体験を生む場所だと判明した。この部位の電気刺激で体外離脱体験が生まれるのは，この部位が体性感覚や視覚などの感覚から得られた情報を基に自分の身体と外界の対応づけを行っているからだと考えられている。

　体外離脱体験は，病気や事故で死にそうな目に遭った人が経験することのある**臨死体験** (near-death experience) の一部として報告されることがある。典型的な臨死体験では，周りからみれば全く意識が無いと思われた人が，意識を取り戻した後で，自分の体から抜け出して，三途の川を渡ったり，天国で神様のよ

31）　ペンフィールド，W.・ラスミュッセン，T. (1986). p.223.
32）　Blanke, et al. (2004).

第 2 章　脳と心

うな存在と出会ったりといった体験を報告する。臨死体験での体外離脱体験では，自分の体から抜け出て，多くの場合に天井付近から下を見ている自分がいることに気がつく。その時，周囲の情景だけでなく音も聞こえるという。また，自分の意思で思った場所に自由に移動することもできる。臨死体験は，確かに不思議な体験であり，人によっては，これは死後の世界を垣間見てきたのだという人もいる[33]。確かに，その可能性を完全に排除することは難しいかもしれないが，最もありそうなのは，この体験は幻覚だという可能性だろう。酸素の欠乏などで機能停止寸前になった脳では，その活動が乱され，その結果としてTPJ近辺の過剰な興奮が起こり，それが体外離脱体験を生んだと考えられる。

33)　立花隆 (2000).

第3章　心の進化

　人の身体的特徴が進化の産物であるように，人の心もまた進化の産物だといえる。この章では，人がヒト（生物としての人間に言及する時にはカタカナでヒトと表現する）として進化していく過程で獲得してきた心の働きについて進化心理学の観点から紹介する。我々が人間らしいあるいは人に特有だと思っている心の働きの中にも，実はヒト以前の時代に獲得した性質を引き継いだものが多くある。我々に近縁の霊長類，とくに高等類人猿の行動と我々のそれとを比較することで，心の働きがなぜ今のような姿をみせるのか，言い換えると，ヒトの振る舞いに隠された進化の過程で培われた心の仕組みが見えてくる。

3.1　進化と遺伝子アルゴリズム

　進化論は，チャールズ・ダーウィン（Darwin, Charles）が 1859 年に発表した『種の起源』により，広く知られるようになった。この理論は，表 3–1 のような進化の仕組みを支える原理を提案していた。進化論が広く受け入れられている現在では当たり前だと思えるが，種は徐々に変化して変種となり，さらには別の種となるというダーウィンの着想は，その当時広く信じられていた種は不変だとする考えを 180 度転換させることになる革新的なものであった。よく知られているように，ダーウィンはこのアイデアを，ビーグル号でガラパゴス諸島を訪れた際の観察から得たとされている。ダーウィンがこの理論を発表した当時には，まだ遺伝を支える仕組みは知られていず，具体的にどのように世代か

57

第 3 章　心の進化

表 3–1：進化の仕組み

進化の原理	具体的内容
種の非定常性	種の中には個体により適応度に違いが見られる
種の分化	種の中に地理的・行動的に分離された群が存在し続けると，それぞれの群はやがて別の種となる
漸進説	生物の進化は一定の速度で少しずつ起こる
自然淘汰による選択	環境により適応した個体が子孫を残しやすい

ら世代へと種のもつ特徴が伝播し，自然淘汰により選択されるのかについては，皆目分かっていなかった。しかし，ダーウィンは，ハトの育種などの経験から，環境に対する適合性の違いにより，特定の形質が集団の中で徐々に広がっていく様子を観察していた。ハトの育種では，特定の形質を選択するのは人為的な介入であるが，ダーウィンは，同じことが環境に対する個体の適合性の違いによっても起こるのではないかと考えた。生物は環境が許容する以上の子孫を生み，そのうちの一部が生き残り，次の世代を生む。これが繰り返されることで，環境により適合した性質をもつように種の遺伝的変異が変化する。従って，ガラパゴス諸島でダーウィンが観察したように，1 つの種が微妙に異なる生態系をもつ島々で生息するうちに，次第にそれぞれの島の生態系に適合した性質が進化していき，最初は 1 つの種であったものが徐々に別の種に分化していったとダーウィンは考えた。

3.1.1　遺伝子アルゴリズム

　生物が環境に適応する仕組みは**遺伝子アルゴリズム**（genetic algorithm）と呼ばれている。このアルゴリズムの特徴は，選択するのは環境側の要因で，個体の側の適性や優劣の問題ではないことである。図 3–1 に示したように，遺伝子アルゴリズムは，まず，種のもついろいろな形質を生む元になっている遺伝子に，個体ごとにランダムな変異があると仮定する。遺伝子の変異は，環境との関係で，発現した形質を通じて個体の適合性に違いを生む（そうした遺伝子だけが淘汰の対象になり，適合性に影響しない遺伝子は淘汰されない）。つまり，特定の発現形につながる遺伝子をもつ個体の生存率が高い場合には，その遺伝子が次の世代に伝わる確率が高くなり，逆にそれが低い場合には次の世代へのその遺伝

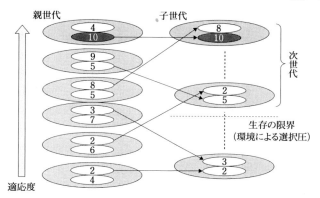

図 3–1：遺伝子アルゴリズムの原理　ここでは，実際の有性生殖で見られるように，親は1対の遺伝子を持っており，雄と雌はその一方を子どもに伝えることで次世代の変異を生み出すように描いている（適応度は遺伝子対の数字の和で表している）。最適化問題の解決で実際に用いられている遺伝子アルゴリズムでは，遺伝子は1個の数列で，その中で交叉（途中から別の遺伝子と数列を交換する）や数列のどこか1箇所で突然変異が生ずることで次世代の遺伝子が親世代とは違ってくるような仕組みとしている。なお，交叉と突然変異は生物進化でも遺伝子の多様性を増すことに貢献している。

子が伝わる確率が低くなる。環境が一定であれば，それに適合した形質を持つ個体の割合は，他の遺伝子の影響により環境に対する適合性が下がるまで，種の中で徐々に増えていく。これが遺伝子アルゴリズムと呼ばれている適応過程である。

環境に変化が起これば，遺伝子アルゴリズムにより，変化した環境に最も適合した遺伝子が種の中で数を増やすことになり，種の環境への適合性は一定水準に維持される[1]。遺伝子アルゴリズムでは，適応する生物の側ではなく，環境が適合性を決定する。このようなランダムな変動に対する環境による選択という仕組みは，道具的条件づけ（第5章）でもみられ，生物が予測できない環境変動に対して適応する手段となっている。

3.2　ヒトの特徴

ダーウィンは，ヒトの基準はその脳にあると考えていた。また，大きな脳と

---

1)　森川幸人 (2000). 第1章

第 3 章 心の進化

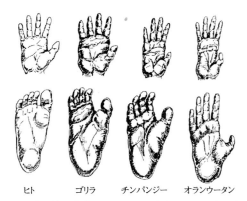

図 3-2：手と足の進化　比較のため大きさはそろえてある。

直立 2 足歩行（bipedalism），それに道具の使用は密接な関係があると考えていた。直立することで自由になった手を巧みに操り，道具を使用したり製作したりすることができるようになった。さらに，道具の製作や使用は，脳の拡大を促し，それがますます高度な道具の製作につながっていった，というのがダーウィンやその後の進化論者が考えたヒトの進化のプロセスであった[2]。しかし，このダーウィン以来の直立 2 足歩行と大きな脳，それに道具を操る器用な手を結びつける考え方は，考え直す必要があることが分かってきた。

　まず，器用な手であるが，これはヒトに特有ではなく，樹上生活をする霊長類では程度の違いはあっても木の枝をつかむことのできる手をもっている。高等類人猿の手は，それをさらに進化させたにすぎない。高等類人猿の手の特徴は，その親指にあり，親指が他の指と対向して動く（親指を 90 度開いたり他の指に向かい合わせる形にしたりできる）ことで，ものをつまんだり親指と他の 4 本の指で細い枝を握ったりすることを可能にした。実際，高等類人猿の手と足をヒトのそれと比べてみる（図 3-2）と，手の形は相互によく似ているのに対し，足の形は，他の高等類人猿では手と似ているのに対し，ヒトでは足の甲の部分が前後に伸び，それとは逆に指が短くなっており，手との形の違いが際立っている。ヒトでの手と足の形の違いは，ヒトが常時直立 2 足歩行をするようになっ

---

2)　スタンフォード, C. (2004). p. 30.

3.3 直立 2 足歩行

表 3–2：人間に特有とされる行動

行動上の特徴	他の高等類人猿との違い
言語	情動などの内的状態から独立に制御可能
直立 2 足歩行	常に 2 足歩行を行う
道具の製作と使用	道具を製作し，それを保持し続ける
家族の形態	男性の家族への参加
財の共有	食料などを集団（家族）で共有する
定住	一定期間は同じ場所で生活する

たことで，足の形がそれに適合するように進化したためである。つまり，チンパンジーやゴリラとの共通の祖先からヒトが別れた後になって，足の形は 2 足歩行により適するように変化した。現在，ヒトに特有とされる特徴を，表 3–2 に挙げておいた。

3.3 直立 2 足歩行

　直立 2 足歩行がいつごろ進化したかについては，発掘されたヒトの祖先の化石に対する人類学的な研究からかなりはっきりしてきた。その時期は，おおよそ 500 万年前だとされている。直立 2 足歩行をしたことがはっきりしている化石で最もよく知られているのは，ルーシーと呼ばれている今から 300 万年前にアフリカで生存していたアウストラロピテクス（Australopithecus）属である。アウストラロピテクスとは，南の猿人という意味で，ヒトにつながるホモ属が誕生する以前にアフリカに登場した直立 2 足歩行を行っていた人類の祖先である。ルーシーは，身長が約 1m と小柄で，脳の大きさはチンパンジー並みであった。ルーシーとその仲間達が 2 足歩行をしていたことは，その骨格の特徴から推測されているが，それだけでなくタンザニアの北部では，ルーシーの同類が残したと思われる足跡の化石が発見されている。この化石は，2 足歩行をした生物が残したもので，2 人あるいは 3 人が連れ立って泥状の火山灰の上を歩いたことでついた足跡であった。この足跡には土踏まずがあり，親指がチンパンジーとは異なり他の指と平行に並んでいる。こうした足跡の特徴から，それを残した初期のヒトの祖先は現在の我々にかなり近い歩行様式をもっていたことが推

第 3 章 心の進化

測される。

　ルーシーや，その後発見された人類につながるより古い祖先の化石（ラミダス猿人（Ardipithecus ramidus））から，ヒトへの進化の第一段階は，直立 2 足歩行であり，脳の大きさが拡大したのはそれよりずっと後，約 250 万年前以降のホモ属が登場してからであることが明らかになっている。2 足歩行を初めた人類の祖先は，頭蓋骨の大きさから，その脳は 400 g 程度の大きさであったことが分かっている。2 足歩行が登場してから脳の拡大が進むまでの 250 万年ほどの間，人類の祖先はアフリカの東部で生活を続けていた。その間，環境に特に大きな変化はなく，アフリカ東部の自然に適応するためには，チンパンジーやゴリラほどの知能（彼らは他の哺乳類と比べても高い知能を持っている）ですら，おつりがくるほどであった。ところが，ホモ属が誕生すると，脳の一層の拡大が起こった。このことから，直立 2 足歩行の進化をうながした要因と脳の拡大をうながした要因はおそらく別で，2 足歩行が進化すればただちに脳の拡大がもたらされるとは限らないと推測される[3]。

　では，なぜ直立 2 足歩行という移動方法が進化したのだろうか。重心のバランスを維持することのむずかしさを考慮すると，直立 2 足歩行という移動方法は，簡単に進化するとは思えないし，事実ヒト以外で直立 2 足歩行を進化させた動物はいない。しかし，人類の祖先がこの移動方法を身につけたからには，直立 2 足歩行には，その困難さを補って余りあるメリットがあったはずである。1924 年に最初のアウストラロピテクスを発見した南アフリカの解剖学者レイモンド・ダートは，直立 2 足歩行は，丈の高い草が生えたサバンナで遠くを見通すために進化したと考えた。人類の祖先は，立ち上がって遠くを見通すことで，ライオンのような危険な動物を早く見つけることができたというわけである。確かに，サバンナにはミーアキャットのように，警戒姿勢として後ろ足で立ち上がる動物がいる。しかし，警戒するためなら直立姿勢をとるだけで十分であり，ダートの説ではそこからさらに重心移動を伴った歩行様式が進化したことは説明できていない。

　これ以外に直立 2 足歩行をもたらした要因としては，1) 食料の運搬，2) 熱

---

3)　Falk, D. (1998).

に対する適応，3) 低い移動エネルギーコストの3つが提案されている。まず，1の食料の運搬であるが，チンパンジーに類縁のボノボ（ピグミーチンパンジー）は，自然の状態で食料を両手に抱えてかなりの距離を移動することが観察されている。もともと自由にものをつかむことのできる器用な手を持っていたヒトの祖先が食料を安全な場所へ運ぶために手を使ったことは十分考えられる。特に，運搬する食料がサバンナで見つけた死んだ動物である場合には，ハイエナなどの他の肉食獣から食料と自分自身を守るためにも，両手に肉をかかえたまま安全なところまでそれを運んでいく必要があったと思われる。その時の移動手段として直立2足歩行が進化したと説明する。

　第2の考えでは，ヒトの祖先が進化したアフリカの東部は，赤道直下の地を中心に南北に広がっており，サバンナという環境では，長距離を移動するに際して，直射日光を全身に受けることからもたらされる体温上昇を防ぐ必要がある。そのために，ヒトの祖先は汗腺を進化させた。哺乳類の多くの動物では全身を毛皮で覆われており，汗をかくことはない。これに対してヒトは汗を大量にかくことができる。そのため，体毛が薄くなり汗が蒸散しやすくなっている。体毛がほとんどなく汗腺が発達しているという特徴は，霊長類の仲間ではヒトに特有である。汗は，蒸散により100g当たり58kcalの熱を奪い，体重70kgの人の体温を1°C下げる効果がある[4]。こうしたヒトに特徴的な体温上昇を防ぐ仕組みは，おそらく炎天下で長距離を移動する必要に対する体の適応の結果だろう。なお，体毛を失うことに伴い，強い直射日光から皮膚を保護するために皮膚の黒化が進化した。その時期は，黒色をもたらす色素に関係する遺伝子変異から，今から120万年くらい前だと推定されている[5]。こうしたことから，ヒトがサバンナに進出し，肉をもとめて日中に草原を移動するという生活様式が無毛化とそれに続く皮膚の黒化をもたらしたものと考えられる。

　第3の考えは，高等類人猿でみられる**ナックルウォーク**（knuckle walk）という歩行様式との比較で，直立2足歩行は移動に要するエネルギーが少ないことに注目した説である。ナックルウォークとは，ゴリラやチンパンジーが移動する時にとる4足歩行の状態をいう。犬やネコなどの4足動物と違い，ゴリラや

4）　小川徳雄 (1994). 第1章
5）　ジャブロンスキー，N.G. (2010).

第 3 章　心の進化

チンパンジーは，移動する際，手を握り拳にし，手の甲を地面について移動する。これがナックルウォークである。元来，熱帯雨林で生活しているチンパンジーやゴリラは，長距離を移動する必要がないこともあり，移動の効率を追求する必要はそれほどなく，樹上生活に適応して進化した手足の形状をそのまま地上の移動にも利用していた。これに対し，ヒトの祖先は，食料を得るためにより長距離を移動する必要があり，チンパンジーやゴリラに比べ，より効率的な移動方法として直立 2 足歩行を進化させた[6]。さらに，今から 200 万年ほど前には，歩くだけでなく長距離を走るという能力も身につけ，これにより獲物を遠くまで追いかけることが可能になり，狩りの能力がいっそう向上した[7]。

　以上の 3 つの説は，どれが正しくどれが間違っているというより，いずれもヒトの直立 2 足歩行の進化に多かれ少なかれ貢献した要因であろう。

3.4　脳の拡大

　脳の大きさは，動物の学習能力と発明の才に関係している。脳が大きくなるにつれ，この 2 つの能力は拡大し，行動に柔軟性をもたらすことになる。興味深いことに，脳の大きさと行動の柔軟性の関係はなにも霊長類だけにみられる傾向ではなく，鳥類でも同様で，脳が大きな種ほど，自然界で観察される道具の製作や使用の報告例が増えていく（図 3-3）[8]。

　動物界全体をみわたしても，進化に伴い，脳の拡大が進んでいくことがうかがえる。脳の大きさは，体の大きさに比例し，ヒトでは 1200 g から 1500 g 程度であるが，ゾウでは 5000 g もある。しかし，体の重量と脳の重量の比（厳密には，体重を 0.69 乗した値との比で，**大脳化指数**（encephalization quotient）と呼ばれている）を計算すると，ゾウは 0.19 でヒトは 0.71 となり，ゾウの方が大脳化指数は小さくなる。さらに，脊椎動物全体で比較してみると，体重と脳重の関係は動物の種類により異なるグループを形成することが分かる。魚類や爬虫類では鳥類や哺乳類に比べ，体重当たりの脳重が全体として小さく，これらの動物

---

6)　スタンフォード, C. (2004). 第 3 章
7)　Bramble, B.M., & Lieberman, D.E. (2004).
8)　Lefebvre, L., Reader, S.M., & Sol, D. (2004).

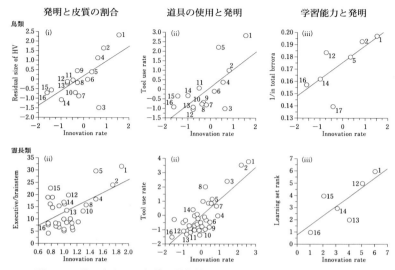

図 3-3：脳の大きさと行動の柔軟性　出典：Lefebvre, et al. (2004).

は，Y軸のより下の方にまとまっている。哺乳類の中でも，高等類人猿は体重当たりの脳の重さが大きく，哺乳類の体重と脳重の関係を示す直線よりも上に位置している。ヒトはこれらの大きな脳をもつ近縁種と比べてもさらに上に位置している（図3-4）。また，この図から霊長類以外では，イルカの仲間が突出して大脳化指数が大きいことが読み取れる[9]。

現代社会に生きる我々は，脳が大きいことがいいことだというのは当然だと思っている。しかし，進化という観点からは，全ての形質にはメリットとデメリットがある。特定の目的により適合した状態は，他の点からすると不利益をもたらすことが往々にしてあり，その結果，進化は無限にある方向に進んでいくことはできず，環境その他の要因との兼ね合いであるところに落ち着くことになる。脳の拡大も例外ではなく，脳の拡大がもたらすメリットとそれに伴うデメリットとのバランスから現在のヒトの脳の大きさが決まってきている。

それでは，脳が大きいことに伴うデメリットにはどのようなものがあるのだ

---

9) Jerison, H.J. (1973).

第3章 心の進化

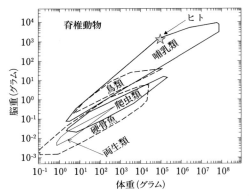

図 3-4：体重に対する脳の重量　出典：Jerison (1973).

ろうか。その1つは，脳の活動を維持するためのエネルギーである。脳は体の臓器の中ではたいへん代謝の激しい器官で，その重さが体重の2.5％程度なのに，全代謝の20％ほどのエネルギーを消費する。そのため，その活動を維持するために高い栄養素を摂取し続ける必要がある。これがヒトが肉食への依存度を高めた要因の1つとなっている。ヒトの新生児は，体重に占める脂肪の量が16％になり，他の霊長類の新生児と比べ数倍多い。そのため，生後一週間くらいは授乳されなくても生きてゆけるほどである[10]。これもヒトの新生児の未熟な脳が成長するにあたって，栄養不足によりその成長が妨げられないようにするための進化的工夫だと考えられる。

　もう1つの大きな脳がもたらすデメリットは，出産の困難さである。ヒトの進化の過程で徐々にその脳が大きくなるにつれ，出産は大きな危険をともなう行為となった[11]。現在のように医療の発達していない時代には，出産に際して妊婦や子どもに危険が及ぶことはめずらしいことではなかった。そのため，かつては一生の間に繰り返される数度の出産のうちに，どこかで様々な障害により女性が亡くなることがよく起こった。大きな脳がもたらす出産の負担を少しでも小さくするため，ヒトの赤ん坊は**生理的早産**（physiological prematurity）であるといわれている。つまり，本来ならあと数ヶ月子宮の中で成長してから生

---

10) Hrdy, S.B. (1999). pp. 475–479.
11) Fischman, J. (1994).

3.4 脳の拡大

まれてくれば，脳も十分成熟して，サルの赤ん坊のように，生後すぐから自分で母親にしがみつくこともできたかもしれないが，実際のヒトの新生児は，十分な筋力も筋肉を制御する脳の発達もみられないままで誕生する。そのため，赤ん坊の世話は母親にとって大きな負担となっている。

こうしたデメリットがありながらも，化石の頭蓋骨から，ヒトへの進化のある段階で脳が顕著に拡大したことが明らかになっている。それは，ヒトにつながるホモ属が誕生した約250万年前以降である。脳の大きさに影響する要因はさまざま知られている。その1つは食性のような生態学的要因である。たとえば，南米には，木の葉をもっぱら食べるサルとその近縁で体重もほぼ等しいが，より果物に依存した食性を持つサルがいる。両者の脳の大きさを比較すると果物を食べる方が大きい。この食性による違いは，木の葉に比べ，果物はその種類により一年の内でとれる場所と時期が決まっている。そのため，果物がいつどこで熟するかをちゃんと覚えておくことは，適応上有利である。つまり，優れた記憶力の必要性が大きな脳をもつことにつながる進化的要因となっている[12]。しかし，アウストラロピテクス属とホモ属は，アフリカの東側で共存していた時期があり，この2つの種が生活していた当時の生態学的環境に大きな違いはみられなかった。したがって，食性を含む生態学的な要因がより大きな脳を要求したとは思われない。

現在有力視されている説は，「**マキャベリ的知性** (Machiavellian intelligence)」という考えである。これは，集団の個体数の増加に伴い，社会関係が複雑化したことが，脳の拡大をうながしたというアイデアである。**マキャベリ** (Machiavelli, N.) は，『君主論』という著作で知られる16世紀のイタリアの政治学者である。彼はその著作で政治の交渉ごとは権謀術数を駆使して相手を出し抜き自分に有利なように他者を操作することだと主張した。その多くが社会的動物である霊長類にとって，集団の個々の成員を見分け，さらに個々の成員と自分との関係及び他の成員同士の関係を頭に入れておくことが，自分の社会的地位を維持し，さらに高めることに有用である。一人一人との利害関係を記憶し，それに応じて対応を変えてゆくためには，他者の心の中を推測しつつ，自分の内面を秘匿

---

12) Milton, K. (1993).

第3章 心の進化

する情動的知性と呼ばれる能力にたけているとともに，誰といつどのようなやり取りを行ったかをつぶさに記憶しておく記憶能力が必要になる。第6章でふれるように，情動をうまくコントロールするには前頭前野の働きが重要であり，過去の相手との関係がどうだったかを詳しく覚えておくためには，エピソード記憶が必要になる。こうした能力が発達していると，自己の社会的地位を高めることにつながり，それがひいては自分の遺伝子を子孫に伝える可能性を高めることにもなる。つまり，社会関係の複雑化に対応するためには高い知性が必要であり，それが脳の拡大をうながす進化的要因であったというのが「マキャベリ的知性」という説である[13]。**ロビン・ダンバー** (Dumbar, Robin) というイギリスの人類学者は，この説を支持する証拠として，霊長類のさまざまな種を比較したところ，集団のサイズが大きくなるにつれ脳の中に占める大脳皮質の割合が高くなるという関係があることをあげている[14]。

　脳の拡大にとって自然環境の違いより社会的環境が重要だとすると，アウストラロピテクス属に比べ，ホモ属の社会はより複雑になっていったと考えられる。では，その複雑さを促した要因は何だっただろうか。それは，家族のあり方の変化とそれに伴う人口増加が関係している。出産間隔の違いから，チンパンジーやゴリラと比べ，ヒトの繁殖能力は相対的に高いとされている。ヒトの場合，2年間隔で出産するのが一般的だが，ゴリラでは4年，チンパンジーやボノボでは4-5年，オランウータンでは6-7年の間隔でしか次の子どもを生まない[15]。この違いは，その食事形態に肉食のウエイトが大きくなったことが貢献している。また，肉への依存は，それを調達するのが男性の役割であったので，繁殖における男性の生物学的地位を高め，男性が家族の一員に組み込まれることにもつながった。肉の高い栄養価は，子どもの生存可能性を高め，それがひいてはホモ属の人口増加をもたらすことになった。

　ダンバーによると，現在も狩猟採集生活をしている社会に対する民俗学的調査を基に推定すると，メンバーが全員について相互によく知った関係を維持で

---

13)　バーン, R.・ホワイトゥン, A. (2004).
14)　ダンバー, R. (1998).
15)　スタンフォード, C. (2004). p.156.

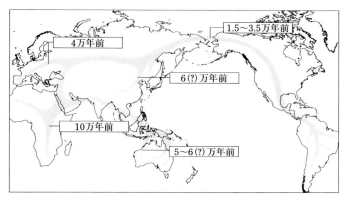

図 3-5：ホモ・サピエンスの世界的拡散　出典：ストリンガー・マッキー (2001).

きる限界はおおよそ 150 名程度であるという[16]。集団のサイズがこの限度を超えて増加すると，成員間の社会的関係を維持するのがむずかしくなり，その集団は分裂することになる。一定地域内で集団の数が増えることにより集団同士が有限の資源をめぐって対立するという社会状況が生まれたとすると，そうした状況では，集団は大きいほど有利となる。つまり，アフリカ東部で生活していたホモ属にみられた人口増加は，集団の分裂を生むとともに大きな集団サイズの維持を可能にするよう，脳，特に大脳皮質の拡大をうながす進化圧が働いた。その結果，集団の分裂と集団サイズの増加が平行して生じることになったと考えられる。

　人類の祖先は，「出アフリカ記」[17]と表現されるように，2 度にわたりアフリカの地を後にしている。最初の移住は，150 万年ほど前のホモ・エレクトス (homo erectus) の時代に起こった。これが，アジアに達して中国やジャワでの原人となった。もう 1 度は，今から 10 万年前から 6 万年前にかけて起こったホモ・サピエンス (homo sapience) の移住である[18]。これが現在世界中に広がっているヒトの分布を生み出すことになった[19]（図 3-5）。当時の気候の変動など

---

16)　ダンバー, R. (1998). 第 4 章
17)　ストリンガー, C.・マッキー, R. (2001).
18)　タッタソール, I. (1997).
19)　Shreeve, J. (2006).

第 3 章　心の進化

から，こうしたアフリカからのヒトの祖先の拡散の背景には，人口増に伴う集団間の軋轢に気候変動に伴う食料難が加わったことによる人類進化上の危機が関わっていると推定されている。

3.5　ヒトの家族の成立

　男性が家族の一員として一定の役割を占めていることが，近縁の高等類人猿類と比較した場合にヒトの家族の持つ大きな特徴となっている。男性の子育てへの関与は，他の高等類人猿にはみられない行動様式なので，ヒトが高等類人猿との共通祖先から別れた後に進化してきた特徴だと考えられている。ヒトの家族には，これ以外にも定住と同居，及び財の共有という特徴がある。一定期間同じ場所に居住することと，その時母子だけでなく，父親やそれ以外の親類縁者（祖父母や叔父，叔母の世帯）も同じ家の中に同居している。これが，ヒトに特有の家族のあり方となっている。これに対し，たとえばチンパンジーでは，テリトリーの中を移動しながら，夕方になるとそれぞれの個体が木の上にねぐらを作り，そこで一晩を過ごす。その際，離乳前の子どもと母親が同じねぐらで一晩を過ごすことはあっても，それ以外の血縁関係にある個体，たとえば，自律できる年齢に達した子どもが母親と同じねぐらで過ごすことはない。また，食事はめいめいでとり，血縁者同士でも一般的には食べ物を分け与えたりはしない。このように，ヒトの家族にみられる主な特徴は，チンパンジーにはみられない。

　動物一般に言えることだが，オスに比べメスの方が次の世代を育てるために大きな貢献をしている。そのため，繁殖に際しての選択権はメスにある。つまり，繁殖相手を選ぶにあたっては，メスがオスを選ぶのが一般的である。ところが，ヒトの場合，女性が男性を選ぶだけでなく，その逆に男性も女性を選ぶ。これには，男性の生物学的価値の高まりが反映されている。これにはヒトへの進化の過程で，男性が肉という高い栄養価をもつ食料をもたらしたことが関係している。サバンナという環境で肉を手に入れるために，男性は自身をかなりの危険にさらす必要があったが，その見返りに肉をねぐらに持ち帰ることができた。その肉を家族に分け与える（これは家族間の財の共有の始まりである）こと

で，男性も自分の子どもに対しそれなりに投資をすることになった。これが生物学的な意味での男性の価値を向上させ，繁殖相手を選ぶ上での男性の発言権を強めることとなった。男性の子育てへの貢献度が高まるにつれ，女性にとって自分及び自分の子どもに対して積極的かつ安定的に資源を投資してくれる男性を，家族の一員に加えることが生物学的に意味を持つようになった。男性が常に肉をもって帰ってくるようにするためには，男性との間により安定した関係を築く必要がある。そのために女性は，**繁殖可能性の秘匿**（つまり妊娠可能な排卵期を明確に知らせない）という戦略を進化させた。霊長類の多くは，メスは妊娠可能かどうか（発情期）を明確な身体的特徴でオスに知らせるが，ヒトではそうした信号は発信されない。そのため，女性がいつ妊娠可能なのかはっきりしなくなった。男性は子どもが確実に自分の子であるという保証が得られるように，常に女性の身近にいて女性と性的な関係を持ち続ける必要が出てきた。これが男性の家族へのコミットメントを生む進化的な要因となった。男女の安定的な結びつきが成立することでヒトの家族が進化した[20]。その時期がいつごろだったかを明確にするような証拠はないが，おそらくホモ属が進化して以降ではないかとされている。

3.6 道具の使用と製作

　道具の製作は，かつてはヒトと他の動物を分ける基準だと思われていた。チンパンジーの野外観察で有名なイギリス人女性生物学者，グッドール（van Lawick-Goodall, J.）は，1960年からタンザニアのゴンベ川流域での野外のチンパンジーを観察するようになった。その観察の中でチンパンジーの**道具製作**（tool-making）が発見された。グッドールが観察していたチンパンジー達は，シロアリの巣からアリをつり上げる道具として木の枝を使っていた。ある時，グッドールは，適当な枝が見つからなかった一匹のチンパンジーが側の木から枝を折りとり，ついている葉っぱをそぎ取ってアリ釣りのための細い棒を作り，これでシロアリを捕まえて食べるという驚くべき行動を観察した[21]。これは，人間では発明と

---

20)　Lovejoy, C.O. (2009).
21)　グッドール, J. (1973).

第3章　心の進化

呼ばれている道具の製作である。この報告を聞いたグッドールの上司の人類学
者リーキー（Leakey, L.S.B.）は，「人間の定義を変えるか，チンパンジーを人間
の仲間に分類するかどちらかだ」と叫んだという逸話が残っている。それくらい，
当時は道具を製作するという能力は人間に特有な能力だと思われていた。しか
し，野生生物の観察が積み重ねられるにつれ，さまざまな動物で道具の使用や
製作の例が知られるようになってきた。類人猿の仲間ではチンパンジーに加え
てオランウータンも，木の棒で体を掻いたり木の穴から蟻や蜂を取り出すため
に使ったり，葉っぱをナプキンのように使って口を拭いたり，唇に当てて警戒
音を出したりすることが報告されている[22]。現在では，野生のチンパンジーで
は，これ以外にも多くの道具の製作や使用の例が報告されており，どのような
道具の製作や使用がみられるかは，群れごとに違っており，文化の始まりをう
かがわせる。

3.6.1　文化の誕生

文化（culture）とは，ある集団の成員に共有された様々な制度や習慣，それに
人工物の総体をいう。文化を構成する個々の要素は，遺伝子との対比で，ミー
ムと呼ばれることがある。その特徴は，遺伝子により決まっている本能行動と
は異なり，ある時誰かが発明した行動が，後天的，つまり学習により他の成員
に見習われることで，集団内に広まっていく点にある。文化が生まれ，それが
集団内で広まっていくという現象は，野生状態の行動でも観察されている。た
とえば，ニホンザルのよく知られた文化とその伝承の例として，宮崎県の沖に
ある幸島で観察された行動がある。ここのサルは，公園の管理人により餌付け
されていた。管理人は，餌として海岸の砂浜に芋や麦をまき，サルがそれを拾っ
て食べていた。ある時，若いメスザルが，芋を海の水で洗うという行動を発明
した。こうすることで，芋についた砂を落とすことができ，食べやすくなった。
この行動は，やがて群れの中に徐々に広まっていった。芋だけでなく麦粒でも同
じように海辺ですくって，海にまいて砂を落とすという行動がみられた[23]。こ
れは，文化の誕生とその集団内での伝播が，野生のサルで観察された珍しい例

---

22)　van Schaik, C.P. et al. (2003).
23)　スレーター，P.J.B. (1998). p. 221.

となっている。

3.6.2　石器の製作

　発掘された石器の年代測定結果から，ヒトが石器を使用し始めたのは，約250万年前のホモ属であったとされている。ヒト以外の石器製作としては，カンジという名のボノボが，太い綱を切断するために石を地面に投げつけて割り，その破片を利用した例が知られているが，野生のチンパンジーやボノボが石器を製作したという報告はない。チンパンジーではいろいろな道具製作の例があるので，ホモ属以前にも道具の製作は行われていたと思われる。しかし，使われた材料は，樹や草などで後まで残らなかったことに加え，道具の製作は使う時になってその場限りで行われ，繰り返し使用されなかったせいで，遺物として今に残らなかったのであろう。

　それでは，なぜホモ属が登場した時期以降に製作された石器は後まで残ったのだろうか。それは，石器の製作に手間をかけるようになったことで，それを繰り返し使用するようになったからではないか。石は硬いので，それをたたいて鋭い刃状の破片を作る作業は，高度の技能と時間を要する。最古の石器の様子から，当時のヒトの祖先が石器を作るときには，非利き手で大きな石を保持し，それを時計回りに回転させながら利き手にもった石をハンマーのように使って剥片をはがすというやり方がとられたと推定されている。この石器の製作方法は，残された剥片とその元になった石の形状を元に実際に石器を製作してみて確かめられた。多くの石器を調べてみたところ，石器が作られた約150万年前に，既にヒトの利き手は右利きが優位となっていたと推定された[24]。この作業は，両手の協応動作が必要で，しかも正確な打撃のコントロールを要求されるむずかしい作業であり，うまく望みの石器を作るには，試行錯誤と熟練が必要だったろう。発見された石器を顕微鏡で観察した結果，剥片にはさまざまな傷がみられ，その傷の状態から，石器が肉や木，あるいは柔らかな草など，いろいろなものを切断するために使用されたことがうかがえた[25]。従って，製作した石器は，使い終わっても棄てずにとっておき，繰り返し使用したものと思わ

---

24)　Toth, N. (1985).
25)　リーキー, R. (1996). p.72.

第 3 章　心の進化

れる。

3.7　言語の進化

欧米では，長い間言葉は理性を成り立たせている心の働きだと考えられてきた。聖書には「はじめに言葉ありき」という表現が登場する。そこに出てくる「言葉」に相当する原語は，ロゴス (logos) というギリシャ語由来の言葉で，元々は，概念，思想，言葉や理性など幅広い意味をもっていた。また，ロゴスは，心理学という日本語に対応する psychology の logy（学）の語源でもある。この言葉の成り立ちからしても，西洋の伝統的な考え方では，理性や思考は言語と分かちがたく結びついた概念であった。しかし，言語が思考の道具として重要になったのはもっと後のことで，当初の役割は個体間の心理的つながりを維持することにあったとされている。

3.7.1　言語とノンバーバルコミュニケーション

言語は，コミュニケーションの道具である。コミュニケーションとは，複数の個体が行動を協調させるために行う信号のやり取りのことである。有性生殖する生物にとっては，繁殖時にはオスとメスが行動を協調するためにどうしてもコミュニケーションが必要である。さらに，複数の個体が集団で行動を共にする社会的動物では，日常生活の様々な側面でコミュニケーションを通じて行動を協調させる必要がある。従って，ほとんどあらゆる動物で何らかのコミュニケーション行動が観察されている。たとえば，オスの蛾は，メスが出す化学物質に惹きつけられる。こうした他の個体に対する化学物質を用いた信号伝達は，フェロモンと呼ばれている。社会性の進化は，アリや蜂のような昆虫でもみられる。昆虫での社会的コミュニケーションの有名な例は，ドイツの生物学者，フォン・フリッシュ (von Frisch, K.) が発見したミツバチでの8の字ダンスである。花を求めて巣を飛び立った働き蜂が蜜源を見つけて巣にもどると，仲間の働き蜂に8の字の形で「ダンス」を踊る。その向きと踊りのテンポから，仲間は蜜源の方向と距離を知り，そこに向かって飛び出してゆく。これが，ミツバチ同士が餌を探すという目的で協調して行動することを可能にしている社会

3.7 言語の進化

的コミュニケーションとなっている[26]。

　以上のように，コミュニケーションそれ自体は，広く動物界にみられる行動であるが，言語によるコミュニケーションと動物のコミュニケーションには大きな違いがある。それは，言語は，個体が置かれた状況に縛られずに心の状態を伝達できる点である。つまり，言語は，コミュニケーションを行う個体同士が共有している「今・ここ」の状況を離れた状態についても情報をやり取りすることができる。そのため，動物のコミュニケーションは，言語による（verbal）ヒトのコミュニケーションと区別して**ノンバーバルコミュニケーション**（nonverbal communication）と呼ばれている。ノンバーバルコミュニケーションでは，信号の発信は動物が置かれた状況（これには，ホルモンの状態のような個体自体の生理的状態も含む）に支配されている。従って，その時（今），その状態（ここ）にならないと，信号は発信されない。言い換えると，ノンバーバルコミュニケーションに関しては，動物は嘘をつけない（ただし，動物が全く嘘をつかないということではない。霊長類にみられる嘘に関しては，以下の「嘘をつく」の節でふれる）。これに対し，ヒトの言語を使ったコミュニケーションでは，「今・ここ」という制約を免れているため，実際とは異なる内容や過去や未来の出来事について情報をやり取りすることができる。

　言語とノンバーバルコミュニケーションを比較すると，言語にあってそれ以外のコミュニケーションではみられない特徴がある。それは，まず第1に，ノンバーバルコミュニケーションが生得的，つまり学習によらない行動であるのに対して，言語は文化的行動であるということである。言語が文化的に規定された行動であることを反映して，単語とその単語が指す対象との間の関係に必然性はなく，言語ごとに任意に決まっている。具体例をあげると，犬を「いぬ」と日本語で呼ぶのは日本語の約束事であって，言語が違えば呼び方も異なる。

　第2の特徴は，言語は**語彙**（lexicon）に加え、**音韻**（phonology）体系と**文法**（**構文**（syntax））をもっていることである。ある言語は，ヒトが発声することのできる全ての音声のうちから，特定の音声を選んで利用している。これがその言語の音韻体系である。たとえば，日本語と英語を比べると，連続的に変化す

---

26)　スレーター, P.J.B. (1998). 第8章

75

第 3 章 心の進化

る音の特徴を 1 つにまとめるやり方に違いがある。この音のまとめ方は**音素**
(phoneme) と呼ばれている。例をあげると，日本語では「る」の子音部分に相
当する音素は，英語では r と l の 2 つの音素に分かれている。そのため，日本
語を母語とする我々は，r と l の音素を区別するのが苦手である。言語を構成す
るもう 1 つの要素である文法は，文を作るために単語を組み合わせる規則であ
る。単語を文法に従って組み合わせることで，複雑な状況（たとえば，「犬が人を
かんだ」という状況と「人が犬をかんだ」という状況のように）をその違いに応じて伝
達することが可能になる。

3.7.2　チンパンジーに言語を教える

　野生の状態では，チンパンジーは人間の言語に相当する行動を示さない。チ
ンパンジーも，音声や身振りで，他の個体にさまざまなことを伝えようとする。
しかし，これはノンバーバルコミュニケーションであり，用いられる音声はサ
ルと比べても，それほど豊かとは言えない。たとえば，ケニアに住むベルベッ
トモンキーは，36 種類の異なった鳴き声を使い分けている。しかも，外敵の種
類によって違った音声で反応する。ヘビには，「チェ，チェ」と鳴き，猛禽類に
は，「ラウプ」，ハイエナやチータには，「ウー」と鳴く。ベルベットモンキーが
示す音声の使い分けは，動物の種類に応じた単語をもっているといっても言い
過ぎではないと思われる[27]。

　サルに比べて知的には高いと思われるチンパンジーが，音声コミュニケーショ
ンをそれほど発達させていないのは不思議だという思いがあり，古くから心理学
者はチンパンジーに対し人間の言葉を教えることを試みてきた。その最後の試
みが，1940 年代にアメリカの心理学者**ヘイズ** (Hayes, K.L.) とその妻**キャシー**
(Hayes, Cathy) が，ヴィキィというチンパンジーに対して行った言語訓練であ
る。彼らはヴィキィと名づけたメスのチンパンジーの赤ん坊を自宅で育てなが
ら，言葉を教えようとした。この試みを始めるまでは，ヘイズ夫妻は，チンパ
ンジーが十分な知的能力を持っている上にその発声器官が人間のものとさほど
違わないことから，チンパンジーが言語を習得できないはずがないと思ってい

---

27)　プリマック, A.J. (1978). p. 17.

た[28]。実際, 人間の赤ん坊は, 通常1歳を過ぎると自然にしゃべり始める。しかし, 実際に言語を教え始めたところ, チンパンジーは, 音声を使って意思を伝達することが苦手なことが分かった。ヘイズ夫妻は, ヴィキィに何かを手に入れるために音声を使用することを教え込むだけに5週間を要した。さんざん苦労したあげく6年間でヘイズ夫妻が教え込むことができたのは, 「パパ」, 「ママ」, 「カップ」の3種類の単語だけであった。このヘイズ夫妻の試みから, チンパンジーは, 音声コミュニケーションに向かないことが明らかになり, その後同様の試みは行われなくなった。

発声とは異なり, チンパンジーは豊かな身振りをもっている。そこで1960年代末になって, 心理学者の**ガードナー**夫妻 (Gardner, R.A.・Gardner, B.T.) がワショーというチンパンジーに対し, **手話** (American Sign Language: ASL) を教えることを試みた。手話は, 耳の不自由な人のための身振りによるサインを組み合わせた独自の言語である。キャンピング・カーを住まいとしてガードナー夫妻はワショーと一緒に生活しながら手話を教えたところ, ワショーは2年足らずのうちに30の語彙を獲得できた。さらに, この段階までにワショーは, 「ください＋あまいもの」とか「きて＋あけて」というように, 2つの手話を自発的に組み合わせて使用することもできた。これは, 人間では2歳前くらいから登場する2語文に相当したが, 1つ大きな違いが見られた。それは, 赤ん坊が2語文をしゃべる時には, すでに組み合わされる単語に文法的な機能の違いがみられることである。そのため, 単語は一定の規則に従って組み合わされている。これに対し, ワショーの場合には, 手話の組み合わせ方に明確な規則性がみられなかった。チンパンジーが音声言語を獲得できないことは, ヘイズ夫妻の試みから明らかになったが, それに加えてガードナー夫妻の研究から, 手話を使えばチンパンジーはある程度の語彙を習得できるが, 文法の獲得には問題があることが明らかになった[29]。

その後もチンパンジーの言語習得研究は, 手話以外にプラスチックの板やキイボードを用いて行われた。こうした試みは, いずれもチンパンジーが単語を

---

28) ヘイズ, C. (1971). p. 74.
29) プリマック, A.J. (1978). pp. 101–102.

第 3 章　心の進化

使用できるようになることを証明したが，それ以上の言語の要件，つまり文と
しての条件をどこまでみたしているかについては，明確な答えを出せなかった。
この点についての否定的な結論を下したのは，心理学者の**テラス**（Terrace, H.S.）
とその共同研究者達であった。テラス達は，ニムというチンパンジーに手話を
教え，ニムが用いた 2 語以上の手話による発話を分析したところ，そこに一定
の規則性を見いだし，ヒトの幼児での 2 語文と同様の文法があるのではと考え
た。しかし，ニムが人間と手話でやり取りをしているようすを録画したビデオ
を詳細に分析したところ，チンパンジーの手話による文は，自発的に一定の順
序で発せられるというより，人間が出した手話に促された真似に過ぎないとの
結論に至った。テラス達のこの結論により，チンパンジーの言語習得研究は水
をさされたかたちになった[30]。

　この停滞を打ち破ったのが，ジョージア州立大学の言語研究センターでチンパ
ンジーやボノボの言語獲得研究を行っていた**スー・サベージ–ランボー**（Savage-
Rumbaugh, Sue）であった。彼女は，マタータという雌のボノボに対してキイボー
ドによる言語習得訓練を行っていた。そこにマタータが育てていたカンジと名付
けられた子どものボノボが一緒にいて，マタータの訓練を見ていた。ランボー
は，カンジが特に教えていないのに，キイボードを使って発話を行うことがで
きることに気がついた。このキイボードには，たくさんのキイがあり，そのそ
れぞれにシンボルが描かれてあった。これは，書き言葉に相当し，それを押す
と英語の単語が合成音声でながれるような仕掛けになっていた。カンジは，こ
のキイボードの使い方を母親が訓練を受ける側で遊びながら自然に覚えたので
ある。

　これまでのチンパンジーに対する言語習得研究では，初期のヘイズ夫妻の音
声言語訓練を含め，いずれの研究も，道具的条件付けや観察学習によりチンパ
ンジーを訓練することで言語を習得させていた。しかし，ヒトの言語習得では
特に訓練することなく，自然な発達の過程で赤ん坊は 1 歳ころには最初の言葉
を発するようになり，その後も順調に語彙を増やしていく。キイボードによる音
声表出という形ではあったが，従来のチンパンジーの言語習得と比べると，カ

---

30)　テラス, H.S. (1986). 第 11・13 章

3.7 言語の進化

ンジの言語習得は，ヒトの言語習得と同様に言語を自然に獲得したという点で
際立っていた。さらに，驚くべきことは，人が普通にしゃべる言葉を聞いたカ
ンジが，それをかなりの正確さ（70%くらい）で理解できたことである。この理
解度は，人間で言えば2–3歳に相当した[31]。文章の理解度のテストでは，カ
ンジは，文章が「鍵を冷蔵庫に入れて」とか「隣の部屋からボールを持ってき
て」とか「ぬいぐるみに注射して」のように，現実場面では遭遇しない状況に
ついて言及されたものでも理解できた。このことは，カンジの言語理解が「今・
ここ」を離れた状況について表現可能という言語の特徴を充たしていることを
示している。

3.7.3 言語はなぜ進化したか

　言語は，ヒトの行動のあらゆる側面で用いられ，その有用性は疑うべくもな
い。しかし，進化生物学的には，言語を用いる個体は，用いない個体に比べ自
身の遺伝子を子孫に伝えやすいことを論証する必要がある。チンパンジーやボ
ノボが自然状態では音声言語を用いたコミュニケーションを行っていないこと
から，言語が進化したのは，高等類人猿の祖先とヒトの祖先が袂を分かって以
降ということになる。ヒトの言語の特徴である，「今・ここ」を離れた状況につ
いて伝達可能なこと，女性の方が男性よりも言語能力が優れていること，言語
が音声によるコミュニケーションであることなどは，ヒトの言語進化を推進し
た要因と深く関わっている言語の特徴だと考えられる。

　現在有力な説は，言語が社会的なつながりを維持するために進化したという
ダンバーの考えである。ダンバーによれば，霊長類は，社会を維持するために
グルーミング（grooming）という行動を使っている。これは，動物園のサルでよ
く観察されるいわゆる「ノミ取り」と称されている行動である。着替えること
のできない毛皮をまとった動物にとって，その毛皮を手入れすること，特に手
の届かない部分の手入れを他の個体に助けてもらうことは，毛皮を健康に保つ
上でも大変有用である。霊長類は，相互にグルーミングをしあうことで，互い
の「友情」を維持している。ダンバーは，社会集団のサイズが拡大するにつれ，

31）　サベージ-ランボー, S. (1993). p. 196.

第 3 章　心の進化

グルーミングで友情を維持することが次第に難しくなり，その代替として言語
によるコミュニケーションが進化したとしている。ヒトの進化の過程で，汗腺の
進化とともに体毛が薄くなり，グルーミングが「友情」を維持する手段として
は使えなくなったこともおそらく関係しているであろう。この説を裏付ける証
拠としてダンバーがあげているのは，人が普段の生活で交わす会話に関する調
査である。日頃の会話の内容を分析したところ，その約 4 分の 3 がいわゆるゴ
シップ（他の人の噂話）で，仕事に関わる内容はごくわずかしか含まれていなかっ
た。どうでもいい内容をながながと話すのは，話すという行為によりお互いの
友情を確かめ合うためだと考えられる。ダンバーは，これが言語を進化させた
要因だとしている。

　では，なぜ「友情」が重要なのだろうか。それは，霊長類の社会構造から進
化したヒトの社会は，複数の縦糸と横糸で織られた複雑な織物のような構造を
しており，そのうちの横糸に相当する同等な個体同士の繋がりを維持すること
が子どもの生存率を高めることにつながったためだと考えられる。これは何も
ヒトに限ったことではなく，野生のヒヒの観察から，雌同士の社会的なつなが
りが強いほど，その子どもの生存率も高くなることが知られている[32]。さらに，
女性同士の助け合いが子どもの生存率を高めることになるヒトに特有の要因が
ある。それは，「脳の拡大」の節でふれたように，大きな脳を持つヒトでは出産
の負担が大きいことである。文化人類学的な調査から，元来，ヒトは出産に際
して共同体の他の女性の助けを受けていた。もし，そうした手助けがなければ，
妊婦自身も生まれてくる子どももその生存率が低くなっただろう[33]。相互の
つながりを強めるという機能において言語がグルーミングに勝るのは，言語で
は「今・ここ」の制約を超えた親密な関係を維持することが可能になる点であ
る。言語を使えば，相手が一緒にいない時に自分が経験したことを伝えること
ができ，時間と場所を越えた経験の共有が可能になる。言語が社会的関係を維
持するために進化したというダンバーの説に立てば，なぜ女性の方が男性より
も「おしゃべり」を含む言語能力が高い[34]のかも，進化心理学的に理解でき

32）　Silk, J.B. et al. (2003).
33）　スタンフォード, C. (2004). pp. 86–87.
34）　Joseph, R. (2000).

る[35]。

3.7.4　文法の進化

　チンパンジーやボノボに言語を習得させるという試みから，音声を用いるのでなければ，チンパンジーやボノボがある程度の語彙を習得可能なことが実証された。しかし，文法の習得については，前節でふれたように，ボノボのカンジが耳で聞いた文章をかなりの程度理解できることを除けば，あまりはかばかしくない。言語学者のチョムスキーは，人間の言語習得，特に文法の習得は，生得的な基礎があって可能になっていると主張した（第 1 章「認知革命」）が，それを裏付けるような証拠はあるだろうか。

　遺伝子解析技術の進歩により，最近，文法の習得にはある遺伝子が関係することが判明している。その遺伝子は，第 7 染色体上にあり，FOXP2 という符号で呼ばれている。この遺伝子に欠陥があると，**特異性言語障害** (specific language impairment: SLI) と呼ばれているきわめて稀な遺伝性の障害を呈する。実際，イギリスではこの遺伝子欠陥をもつ 3 世代にわたる家系が見つかっている[36]。特異性言語障害とは，どのような障害だろうか。それは，言語運用上の技能の 1 つである文法規則の適応能力にみられる。たとえば，正常に英語を習得している人であれば，ありもしない言葉（たとえば Wug）を示され，その複数形を答えるという課題を与えられると，身につけた文法知識から一般化して，迷わず複数形（Wugs）を答えることができる。ところが，特異性言語障害の人では，この課題がうまくできない。同じように，過去形や受動態，語順のルール，接尾語，単語の結合規則のような，英語を母語とする人であれば，誰もが知らぬ間に習得している文法規則をうまく適用できない[37]。さらに，他の人が作る口の動きを真似することもできないというように，障害は言語にかぎらず顔から喉にかけての筋肉運動の制御全般に及んでいる。

　この遺伝子は，運動野からブローカ野を経由して基底核，さらには視床に至る運動制御にとって重要な回路で発現する。SLI の人では，この運動制御に関

---

35)　ダンバー，R. (1998). 第 4 章
36)　Vargha–khadem, F. et. al. (1998).
37)　リドレー，M. (2000). 第 7 章

第 3 章　心の進化

わる回路で機能に異常が見られることが，機能的イメージングを用いた研究で確認されている。さらに，興味深いことに，鳴き声を学習により修正できる鳥類（たとえば，ウグイスやカナリア）では，学習が起こる時期（臨界期）に，やはり基底核に相当する部位に FOXP2 の発現がみられる（発現とは，特定の遺伝子が働いている状態をいう）[38]。つまり，FOXP2 は，ヒトの進化に先だって口から喉頭にかけての筋肉制御に必要な学習を可能にすることに関連して進化した遺伝子である。ヒトにおいては，この遺伝子はさらなる突然変異を経て，言語行動における運動制御学習に関わるようになった。言い換えると，文法とは口から喉頭にかけての筋肉の運動技能の一種だということになる。

　FOXP2 のコードを解析し，対応するアミノ酸配列を比較したところ，サルやチンパンジーとヒトのアミノ酸配列は，たった 2 カ所だけ異なっていることが判明している[39]。おそらくこの 2 カ所の突然変異は，ヒトとそれ以外の高等類人猿の共通祖先からヒトの祖先が別れた後になって起こったのであろう。この突然変異の結果，音声制御の学習能力において，ヒトは特別な地位を獲得することになったものと思われる。興味深いことに，ネアンデルタール人の化石から DNA を抽出してその遺伝子を解析した結果，ヒトと同一の FOXP2 のアミノ酸配列がネアンデルタール人にもみられることが分かった。このことから，FOXP2 に突然変異が起こった時期は，ホモ・サピエンスとホモ・ネアンデルターレンシス（Homo neanderthalensis）の共通祖先（ホモ・ハイデルベルゲンシス (Homo heidelbergensis) と呼ばれている）がまだアフリカに住んでいた約 50 万年前頃だと思われる。その後，ネアンデルタール人と現生人類は，サハラ砂漠の南北に分断されて独自の種に進化した後に，それぞれがヨーロッパから中東にかけて進出した[40]。

3.8　高次の精神機能

　高次の精神機能とは，第 4 章の認知の部分でも触れているように，能動的制

---

38)　Haesler, S. et al. (2004).

39)　Enard, W. et al. (2002).

40)　ウォン，K. (2009).

御（第 2 章「三位一体の脳」及び第 4 章「自動と能動」）が関係する心の働きをいう。このうち，ここでは，心の理論，欲求の制御，それに嘘をつくという行動をとりあげる。高次の精神機能では，言語の節でふれた「今・ここ」を離れた内容について思い浮かべる（哲学の用語では「表象する」と表現する）ことが，それを可能にする重要な要件となっている。

3.8.1 心の理論

心の理論（theory of mind）とは，その名前に理論という言葉が使われていることから，よく心理学の理論の 1 つと誤解されるが，そうではなくて，自分自身が知っていること（当人の「今・ここ」）と他の人が知っていることを区別して考えるという能力のことである。他者の心の状態については，直接知ることはできず，推論（これが理論という言葉で表されている）によるしかない。心の理論を駆使することで，他者の心について推し量ることができ，それに基づいた円滑な社会生活が可能になる。

心の理論が達成されているかどうかを調べる課題に「**誤信念**（false belief）課

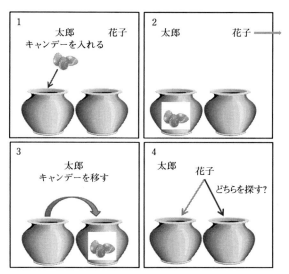

図 3-6：心の理論を調べる誤信念課題

第 3 章　心の進化

題」がある。これは，図 3–6 のような状況で，ある品物が 2 つの入れ物の一方
に入れられるのを二人の登場人物（太郎と花子）がみている。花子が部屋を出て
いる間に太郎は，それを一方の入れ物から他方へと移す。問題は，「花子が部屋
に戻ってきたときに，彼女はどちらの入れ物を探すだろうか」というものであ
る。4 歳前の幼児にこの質問をすると，花子は品物が実際にある（移された）方
を探すという答えが返ってくる。これは，状況を見ていた幼児が知っているこ
と（品物は一方から他方へと移された）に基づいた判断であり，花子の心の状態を
推測しての判断ではない。つまり，4 歳以前の幼児は，心の理論を持っていない
ということである。心の理論が社会的行動で重要な働きをしていることは，社
会的行動に問題がみられる**自閉症**（autism）の子どもは，知的機能に問題がなく
ても，年齢がもっと高くならないとこの課題に正しく答えられないことからう
かがえる[41]。

3.8.2　欲求の制御

　欲求は，動機づけ（第 6 章）のシステムから生じ，個体に対し特定の目的に
そった行動を起こさせる働きを担っている。小さな子どもは，欲求をそのまま
表に出す傾向があるが，能動的制御を担っている前頭前野の成熟や親のしつけ
により，成長とともに次第に欲求のコントロールが可能になってゆく。複雑な
社会の中でうまくやっていくためには，異なる目標を志向した欲求の間に折り
合いをつける必要がある。そのための手段の 1 つががまんである。

　4 歳のこどもを対象にして，お菓子（マシュマロ）を一定時間がまんできるか
どうかを調べた研究が行われている。この研究によると，この年齢で既に，が
まんできる子どもとそうでない子どもがいることが判明している。さらに，が
まんができた子どもは，青年期に達すると，学校での成績や友達との関係が良
好だった。つまり，早い段階から自分の欲求をコントロールする力を身につけ
ている子どもほど，欲求をうまく制御することにより，将来にわたるまで社会
的適応が良好だということである[42]。

　欲求は，具体的対象（ここではマシュマロ）を見ることで喚起されるので，それ

---

41)　バロン＝コーエン, S. (1997). 第 5 章
42)　Mischel, W. et al. (1989).

を見ない方が欲求を制御しやすくなる。実際，うまくがまんができた子どもは，目をお菓子からそらしたり，他のことをやって気を紛らわせたりして，待ち時間を乗り切った。欲求は，それを刺激する対象に依存して強くも弱くもなる。たとえば，チンパンジーを対象にした研究から，欲求の対象を，それを表すシンボルに置き換えると，欲求の制御が容易になることが知られている。この研究は，プラスチックの板が数字を含む言葉を表すことを習得させた2匹のチンパンジーを使って行われた。この2匹に対し，2枚の皿を使った簡単なゲームを教えた。そのゲームでは，2枚の皿の上にチンパンジーの好物の干しぶどうが，一方は他方よりたくさんおいてあった。ゲームのルールは，一方のチンパンジーがどちらかの皿を指さすと，そのチンパンジーが指さした皿にのった干しぶどうは相手のものになるというものであった。このゲームでチンパンジーは，干しぶどうの多い方の皿をいつまでも指さし，それが相手にわたると怒るということを繰り返した。ところが，ゲームのやり方を変えて，干しぶどうを直接皿に載せるのではなく，皿の上に数を表すプラスチックの板を置いた上で，チンパンジーに皿を選ばせたところ，いとも簡単に数の少ない皿を指さした。つまり，ゲームのルールが分からなかったのではなく，目の前の干しぶどうにつられて欲求を制御できないことが，チンパンジーがゲームをうまくマスターできなかった理由であった[43]。この結果は，ヒトの言語は，直接的な感覚的表象に加えて，言葉というより抽象的な表象を可能にし，これを使って，ヒトは自分の欲求をよりうまく制御することができるようになった可能性を示唆している。

3.8.3　嘘をつく

嘘をつくためには，相手の意図を読み，事実と異なることを言う必要がある。そのためには，本当のことを言おうとする自然な傾向を抑える必要がある。こうした行動には，高次の精神機能で重要な能動的な心の働きが関わっている。実際，嘘をついている時の脳活動を調べた研究からは，嘘をついている時には能動的な制御（第4章）に関わる前頭前野の領域が活動していることが判明している[44]。

---

43)　Fischman, J. (1993).
44)　Spence, S.A. et al. (2004).

第 3 章　心の進化

表 3–3：霊長類にみる嘘やだまし

隠蔽（マントヒヒ）
群れが休憩中に，ある大人のメスが，高さ 50 センチの岩の陰まで約 2 メートルの距離を座ったままの姿勢で 2 時間かけてゆっくりと進んだ。そこで彼女は，群れについて来ていた若いオスの毛繕いをし始めた。この若オスの姿は，背を丸めていることで群れのリーダーからは岩に隠れて見えなかった。若オスに毛繕いしている大人メスは，リーダーからは自分の姿は見えても若いオスは見えないことを知っていると思われる。

意図（注意）の抑制（チンパンジー）
若いオスのフィガンは，木の上に隠されたバナナを見つけたが，その真下に大人のオスがいるのに気がついた。フィガンは，歩み去ってバナナの見えないテントの反対側に腰を下ろした。15 分後に大人オスが立ち去っていくのを見て，フィガンは急いで元の木のところへ戻りバナナを手に入れた。もし，バナナを取ろうと木に登ったり，バナナの近くにいつまでもとどまっていたら，大人オスに意図を読まれてしまい，バナナは手に入れられなかっただろう。

意図を読み取り，裏をかく（チンパンジー）
あるチンパンジーが給餌場に単独でいたときに，その個体にバナナを与えようと，箱を遠隔操作で開けた。ちょうどその時，別のチンパンジーが空き地の端に近づいてきた。最初のチンパンジーは，すぐさま箱を閉め，数メートル歩き去り，腰を下ろして何事もなかったかのように周囲を見回した。もう一匹の方は，給餌場を離れるふりをして木陰から給餌場にいるチンパンジーを覗き見ていた。そのチンパンジーが給餌箱からバナナを取ろうとするやいなや，近寄って追い払い，バナナを奪って食べた。

　ヒト以外の霊長類でも，相手の裏をかいたり，自分の意図が相手に悟られないようにすることで自分の目的を達成しようとするという嘘と言える行動が観察されている。一例をあげると，大人のヒヒに追いかけられた子どものヒヒが，逃げる途中でふと立ち止まって別の方向をみるという行動が観察されている。この行動は，通常は近くに捕食動物がいるときにヒヒがみせる警戒の姿勢である。この姿勢をみた大人のヒヒは，危険が迫っているものと思い，追跡を途中で打ち切った。そのおかげで子どもは難を逃れることができた。子どものヒヒが本当に追跡者をだますつもりでそうしたかどうかは，知りようがないが，子どものヒヒが親を使って自分の目的を達成するために嘘をついたという例も観察されているので，現実には起こっていない出来事を演じてみせる能力がヒヒにも備わっていると思われる[45]　（その他の例としては表 3–3 を参照のこと）。

---

45)　ホワイトゥン，A.・バーン，R.W. (2004). 第 16 章

3.9　ヒトの社会性の進化

表 3–4：様々な状況で子どもが示す嘘やだましの行動

年齢	状況	具体的な行動
19ヶ月	遊戯	おもちゃを差し出し，母親が手を伸ばすと笑いながらそれを引っ込める。
2 歳	防御	牛乳をこぼしたのが誰かを父親に聞かれ，その場にいない弟のせいにする。
2 歳半	攻撃	子どもが自分の手を咬み，別の子どもにやられたと言って手を見せる。
4 歳	競争	子どもがゲームでいかさまをして別の子どもを欺き，悪いことはしていないと主張しゲームに勝つ。
8 歳	保護	子どもが，がっかりするようなプレゼントをもらった後で，おとなに微笑むことで落胆を隠す。

　表 3–4 には，子どもの嘘の発達のようすを示した。これをみると，最初は自分を守ろうとして嘘をつくが，年齢が高くなるにつれ，相手の心の状態を推察した上での嘘がみられるようになる。言い換えると，心の理論の成立とともに，嘘をつくという行為もより複雑な社会状況の中で行われるようになることがわかる[46]。

3.9　ヒトの社会性の進化

　ヒトは，社会的動物という特徴を霊長類から引き継いでいる。しかし，ヒトの社会性には他の霊長類には見られないユニークな特徴がある。それは，**超社会性**（ultrasociality）とも称される行動である。その特徴の 1 つは，平等・公平な扱いを集団の全成員に対して要求するという規範に支えられた相互扶助と資源の分配である[47]。それとともに，もう 1 つの特徴としては，**内集団**（ingroup, 自分が属する集団）の成員と**外集団**（outgroup, 自分が属さない集団）の成員を峻別する傾向がある。この傾向により，内集団の成員には，共感と理解に基づく高い利他性を示すのに対し，外集団の成員にはそうした行動を見せないどころか，きわめて残虐な振る舞いを行っても意に介さないという二面性が現れた。内集団と外集団は，宗教，民族，言語などさまざまな非身体的特徴に基づいたシン

46)　ラフレニエール, P.J. (2004). 第 18 章
47)　Hill, K. et al. (2009).

第3章　心の進化

ボリックな基準によっても区別される。現在の人類は，元々は同じ言語を話していた単一の小集団から出発しているとされているが，世界中に拡散していく過程で集団が徐々に分裂し，分裂した集団同士は自分の属する集団を他の集団から際立たせる手段の1つとして方言を使うようになった。その結果，現在では世界中で何千もの言語が使われるようになったと考えられている[48]。

　内集団と外集団の成員に対する振る舞いは，両極端ともいえる対照的な違いをみせる。内集団の成員に対する他の成員の行動をみると，人間の高貴なまでの善意を思わせる。こうした行動は**利他**（altruism）あるいは**愛他**と呼ばれている。著者がこの原稿を執筆している途中で，東日本大震災が起こった。その地震と津波による被害は，想像を絶するものであり，その様子がニュースで伝えられるや，日本国内はもとより世界中から援助の手が寄せられている。そこに見られるのは，感動的なまでの利他的行動である。

　利他行動の進化的起源は，永く進化生物学者を悩ませてきた難問であった。社会性昆虫のハチやアリに見られる他の個体を助けるという行動は，自分の遺伝子を残すことに役立たないばかりか，場合によってはそれを危険にする。従って，自分の持つ遺伝子が子孫に伝わる可能性を高くする形質が種の中で広まっていくという進化の原理に矛盾するように思われる。イギリスの進化生物学者**ハミルトン**（Hamilton, W.D.）は，自分では産卵せず，女王の生んだ卵（これは遺伝的には自分の姉妹にあたる）の世話をする働き蜂や働き蟻の行動がなぜ進化したかを説明するために，同じ種の働き蜂や働き蟻が相互に血縁関係にあることに注目し，遺伝子レベルで考えた場合，自分が持っている遺伝子を犠牲にしても，自分と共通の遺伝子をもった他の個体を助けることで，結果的に自分の持つ遺伝子と同じ遺伝子が世代間で受け継がれることに貢献することを，数学的モデルを用いて証明している。同じ遺伝子を分け持つ個体全体（血縁関係にある個体）の適合度は，**包括的適合度**（inclusive fitness）と呼ばれており，これを考慮した淘汰は，**近縁選択**（kin selection）と呼ばれている[49]。これに対して，ヒトの利他行動は，近縁者だけでなく，血縁のない他者に対しても発揮されるという特徴がある。このヒトではきわめて当たり前に見られる遺伝的つながりの

---

48)　コールーダー, N. (1980). pp. 243–248.
49)　ドーキンス, R. (1980). 第10章

ない個体に対する利他行動や資源（食料）の分配は，近縁選択という社会性昆虫でうまくいったモデルを用いても説明がむずかしい。

　ヒトでの利他行動は，敵対的な集団間の関係が引き起こした**集団選択**（group selection）が進化させたとされている。進化は，通常個体を単位として生ずるので，環境に対する個体間の適応度の違いが次の世代に受け継がれる遺伝子の違いに反映される。集団選択では，集団そのものが選択の単位であるとともに他の集団に対して環境として作用し，より適合した形質をもつ集団が他の集団を圧倒して生き残る。集団同士が敵対的に対峙する状況では，自分が属する集団（内集団）のためにみんなが一致団結して敵対する他集団に立ち向かう必要がある。そのため，この防衛的攻撃性は，内集団の生存に貢献することになった[50]。こうした集団選択を通じて，ヒトは同じ集団の成員に対して高い利他的行動を進化させると同時に，自分が属さない集団（外集団）に対しては抑制することなく高い攻撃性を発揮できるように進化したと考えられる。世界各国で紛争が起きる度に大量の難民が発生する様子を見ると，ホモ・サピエンスの世界中への拡散（図3-5）にも資源をめぐる集団間の闘争が原因の1つとなっているのではないかと疑われる。

Q & A

Q: 人間の心を理解する上で，霊長類の行動を研究するのはどのような意義があるのでしょうか。

A: 人の心の働きは，全てがヒトという種に独自に進化した仕組みだという訳ではありません。たとえば，学習の基本的なしくみである道具的条件づけは，少なくとも脊椎動物では広く見られる行動です。ヒトの行動には，社会行動も含めて，ヒト以前の段階から備わっていた心の働きがヒトになって更に変化・発展したものがたくさんあります。チンパンジーなどの近縁の霊長類の行動を調べることで，心の仕組みのルーツが理解できると考えています。

Q: もし，生物学的所属の繁栄を考えるのであれば，内集団の概念だけをもち，常に助け合っていけば，よいのではないでしょうか。

A: もっともな疑問ですが，淘汰で問題になるのは遺伝子が残ることで，種の成員の数が増えることではないことがポイントです。同じ集団に属する成員は，互いに血縁関係にあ

---

50)　Eibl-Eibesfeldt, I. (1982).

第 3 章　心の進化

る成員を多く含み，そのため，自分の集団のためにたとえ命を落とすことになっても，自分のもつ遺伝子と同じ遺伝子が残ることになります。しかし，外集団とはそうした遺伝的共通性が薄いので，外集団の成員に対しては，（資源が限られている条件では）攻撃性を発揮して，資源を奪い取ることは自分達の集団全体にとって利益になります。なお，他の生物でも，同種内での殺し合いはそれほどめずらしくありません。特に他の群れを乗っ取るために，その群れを支配しているオスを殺すことは，ライオンなどでもみられます。多くの場合，そうした乗っ取りがおこると，群れの乳飲み子も殺されます。これは，子どもに授乳している間は普通メスは妊娠しないからです。これも，自分の遺伝子を残すことに貢献する行動だと考えられています。

Q: チンパンジーやボノボに言語を習得させる研究は，その後どうなったのでしょう。
A: 残念ながら，そうした研究は 1980 年代までで，現在は行われていないようです。

Q: 今後，人間のような高い知能を持った生物は生まれるでしょうか。
A: もし，人類が消滅したら，その後に人間に肩を並べるほど高い知能をもつ生物が進化してくるという可能性を完全に否定することはできませんが，私自身はそうした可能性は少ないだろうと考えています。というのは，高い知能が進化するためには，いろいろな条件がすべて満たされないといけないと考えるからです。どのような条件があるのかは，よく分かっていませんが，食物（肉食），高い社会性が関係することは間違いないでしょう。これ以外にも，たとえば，集団間の闘争が関係するのかどうかや，アフリカ以外の元来適地でない地域に進出したことが関係するかどうかなど，知られていない変数がたくさんありそうです。高い知能をもつためには，複数の要因が最適に組み合わされる必要があるとすると，そうした組み合わせがたまたまうまくそろう確率はそれほど高くないと思われます。

さらに学ぶために

『出アフリカ記——人類の起源』クリストファー・ストリンガー & ロビン・マッキー
　岩波書店
『カンジ——言葉を持った天才ザル』スー・サベージ-ランボー　NHK 出版
『愛の解剖学』カール・グラマー　紀伊國屋書店

トピック 3–1　　共感性の進化

　狩猟採集生活の時代から，捕れた獲物は集団の成員全員で共有するというように，ヒトの社会は相互扶助により支え合ってきた。そうした社会にあって，自分は少しも集団に貢献しないで，利益だけを受け取る個人が現れてくると困ったことになる。そうした成員は，他の成員が働いている時に自分は別のことをすることができる。たとえば，他の成員が狩りに出かけた間に自分は繁殖行動をするとする。そうすれば，その成員は，自分は働かないで利益だけを受け取る行動を支える遺伝子を次の世代に伝えることができる。これを許すと，やがてその社会はそうしたずるをする人だらけになる。それを防ぐため，現実の社会ではそうした行為を相互に監視し，必要とあればそれを規制する行動が進化してきた。これが社会正義を支える公正 (6.5.3) の感覚である。

　相互扶助を支える心の働きは，**共感** (empathy) という心の働きに現れている。共感性は，他の人が苦しんでいるのを見ると自分の心も痛む，という形で発揮される。これが単なる比喩的な表現ではなく，文字通りの意味であることが機能的イメージング研究で実証されている。この共感性の研究では，実験参加者に他の人の手に針を刺すところを見せ，その時の脳の活動部位が調べられた。他の人の手に痛みが加えられると，実験参加者は自分も痛みを感ずるが，その時には脳の中で痛みに関わる領域（前部帯状回の一部や前頭葉から側頭葉にかけての領野の内側にある島(insula) の一部）が活動していた。つまり，他人の痛みを見ることで，それを自分の痛みと自動的に感ずる仕組みがヒトの脳には備わっている[51]。しかし，この仕組みだけでは，ずるをする個人にいいように利用されるだけになる。そうした個人に対しては，ずるをさせないようにする，つまり罰を加える仕組みも必要である。その仕組みを支えるのが公正という感覚である。

　最近，共感性についての機能的イメージング研究の知見を利用して，公正さが共感性にどのように影響するかを調べた興味深い研究[52] が報告されている。この研究では，あらかじめ実験参加者を装った実験者の協力者（さくら）と本当

---

51)　　de Vignemont, F., & Singer, T. (2006).
52)　　Singer, T. et al. (2006).

第 3 章　心の進化

の実験参加者がペアを組んでゲームを行った。そのゲームの過程で，さくらはペアを組んだ実験参加者に対し公正に振る舞う場合とずるをする場合とがあった。その後，fMRI を用いてさくらに対する共感性を計測したところ，自分がずるをされた男性では，さくらが痛い思いをしているのをすぐ横でみていても，自身は痛みを感じないばかりか，むしろそれに喜びを感じていることが脳の報酬領域の活動からうかがえた。しかも，実験参加者の罰したいと思う気持ちに比例して脳の報酬領域の活動は強くなった。一方，女性にはこうした傾向は見られなかった。この結果が示唆するのは，公正に振る舞わない個人に対し，男性は罰を加えることを良しとする傾向があるということである。この結果は，集団の相互扶助に協力しない個人に対しては，共感性を抑制し，罰を加えようとする心の仕組みが，特に男性に進化してきたことをうかがわせる。

第 4 章 知覚と認知

動物は環境を自由に動き回ることができる。これに伴って，環境の状態は刻一刻と変化する。変化する環境の中で生きている動物にとって，自分が今いる環境について知り，それに対して適切な対応をすることは生存にとって不可欠である。そのために動物には感覚器官とそこから送られてくる情報を処理する仕組みとして脳の**知覚システム**（perceptual system）が進化した。人間の場合，特に視覚優位と言われるように，眼から得られる情報に頼ることが多いので，脳の視覚システムは，大脳全体の大きな割合を占めている。この章では，視覚を中心に，外界を知る機能としての**知覚**（perception）と，それに基づいて判断を下し，行動を選択する**認知**（cognition）の機能について概説する。

4.1 感覚器官の役割

神経細胞同士は，インパルスをやり取りすることで処理を行っている。従って，環境について知るためには，環境のさまざまな側面についてその物理的・化学的状態（これは，刺激と呼ばれている）をインパルスに変換する必要がある。そのための器官が**感覚器官**（sensory organ）である。言い換えると，感覚器官は物理世界と心理世界のインターフェースの役割を担っている。

感覚器官には，表 4–1 にあるように，環境の物理的・化学的状態に対応してさまざまな種類がある。感覚器官には感覚細胞があり，それらが環境の特定の状態に反応してインパルスを生成し，これが脳に環境状態に関する情報を伝え

第 4 章　知覚と認知

表 4–1：感覚器官の種類とその役割　感覚器官は，外界の様々な物理的状態を脳が扱えるインパルスに変換することで外界とのインターフェースとして機能する。脳は，感覚器官から送られてきた情報を処理し，感覚体験を生み出す。

外界の物理的状態	感覚器官	生成される心理状態
光（電磁波）	網膜（桿体・錐体）	明るさ・色
音波	蝸牛の基底膜	音程や音量
水溶性の化学物質	舌（味蕾）	味
揮発性の化学物質	嗅粘膜（嗅細胞）	におい
皮膚の物理的変異	皮膚（マイスナー小体やパチニ小体）	さわった感じ
温度	皮膚（温点・冷点）	暖かさ・冷たさ
過剰な刺激・身体の損傷	皮膚・内臓・血管など（痛み神経終末）	痛み
手足や体の向き位置	関節や筋肉・耳石器	体（四肢）の位置
四肢の運動状態	三半規管	体の動き（加速度）

る。感覚器官から送られる情報は，それぞれの感覚に対応した脳の場所で処理され，最終的に主観的な感覚体験を生む。視覚を例にとると，**網膜**（retina）には**桿体**（rod）と**錐体**（cone）と呼ばれている光に対して感受性のある細胞があり，これが光をインパルスに変換する。視神経により脳の後頭葉に送られたインパルスは，色や明るさに関する情報を伝えるが，最終的にはこれがものの位置や形として知覚される。音の場合には，空気の振動が**鼓膜**（drum）につながる**耳小骨**（auditory ossicle）を介して**蝸牛**（cochlea）のリンパ液に振動を伝え，これが蝸牛にある**基底膜**（basal membrane）を揺することでインパルスに変換される[1]。

4.2　感覚器官による情報伝達

感覚器官に入力された刺激は，生体の覚醒状態によらず，インパルスに変換される。たとえ，熟睡していても耳に達した音波は，基底膜を刺激し，そこで発生したインパルスは，最終的に**聴覚野**（auditory cortex）に送られ，そこで処理される。しかし，熟睡している人に音は「聞こえない」。「聞こえない」とは，つまり，寝ている人は目を覚ますほどのよっぽど大きな音でない限り，音に対

---

1)　Rosenzweig, M.R., Breedlove, S.M., & Watson, N.V. (2005). 第 9・10 章

して覚醒時のような知覚体験をもつことはないということである。音は聞こえないが，音響信号は感覚器官で符号化され脳に達している。このことは，眠っている時に外から刺激が与えられるとそれが夢の内容に取り込まれる場合があることから分かる。刺激がどのくらい夢に取り込まれやすいかは，感覚の種類にもよるようで，初期の研究[2]によると，刺激を呈示したうち，1000Hzの純音だと刺激を与えた回数のうち9%で，光を瞬時点灯した場合には23%で，顔に水をかけた場合には42%で，それぞれ夢の内容に刺激の影響がみられた。

4.2.1 符号化

感覚器官が刺激を神経の信号に変換するにあたって，刺激をそのまま変換するのではない。感覚器官が受け取った信号を脳に伝送するために，**符号化**（encoding）と呼ばれている処理を行う。符号化のためには，まず受け取った情報を脳が扱うことのできるインパルスに変換する。その際，信号を忠実に変換すると，特に視覚の場合には膨大な情報量となる（表4–2）。それをそのまま脳で処理しようとすると，小さな脳では負担が大き過ぎて処理しきれなくなる。そこで符号化の一貫として情報の圧縮が行われる。

図4–1をみると分かるように，人の網膜にはたくさんの光に感受性のある細胞が並んでおり，それらは錐体及び桿体の2種類からなる。錐体は，日中，光量が多い場合に働き，桿体は暗くなって光量が少ないときに働く。錐体は**黄斑部**（macular region）の中心にある**中心窩**（fovea）という周囲より少し窪んだ構造を中心に密集している。これに対し桿体は，黄斑部から少し離れた場所で最

表 4–2：感覚器官が受け取る情報量　出典：ノーレットランダーシュ(2002).

感覚器官	情報量
視覚	1000 万 bit/sec
聴覚	10 万 bit/sec
触覚	100 万 bit/sec
味覚	1000 bit/sec
嗅覚	10 万 bit/sec

---

2)　Dement, W., & Wolpert, E.A. (1958).

第 4 章 知覚と認知

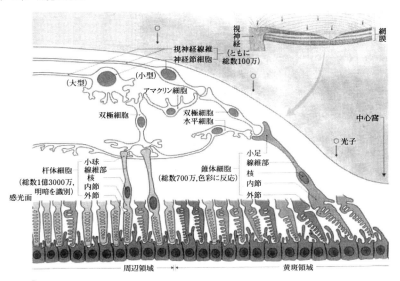

図 4-1：網膜の構造　出典：山内・鮎川（2001）．

も密度が高く，そこから周辺部に向かって密度が低下している。錐体や桿体は，途中の中継細胞を経て神経節細胞に信号を送るようになっている。**神経節細胞**（ganglion cell）は，**外側膝状体**（lateral geniculate body）という**視床**（thalamus）の神経核に信号を送り，そこからさらに後頭葉の **1 次視覚野**（primary visual area）に信号が送られる。錐体や桿体と神経節細胞との対応は中心部の錐体では 1 対 1 だが，周辺では多対 1 となっており，多くの錐体や桿体が 1 つの神経節細胞と連絡している。個々の神経細胞が処理できる情報の量にはそれほど違いがないので，多くの錐体や桿体から信号を受けている神経節細胞では，必然的に情報を加工し，情報量を減らす符号化が行われている。

　情報の圧縮加工は，身近にあるさまざまなデジタル情報機器でも行われている。たとえば，携帯音楽プレーヤーでは，MP3 という圧縮の規格があり，圧縮率にもよるが，元のデータ量を 10 分の 1 程度に圧縮することができる。しかし，こうした MP3 のような高い圧縮には副作用もある。それは，高い圧縮率を実現するために元の情報の一部が切り捨てられてしまうことである。その結果，元のデータを完全に再現することはできなくなる。これに対し，FLAC の

4.2　感覚器官による情報伝達

ような可逆的圧縮では情報の圧縮率はよくて2分の1程度だが，その代わり元のデータを完全に再現可能な圧縮が行われる。情報の圧縮率をどの程度にするかは，その情報を伝送する経路の扱える情報量やそれを送付した先の機器がどの程度の情報量まで無理なく処理できるかによって変わってくる。

4.2.2　カエルの網膜にみる情報の符号化

カエルのような小さな脳しかもたない生き物では，多くの情報を処理することはできないので，高度の情報の符号化が必要になる。実際，カエルが環境中で区別している視覚信号は，1) エサの方に定位し，それを捕らえる，2) 大きな捕食動物のような刺激を避ける，3) 障害物を避けたり隙間を通り抜けたりする，4) 明るい方に移動する，あるいはそこから遠ざかる走性，5) 視運動性眼振（周囲が動いているとそれを追従した後で元の位置に戻る眼球運動が繰り返される状態），の5種類の行動に関わるものが知られている。MITの生理学者のグループ[3] によるカエルの網膜の視覚刺激に対する反応を調べた研究では，こうした行動に対応した神経インパルスを出す神経節細胞が発見されている。つまり，カエルは環境を網膜レベルで高度に符号化していることになる[4]。

4.2.3　カモメの雛とヒトの赤ん坊にみる符号化

セグロカモメというカモメの一種を対象にしたオランダの動物行動学者ティンバーゲン (Tinbergen, N.) とその共同研究者が行った野外観察[5] から，親がエサを運んできたときに雛が示すエサねだり行動が，どのような刺激により誘発されるのかが明らかになっている。ティンバーゲン達は，親の頭部に似た色と形の模型をボール紙から作成し，それを雛の頭上にかざし，エサねだり行動がどの程度強く誘発されるかを測定した。その結果，親の頭部に類似した黄色い嘴の中に赤い点のある模型に対する雛の反応を基準とすると，これとの類似性が低い模型に対しては雛のエサねだり行動が弱くなった（図4-2）。たとえば，赤い斑点が嘴ではなく頭部にあると，反応は4分の1になってしまう。**動物行**

---

3)　Lettvin, J.Y., Maturana, H.R., McClulloch, W.S., & Pitts, W.H. (1968).
4)　Ingle, D.J. (1983). p.178.
5)　Tinbergen, N., & Perdeck, A.C. (1950).

第 4 章　知覚と認知

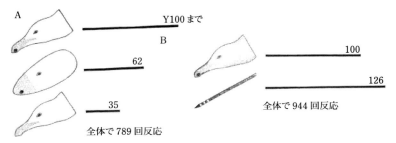

図 4–2：セグロカモメの雛の餌ねだり行動の強度　ボール紙で作られた親の頭部に対する反応を親と類似の形状を 100 として，相対的に表示。B の下の形状のように，親の頭部とは似ても似つかないものでも強く反応することがある。これを超正常刺激と呼ぶ。出典：Tinbergen, & Perdeck (1950).

動学 (ethology) では，このような特定の反応を引き出す鍵となる刺激パターンを**鍵刺激** (key stimulus) と呼んでいる。

　セグロカモメの雛にエサねだり行動を引き起こす鍵刺激が明らかになったことに加えて，この観察から判明したことで意外なことがある。それは，我々人間の眼には親の頭部と似ても似つかないと見える刺激パターン（図 4–2B の下にある棒状の模型。これは実際には真っ赤な地に 3 本の黄色い筋が入っていた）が本物そっくりな模型よりも強い反応を雛から引き出したことである。このような，実際以上に強い反応を引き出す刺激は，**超正常刺激** (supernormal stimulus) と呼ばれている。超正常刺激の存在は，雛が親の頭部を人間のように「見分けて」反応しているのではないことを示している。セグロカモメの雛は，情報を高度に圧縮することで，脳が処理すべき情報量を減らすことができた。しかしその弊害として，親とは似ても似つかぬ形にまで反応してしまうことになった。

　セグロカモメの雛の行動から，セグロカモメの雛が高度の情報圧縮を行っていることが分かったが，人間の場合はどうだろうか。セグロカモメの雛のように特徴の組み合わせに応答しているのではないことは，我々人間には親の頭部とは似ても似つかないと見える模型に対しても雛が強く反応することから分かる。それでは，人間の知覚は，どんな場合もセグロカモメのような特徴抽出方式ではないのだろうか。おもしろいことに，ヒトの赤ん坊の場合には，発達段階によりパターン認識のやり方が変化する。その変化は，カエルやカモメの雛のような高度の符号化に頼る処理からヒトの大人で見られるより忠実なパター

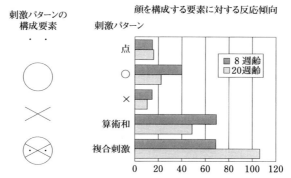

図 4-3：赤ん坊の顔様刺激に対する道具的条件づけ反応 8週齢では算術和と複合刺激とで差が見られないが，20週齢では複合刺激（ゲシュタルト）に対しより強く反応している。
出典：Bower (1966)

ン知覚に基づく認識への変化である。

　我々人間が複雑なパターンを認識する場合，単純にパターンを構成する個々の要素に対し反応するのではなく，パターン全体が生み出す特徴に対し反応する。これは，20世紀前半にドイツに誕生した**ゲシュタルト心理学**（Gestalt psychology）が強調したことである。ゲシュタルト心理学は，「全体は部分の和ではない」と主張した[6]。しかしながら，この主張は大人では正しいが，産まれて間もない赤ん坊では正しくない。8週齢と20週齢の赤ん坊に対し，顔様刺激に強化（「イナイイナイバー」）を伴わせることにより道具的条件付けを行った。その後に顔全体およびその構成要素を見せ，それに対する般化の程度を調べたところ，図4-3に示したように，生後2ヶ月未満の赤ん坊では，条件づけに用いた顔様パターンに対する反応は，その個々の要素（○，X，と‥）に対する反応強度を単純に足し合わせた強さに等しい。ところが，2ヶ月を過ぎると，大人のように個々の構成要素に対する反応は顔全体に対する反応には及ばない。つまり，「全体は部分の和ではない」[7]。では，生後2ヶ月を境に何が起こるのだろうか。それは，視覚情報処理を担当する脳の部位の変化である。大人の脳では，後述するように，パターン知覚は後頭葉から側頭葉に向かう経路で行われてい

---

6) コフカ，K. (1988). p. 203.
7) エヴァート，J.-P. (1982). pp. 64–66.

第 4 章　知覚と認知

る。ところが，2ヶ月未満の赤ん坊では，皮質の回路形成がまだ不十分で，この経路が使えない。そこで，赤ん坊は進化的により古い**上丘**（superior colliculus）に頼って外界を視覚的に認識している。この上丘という構造は中脳にあり，哺乳類以外では**視蓋**（optic tectum）と呼ばれており，視覚情報処理の中枢であった。哺乳類では，その進化の過程で大脳皮質が発達したことにより，高次の視覚情報処理は大脳皮質が担うようになり，上丘は主に**眼球運動**（eye movement）の制御に関わるようになった。ヒトの赤ん坊は，こうした進化の過程を反映して，カモメの雛のような符号化処理の段階を経て，より忠実なパターン認識に至る発達を示すのである。

4.3　知覚の安定性

　我々が見ている世界は，安定していつも同じように見えている。しかし，感覚器官から送られてくる情報は，いろいろな要因により常に変化している。これは，ビデオカメラで録画した映像を見ると分かる。もし，録画状態にしたビデオカメラを持ったまま普通に行動したら，撮影されたビデオ画像はどのようなものになるだろうか。おそらく，明るいところに向けられると，撮影された画像は全体が白っぽくなってしまうし，急に暗いところへ向けると細部が黒くつぶれてしまうだろう。また，移動に伴い像が常に動き回り安定せず，見ている人は目が回る気がするだろう。しかし，同じ光景を見ている撮影者にはそのような不安定さは全く意識されない。このように，人間の知覚体験とビデオカメラの映像の比較から，知覚システムには不安定な入力を安定な出力に変えるための高度な仕組みが備わっていることが分かる。

4.3.1　知覚入力の不安定要因

　知覚入力の不安定さをもたらす要因には大きく3種類がある。1つはノイズの混入である。情報伝達には信号とは無関係に伝送路に加わるノイズがつきものである。これは，知覚システムでも例外ではない。実際，感覚器官からそれを受け取る大脳皮質に至る経路には様々な段階でノイズが伝送路に混入してくる[8]。これにより S/N 比（信号とノイズの比）が劣化し，信号が読み取りにくく

4.3 知覚の安定性

なる。しかし，人間の知覚体験は，そうしたノイズの存在を全くといっていいほど意識しないですんでいる。一例をあげると，会議の録音を後で再生すると交わされた会話以外にも周囲のさまざまな雑音が録音されていて驚くことがある。しかし，会議中はそうした雑音についてほとんど意識しないで済んでいる。これは，聴覚システムに背景の雑音と大事な会話をより分ける仕組みが備わっているからである。これには，後述の注意の働きが関係している。

第2の要因は，環境の変化である。たとえば，光源の明るさや光のスペクトラムが変化することがある。白いハンケチは，日の光の下でも月明かりでも白く見えるし，黒いものは，どちらでも黒く見える。これは，周囲の光量が明るさの知覚に与える影響を減らす仕組みがあるからである。この仕組みは**恒常性**（constancy）と呼ばれている。恒常性は，明るさだけでなく，色や大きさ，それに形にもみられる。眼に見えている対象は，網膜上に一定の大きさの網膜像として投影される。網膜像の大きさは，対象との距離に依存し，対象が遠ざかるほど網膜像は小さくなる。ところが，知覚される対象の大きさは，距離が比較的近い範囲ではあまり変化しない。そのため，遠くの怪物を小さいと思い安心していると，近づいてきたらそれが巨大なのに慌てるというマンガの情景とは違い，遠くの人やものの大きさはその実際の大きさに近いものに見える。ただし，これは視線の方向によっても違い，我々がものの大きさを判断することの多い水平方向では恒常性が比較的よく保たれているが，垂直方向では恒常性の程度は弱い。このため，高いとこから下を見ると水平方向で同じ距離にある場合に比べ，ものが小さく見える。**月の錯視**（moon illusion）と呼ばれている身近な現象（トピック 4–1）も，視線方向により恒常性の働きに違いが出てくることが関係しているとされている[9]。

第3の要因として，入力の中断がある。眼から脳に送られる情報は，時々瞬断する。その原因は，瞬きと眼の動きである。特に眼が動くとその間は網膜に投影された像はブレてしまう。この眼の早い動きは**サッケード**（saccade）と呼ばれており，キョロキョロと形容されるような環境を走査する素早い眼球運動である。これに加えて，ものが重なることで生ずる**遮蔽**（occlusion）によっても遮

---

8) Faisal, A.A., Selen, L.P.J., & Wolpe, D.M. (2008).
9) コフカ, K. (1988). 第3章

101

第 4 章　知覚と認知

図 4–4：主観的輪郭

蔽された対象はその情報の一部を失う。知覚情報を脳が処理する過程で，こうした情報の欠損を隠蔽したり，それを補完したりする処理が行われている。たとえば，サッケードや瞬きの場合，それに伴うブレにより生ずる動きの情報は，途中で遮断されることで，知覚されないようになっている[10]。また，情報が遮断された間は，中枢での情報の持続（第 5 章「感覚貯蔵」の節を参照）の働きにより遮断が隠蔽されることで，それに気がつかないですんでいる。さらに，図 4–4 の主観的輪郭にみるように，パターンの一部の情報しか与えられなくても，それから全体を復元する仕組みも備わっている[11] これも，主観的輪郭がその背後の図形（黒丸と三角）を遮蔽したとみるからである。

　こうしたさまざまな仕組みにより，脳の知覚情報処理システムは，環境要因の変化に伴う入力の変動やノイズ，それに情報の欠損に強いシステムとなっている。しかし，現在のところ，知覚の安定性を実現しているメカニズムの詳細はまだ十分には理解されていない。

4.4　視覚情報処理の 2 つの経路

　網膜から送られた視覚情報は，大脳皮質の 17 野（V1 とも呼ばれている）に到達するが，そこから 2 つの経路に分かれて処理が行われる。1 つは，背側系と呼ばれている頭頂葉へ向かう処理の経路である。もう 1 つは，腹側系と呼ばれて

---

10)　Burr, D.C., Morrone, M.C., & Ross, J. (1994).
11)　Albright, T.D. (1995).

いる**下位側頭葉**（inferotempral cortex）に向かう経路である。この2つの経路は，視覚情報を処理する目的が異なっている。背側系では，外界にある対象の位置を表象し，ものを操作したり，空間を移動したりというような外界とのやり取りに関わる処理を行っている。これに対し，腹側系では，外界にある複数の対象から特定の対象を選択し，それを認識するための処理を行っている[12]。

　なぜ視覚情報処理に2つの経路があるのかは定かでないが，考えられるのは，早さを重視した処理と正確さを重視した処理のうち，どちらを優先するかという選択である。これは**早さと正確さの間の交換条件**（speed-accuracy trade-off）と一般的に呼ばれている二律背反の関係である。処理のスピードを優先すると正確さが犠牲になるし，正確に判断しようとすると時間がかかる。たとえば，飛んできた球を避けるためには，正確さよりも早さの方が大事である。これに対し，遠くの対象を認識するためには，多少ゆっくりでも正確な方がよい。もし，サバンナで生きていた我々の祖先がライオンをシマウマだと勘違いしたら，大変である。その見極めは慎重を期してもよいから正確である必要がある。

4.4.1　知覚の2つの理論

　知覚心理学では，長く2つの立場が存在した。その1つは，19世紀のドイツの物理学者兼生理学者の**ヘルムホルツ**（von Helmholz, H.L.F.）に代表される考え方で，知覚は，情報の欠損やノイズなどから外界の状態に対応した真の姿を回復させる知的処理だとする立場である。ヘルムホルツは，これを「**無意識の推論**（unconscious inference）」という言葉で表現した。ヘルムホルツは，外界を認識するためには，外界が与える情報だけでは不十分で，そこに記憶などから情報を補ってより完全な情報に復元する必要があり，これは知的な推論と呼ぶべき処理であると主張した。

　もう1つの立場は，**ギブソン**（Gibson, J.J.）による**生態学的心理学**（ecological psychology）の立場である。ギブソンは，外界には十分な情報があり，知覚はその情報に基づいて行動を制御すると主張した。外界の事物は，それが持つ情報により我々に特定の行動を許す。これは，**アフォーダンス**（affordance）と呼ば

---

12)　Mishkin, M., Ungerleider, L.G., & Macko, K.A. (1983).

第 4 章　知覚と認知

れている。たとえば，イスとは座るものであり，人が座るためにはイスは人体の形状や大きさに合ったものでなければならない。人間は，自然環境が与えるものの中から自分が関わりやすいものを選択的に利用してきた。たとえば，石をハンマーとして使うためには，石が大きすぎても小さすぎても，軽すぎても重すぎてもだめである。そのため，適当な石がない場合には，大きなものを割って小さくして使用したりする[13]。

　知覚心理学の 2 つの立場は，長く対立する理論的立場だとされてきた。しかし，脳が 2 つの経路で視覚情報を処理しているという事実と，そのそれぞれが早さと正確さという相容れない制約を満たすための工夫からそうなっていると考えると，ギブソンとヘルムホルツに代表される 2 つの立場は，それぞれ課題の制約条件に応じて脳が生み出した 2 つの解決策の一方に注目した考え方だといえる[14]。

4.5　環境と関わる

　外界と円滑に関わるためには，対象の形状や位置に関する情報を抽出する必要がある。また，障害物や飛んでくるボールを避けるためには，素早い行動が要求される。こうした行動を支えているのは，頭頂葉に向かう背側系の処理である。背側系は，1) 対象の位置の把握，2) 対象の操作，それに 3) 空間移動に関わる処理を行っている。ここでは，これらの機能のうち，1) 位置の把握と 2) 対象の操作について説明する。

4.5.1　空間の知覚

　日常生活で遭遇する視覚世界にはたくさんの対象が含まれている。しかし，網膜は 2 次元平面なので，網膜への外界の投影像からは，それらの対象が 3 次元空間のどこに配置されているか（対象のもつ奥行き）に関する情報が失われてしまう。3 次元空間内の対象の位置を知るためには，失われた奥行きに関する情報をいろいろな手がかりから復元する必要がある。そうした手がかりには表 4–3

---

13)　ギブソン, J.J. (1985). 第 8 章
14)　Norman, J. (2002).

104

4.5 環境と関わる

表4-3：奥行き知覚の手がかり

両眼・単眼	具体的な手がかり
両眼	輻輳 両眼視差（網膜上の対応点のずれ） 運動視差（遠くの物体ほどゆっくり移動する） 肌理の勾配（一様に広がる面では遠くほど目の詰んだ状態となる）
単眼	遠近法 絵画的手がかり（上下，大きさ，重なり，陰影） 空気感（彩度，透明度，ぼやけ）

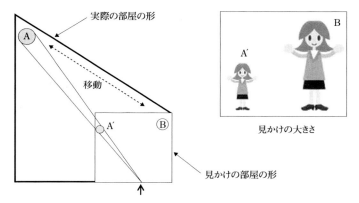

図4-5：エイムズの歪んだ部屋　実際の部屋の形は四角ではなく，部屋の一方の端が他方の端よりも遠くにあり，天井もそれに応じて高くなっている。この歪んだ部屋を視点の位置から片目で覗くと，通常の四角い部屋として見える。このとき，A地点とB地点に人が立つと，その網膜状の大きさには距離に応じた違いを生ずることになる。しかし，見かけの位置は，見かけの部屋の形に応じてより近い位置（A'）にあると見える。そのため，部屋の中で人が一方の端から他方の端まで移動すると，その大きさが奥行きの距離が近くなる（A→B）につれ大きくなるように変化する。

のように，両眼の対応関係から得られる情報と，単眼でも（ということは，一部は紙のような平面に表現されても）使用可能な情報がある[15]。

日常の世界では，これらの奥行きの手がかりは，相互に一貫した情報を与えるが，実験室内では手がかり間に矛盾を生ずるようにすることもできる。有名な例としては，画家で知覚心理学者でもあったエームズ（Ames, A., Jr.）が工

---

15) Haeber, R.N., & Hershenson, M. (1973). 第12・13章

第 4 章　知覚と認知

夫した歪んだ部屋がある。この部屋は，図 4–5 のように歪んだ形をしているが，片目で部屋の中をのぞくと，網膜に映った像は，通常の部屋のように左右が同じ高さに見えるように歪ませてある。そのため，実際の奥行きは左右で違うのに，普通の四角い部屋のように見える。しかし，この中に人やものが置かれると，見る人に近い側では対象は大きく見え，遠い側では小さく見える。この効果はリアルタイムで起こり，実物大に作られた部屋の中で人が右端から左端へ移動すると，それに応じて大きさが変化する[16]。この**錯視**（visual illusion）現象は，網膜に投影される像の大きさに違いがあるにもかかわらず，見かけ上は左右で奥行きが等しいと知覚されることが関係している。これにより，大きさの恒常性が機能せず，網膜像の大きさがそのまま対象の大きさとして知覚されることになる。

4.5.2　ものの操作

　ギブソンがアフォーダンスという言葉で呼んだように，身の回りのものにはそのもの特有の扱い方がある。たとえば，金槌は釘を打つというその道具の役割を果たすために先端が平らな適当な大きさの鉄柱とそれを操作するための柄がついている。金槌のような身の回りの道具を使用するためには，その操作に習熟することが必要である。習熟の程度により同じ道具を扱っても得られる結果は大きく違ってくる。では，道具の使用法に関する記憶はどこに保存されるのだろうか。それは，頭頂葉である。左側の頭頂葉に損傷を受けると，ものの操作に問題が生ずることがある。これは，**観念運動失行**（ideomotor apraxia）と呼ばれている。この障害では，患者はものを普通に操作することができなくなる。たとえば，ある患者は物品が何でそれをどのように扱うかをちゃんと答えられたのに，実際の操作では，かみそりを櫛のように，はさみを鉛筆のように扱い，それぞれの道具の操作に関わる記憶に問題があることを示した[17]。

　ものの操作は，対象知覚に関する処理を行っている腹側系とは独立に背側系で行われている。このことを実証する興味深い症例が知られている。それは，DF というイニシャルで呼ばれている女性患者の障害である。この患者では，以下

---

16)　Ittelson, W.H., & Kilpatrick, F.P. (1951).
17)　エカアン，H.・アルバート，M. (1990). pp. 172–173.

106

4.5 環境と関わる

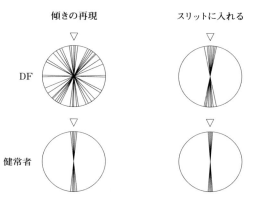

図 4–6：DF によるスリットの傾き再現　下位側頭葉の一部に損傷を受けている DF は，スリットに手紙のようなものを投入する場合には，ほぼ健常者と変わらない正確さで傾きを合わせることができるが，傾きを再現する場合にはでたらめな再現しかできない．出典：グッデイル・ミルナー (2008).

で述べるように，知覚と操作の間に乖離(かいり) (dissociation) がみられる．ここで使われている乖離という用語は，神経心理学（第 2 章）で使われる意味で，それぞれの機能に関わる脳の部位が違っているため，一方の機能が損傷されても他方は影響を受けないことをいう．

　DF は，一酸化炭素中毒で，後頭葉から下位側頭葉にかけての腹側系の一部に損傷を受けたことが原因で，対象知覚が大きく損なわれてしまった．その結果，三角形や正方形など簡単な形もそれが何だか分からなくなった．これは，**視覚失認** (visual agnosia) と呼ばれている．視覚失認にもかかわらず，DF はポストに手紙を投函することは問題なくできた．手紙などをポストに投函する際には投函口に合わせて郵便物をもつ必要があるが，DF は普通にそうすることができた．しかしこれだけでは，単に長年の経験から手紙を水平に持つことを学習しており，それに基づいて投函したのかも知れない．そこで，実験的にさまざまに傾けた投函口を用意し，そこにものを投函する真似をしてもらったところ，投函口がどの向きであっても，それに合わせてカードを傾けて投函できた．ところが，投函するという動作ではなく，投函口の傾きを見て，それと手に持ったカードの傾きを一致させようとした場合は，傾きはでたらめに再現された（図 4–6）．つまり，形を正確に知覚することに障害がある DF は，投函口の傾きを正

107

第4章　知覚と認知

しく知覚できないにも関わらず，投函するという動作は正しく実行できた。これは，動作を制御している DF の背側系が障害を受けていなかったからである[18]。

4.6　対象知覚

ノイズや情報の欠損があるため，ものを正確に見るためには，環境が与える情報だけでは十分ではなく，ノイズを除去したり欠損を補ったりするなどの前処理をした上で，特定の対象を選んでそれが何かを同定するという処理が行われる必要がある。これは，「知覚情報処理の2つの立場」で述べたように，ヘルムホルツに代表される知覚は知的処理だとする立場である。それでは，対象を知覚するために，どのような処理が行われているのだろうか。

4.6.1　対象を知覚するために

日常我々が目にする世界はさまざまなものにあふれている。その中から自分が見たいものを選んで見ることができる。これは，後述の選択的注意と呼ばれている働きである。選ばれた対象は，腹側系で処理をされ，最終的にそれが何だか分かる。これは，工学では**パターン認識**（pattern recognition）と呼ばれている。現在のところ，人間が行っているような柔軟なパターン認識は，工学の技術では実現できていない。その理由の1つは，入力の不安定さにある。文字認識を例にとると，我々が目にする文字は，さまざまな形や大きさをしている。ことに，手書き文字の場合は，書く人の癖や書き方によりさまざまに変化する。そうした多様なパターンが特定の文字であると判断するのは容易ではない。そのためには，さまざまな前処理を行い，入力の**正規化**（normalization，ばらばらな入力から標準的な出力を得るための処理）を行う必要がある。たとえば，文字の傾きを補正して，標準的な位置（垂直）にそろえることで，文字の特徴を抽出することがやりやすくなる。

対象を知覚するための正規化の1つに，輪郭の抽出がある。対象を対象として認識するためには，それがどのような輪郭を持つかを知る必要がある。知覚

---

18)　グッデイル, M.・ミルナー, D. (2008). 第1章

4.6 対象知覚

図 4-7：遮蔽されていても元の図形が認識可能　右の図のように，遮蔽していることが（輪郭線により）明瞭な場合には，その下の図形が何であるかは，ただちに認識可能だが，左の図のように輪郭が明瞭でないとその下にある形は曖昧になる。

の不安定要因の節でもふれたように，遮蔽により輪郭の一部が覆われていても，それを補って全体を知覚することができる（図 4-7）。知覚システムは，こうした部分的な手がかりから輪郭線を抽出することで，欠損のある情報からでも対象を正しく知覚することができる。

4.6.2 ゲシュタルトの法則

対象を知覚するために必要な前処理とはどのようなものかを最初に検討したのは，ゲシュタルト心理学であった。**ゲシュタルト**（Gestalt）とは，形態という意味のドイツ語である。このように，ゲシュタルト心理学では，パターンがパターンとして組織化される原理を明らかにしようとした。その結果，**ゲシュタルトの法則**（laws of Gestalt）と呼ばれている図 4-8 のような原理が見いだされた。さらに，パターンには特定の見え方をとりやすい傾向（**プレグナンツ**（prägnanz）と呼ばれている）があることも指摘されている。たとえば，図 4-9 のような紙に描かれた立方体は，立方体にしか見えない場合と 2 次元のパターン（六角形）として見える場合とがある。平面に描かれた図形が，立体を描いたものかそれとも平面図形なのか，そのどちらに見えるかを決めるのが，パターンのプレグナンツである[19]。

4.6.3 パターン認識とパターン知覚

対象の輪郭が確定されれば，その対象が持つ図形としての特徴を抽出することが可能になる。しかし，脳が具体的にどのような特徴を抽出しているのかにつ

---

19) コフカ, K. (1988). p. 128.

第 4 章　知覚と認知

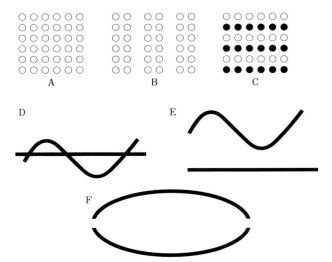

図 4–8：ゲシュタルトの法則　B：近接，C：類同，D：よき連続（E のように分解された 2 つの線分からできていると認識），F：閉合（一部が欠けた楕円と認識する）

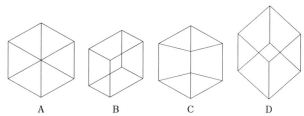

図 4–9：プレグナンツの法則　立方体を平面に投影した図形は，投影の仕方によって A のような平面図形と見える場合と，D のように立体図形と見える場合がある。どちらが知覚されやすいかを決めるのがプレグナンツの法則である。

4.6 対象知覚

いては，皆目検討がついていなかった。これについて最初の手がかりを与えたの
は，ハーバード大学の生理学者**ヒューベル**（Hubel, D.H.）と**ウィーゼル**（Wiesel,
T.N.）であった。この二人の生理学者は，ネコの後頭葉にある1次視覚野（V1）
で神経細胞がどのような視覚刺激に対し応答するのかを調べていて，それが視
野のある場所で一定方向に動く線分に応答することを発見した。V1の個々の神
経細胞は，それぞれが網膜の特定の神経節細胞から信号を受け取っている。そ
のため，視野の特定の場所（これは**受容野**（receptive field）と呼ばれている）に刺激
が提示された場合のみ反応する。ヒューベルとウィーゼルは，V1の神経細胞を
調べたところ，3種類の特徴に応答する神経細胞を見いだした。彼らはそれら
を**単純細胞**（simple cell），**複雑細胞**（complex cell），**超複雑細胞**（hypercomplex
cell）と名づけた。ヒューベルとウィーゼルは，これら3種類の神経細胞が階層
的に組み合わされてパターン知覚が行われているというモデルを提案した[20]。

　ヒューベルとウィーゼルの発見により，脳がどのように信号を処理して知覚を
可能にしているかについての突破口が開かれた。二人は，この業績により1981
年のノーベル生理学・医学賞を受賞している。しかし，彼らが見いだしたV1の
神経細胞の反応は，パターン認識そのものではなく，その準備としての輪郭抽
出に関係している。V1は，網膜からの情報を最初に受け取る大脳皮質の領野で
ある。V1の神経細胞は，視野全体をカバーするように網膜のそれぞれの位置に
対応して配置されている。V1には，線分の傾きだけでなく，**両眼視差**（binocular
disparity）や運動，それに色彩に対して選択的に反応する神経細胞もある。V1
やそれに続くV2にある神経細胞は，こうした刺激の持つ特徴に応答すること
で，視野を刺激に対応した領域に分割し，これにより輪郭線を抽出することを
助ける役割を担っている[21]。

　パターンの輪郭が抽出されることでそのパターンを特定するための条件が満
たされたことになる。次のステップは，具体的なパターン認識のための処理で
ある。この処理に関わる部位は，腹側系の途中にある下位側頭葉のTE野であ
ることを理化学研究所の生理学者**田中啓治**のグループが発見している。田中達
は，サルのTE野にさまざまな図形の特徴に反応する神経細胞が並んでいるこ

---

20)　Hubel, D.H., & Wiesel, T.N. (1959).

21)　Treisman, A. et al. (1990). 第11章

111

第 4 章 知覚と認知

とを見いだしている[22]。TE 野の神経細胞は，おそらくパターン認識のために
その特徴を分析しているものと考えられる。

　抽出された特徴は，下位側頭葉のさらに前方へ送られ，貯蔵されている形態
情報と照合される。この照合がうまくいけば，パターン認識が可能となる。しか
し，パターンの知覚に関わる処理はこれで終わりとはならない。最終的に，記憶
情報とパターンのもつ具体的な形状に関わる情報が照合されてパターンの知覚
となる。パターン認識だけではカモメの雛のように実際の親とは似ても似つか
ないパターンにでも反応してしまうことも起こりかねない。しかし，高等な生
物のパターン知覚では，これとは異なり，具体的なパターンの形状を見ている。
そのため，目の前の対象がどのような姿をしているのかをより具体的に判断で
きる。たとえば，本人と写真は同一の対象に基づく視覚パターンであるが，そ
れらを比べてみると，同じではないことは一目瞭然である。このように，2 つの
パターンが具体的にどう違うかを判断するためには，腹側系の初期段階と下位
側頭葉のより高次の段階で信号のやり取りが必要になる。腹側系の初期段階は，
具体的な形状に関する情報を処理（表象）しており，下位側頭葉の高次段階には
視覚パターンの記憶情報が貯蔵されている。この 2 つの処理段階が情報を交換
することで具体的な形状とそれが何であるかという認識が結びつくことになる。
実際，下位側頭葉への情報の経路の途中には具体的な形状を認識と結びつけて
処理する部位があることが分かっている。しかも，その部位は視覚カテゴリー
ごとに場所が異なっている。具体的には，顔や家（これは道をたどるときの手がか
りとなる），それに机やイスのような身の回りの対象は，それぞれ腹側系の別の
場所で具体的な形状の認識に関わる処理を行っている[23]。顔ではこのための
領域は**紡錘状回**（fusiform gyrus）にある。脳梗塞などでこの部位が損傷されると，
目の前の顔が知っている人かどうか分からなくなる**相貌失認**（prosopagnosia）と
いう症状が出現する[24]。相貌失認は，自分が知っている顔について持っている
知識と目の前の顔から得られる具体的な形状の情報とを照合する機能が失われ
たために起こると考えられる。

---

22)　Tanaka, K. (1996).
23)　Malach, R., Levy, I., & Hasson, U. (2002).
24)　エカアン, H.・アルバート, M. (1990). pp. 349–359.

112

4.7 認知とは

　認知という言葉から何を想像するだろうか。最近は，**痴呆症**（dementia）を認知症と呼ぶようになったことから，一般の人からは認知とは痴呆に関する研究だろうと誤解されることがある。しかし，本来は，特定の情報を選択したり何かに心を集中したりする注意，記憶の操作（思い出したり覚えたりする），思考や推論，イメージの操作などの能動的あるいは意図的と表現される精神機能のことである。知覚は，外界についての具体的な知識を獲得するための処理であり，認知は知覚処理の結果を受けて，対象間の関係を理解し，判断を下した上でどうするかを決める（これは意思決定と呼ばれている），などの高次の精神機能（第3章）に関わる心の働きを担っている。

4.8 注意

　感覚器官には外界からたくさんの情報が入ってくるが，そのすべてを処理することは，ヒトの大きな脳をもってしても不可能であり，また，自分に関わりのない情報がいくらあっても役に立たないので，無駄でもある。そこで，入力される情報から必要なものを選んで処理する機能が必要になる。この機能は，**選択的注意**（selective attention）と呼ばれている。

　選択的注意の機能は，第2次大戦後にイギリスで始まった。最初に用いられたのは，ステレオのヘッドフォンを使用した音声聴取課題であった。これは，両耳分離聴と呼ばれている。呼び方はいかめしいがやることは単純で，ヘッドフォンの一方に音声を流し，それに注意を向けてもらい，同時に反対の耳から別の音声を流しておく。一定時間，経過したところで，注意を向けなかった耳に流れた音声について質問をするという課題である。この課題で一つ問題となったのは，注意という機能は外からその働きが見えないことであった。他の人がどこに注意しているかは，視覚による注意なら目がどこに向いているかで見当がつけられるが，音声の場合には誰の話に注意しているのかを外見からうかがい知ることはできない。しかし，パーティ会場のように，たくさんの人が会話して

第 4 章　知覚と認知

いる場合でも，特定の人の話に注意することは可能であり，**カクテルパーティ**
現象（cocktail party phenomenon）と呼ばれている。従って，実験に参加した人が
どこに注意を向けているかを外部からでも分かるようにする工夫が必要であっ
た。そのために，**シャドーイング**（shadowing）という手続きが用いられた。シャ
ドーイングとは，シャドー（陰）の動詞で，後をつけるという意味がある。つ
まり，注意を向けた側から聞こえてくる内容をそのまま復唱する手続きである。
こうすることで，実験に参加している人がちゃんと実験者のいいつけを守って
指示された側に注意をしていることが外部からも確認できる。

　両耳分離聴実験で明らかになったことは，聖徳太子ならいざ知らず，普通の
人は，注意を向けないと話の内容は全く理解できないということである。同じ
単語を何度も繰り返し聞かせても，注意していないと全く覚えられない。ただ
し，全く何も分からないというのではなく，音声が途中で純音に変わったり，話
し手が男性から女性へと変わったりというような音の物理的性質に大きな変化
があれば，注意をしていなくても気がついた。この結果から，選択的注意の働
きは，知覚処理の早い段階でテレビのチャンネルを切り替えるような働きをし
ていると考えられた。ところが，その後の研究から，両耳分離聴実験に参加し
た人の中に，注意を向けなくても特定の内容については，気がつく人がいるこ
とが判明した。その内容とは，本人の名前である。自分の名前であれば，注意
を向けていない側のヘッドフォンから流れても，それに気がつくことがある[25]。

　その後の実験では，気づきやすさには個人差があることが分かってきた。こ
の個人差は，作業記憶の良し悪しが関連しており，おもしろいことに，作業記
憶の成績の良い人の方が自分の名前に気づきにくかった。作業記憶は，次節で
述べる能動的な心の働きと密接に関係している。両耳分離聴の実験から，能動
的な注意の働きには，必要な情報を選択する働きに加えて，不必要な情報を排
除する働きもあることがうかがえる。つまり，注意を何かに集中した状態（た
とえば，何かに夢中になっている時）では，他のことは「耳に入らなく」なる。本
や映画に夢中になっている時には周囲のことが全く耳に入らなくなるのも，注
意の集中による。このように，選択的注意の機能は，必要な情報を選択する働

---

25)　Moray, N. (1969).

きに加えて，不必要な情報を排除して，余計なことに心が惑わされないですむ
ようにする働きの2つから構成されている[26]。

4.9　自動と能動

　感覚器官による情報伝達の節で述べたように，感覚器官に与えられた信号は，
インパルスに変換され，当人が自覚していなくても，感覚の種類に応じた脳の
領域で処理され，その結果は行動に影響する。たとえば，ある単語を提示し，
それに続いてその単語と意味的に関連する単語を提示して，この後から出た単語
について何らかの判断を求めると，2つの単語が意味的に関連しない場合に比べ，
関連している場合には判断に要する時間が短くなる。このような影響は，**プラ
イミング**（priming）と呼ばれている（プライミング効果の広告への応用としてはト
ピック4–2を参照のこと）。プライミング効果は，知覚は基本的に自動的で潜在的
（これは知覚処理の結果が自覚されないという意味で使われる）な処理だということを
示している。これに対し，遠方のぼんやりした対象を認識しようとする時や騒
がしい人混みで相手の話を聞こうとするときなどには，対象に注意を集中する
必要がある。こうした場合には，注意を介した能動的処理が係わっている。
　行動の制御でも自動的処理と能動的処理がある。一般に，毎日のように繰り
返される行為は次第に自動化する。つまり，あまり自覚しなくても行為が実行
される。それでは，自動化の程度はどのようにして知ることができるだろうか。
朝起きて歯を磨くという行動を例にとると，その時にあなたが考えていること
を思い起こしてほしい。その内容は，どのように歯を磨こうかということだろ
うか，それとも今日の予定など，これからの行動に関することだろうか。おそ
らく後者のような歯磨きとは別のことについて考えていることの方が多いだろ
う。人が行う毎日の行為のほとんどは，長年の習慣によって，何も考えなくて
も遂行でき，そうした場合にはたいてい別のことを考えたりしている。このよ
うに，2つのことを同時に実行する状況は，**二重課題**（dual task）と呼ばれてい
る。ただし，習熟した行動ではいつでも二重課題が可能だとは言えない。課題

---

26)　岩崎祥一 (2011). 第1章

第 4 章　知覚と認知

の実行が困難になると，能動的な心の働きが必要となり，他のことを同時にすることが困難になる。たとえば，歩くという普段なら何も考えなくても行える行為ですら，急流に渡された丸太の上では全く違ってくる。その状況では，足の運びに全神経を集中する必要があり，考えたりしゃべったりする余裕はなくなる。つまり，制御が難しい行動を行う場合には，能動的な心の働きが必要になる。以上のように，二重課題を実行できるかどうかが，自動と能動を分ける基準となる。

　能動的（意図的 (intentional) あるいは随意的と表現されることもある）な行動の制御では，第 5 章の作業記憶の項で述べる執行機能と呼ばれている機能が核となっており，前頭前野の働きが重要である。これとは対照的に，「ものの操作」の節で述べたように，自動的な行動制御では，環境が与える情報を用いて習得した制御プログラム（ものの操作では運動制御プログラム）が「考えることなしに」実行される。その場合の制御は，脳の後半部が主として受け持つ。能動的な制御は，このほかにも，新しいことを学習する，何かを思い出そうとする，イメージを浮かべる，新しいアイデアを思いつこうとする，意思決定など，いろいろな日常場面で関わってくる。

4.10　知識の構造

　下位側頭葉には，日頃の経験や教育の結果として世界のさまざまな事象やものごとに関する知識が蓄積されている。こうした知識は，コンピュータのハードディスクとは異なり，関連する情報同士は，それに関係した神経細胞のネットワークとして相互につながった状態で保存されている。そのため生物の記憶は，連想記憶と呼ばれている。連想記憶では，関連した情報は，ネットワークの一部が活性化されるとそれに結びついた他の要素もそのネットワークのつながりの強さに応じて自動的に活性化する。特定のネットワークの活性化は，刺激が引き金になる場合（ボトムアップ (bottom-up) と呼ばれている）と，思い出そうとする時のように手がかりを選んでそれに能動的注意を向けることで生ずる場合（トップダウン (top-down)）とがある。

116

4.10.1 典型性

経験を積むにつれて，脳の中には次第に関連する情報のネットワークが構築されていく。その結果として，カテゴリーに含まれる個々の要素は，相互に結びついたグループとして脳の中に蓄えられる。そのため，**典型性**（goodness-of-example）という判断が可能になる。典型性とは，あるカテゴリーの構成要素がどれくらいそのカテゴリーを代表するものかについての判断である。典型的なカテゴリーの要素は，そのカテゴリーの中でこれまで日常的にたびたび経験されたもので，カテゴリーの特徴を多く具現している。そのため，その要素はカテゴリー名を与えられると真っ先に頭に浮かんでくる。こうしたカテゴリーは，経験により自然に形成されるので，**自然範疇**（natural category）と呼ばれている[27]。

我々は，日常接するさまざまなカテゴリーに含まれる要素に対して自然に典型性を形成する。その結果として，時には社会的に望ましくない**ステレオタイプ**（stereotype）と呼ばれている認知の歪みも生まれてくる。これは，特定の人種などの集団に対して形成された固定観念を言うが，これもドラマや小説などを含む日常生活で遭遇する集団に特有と思われている描写などから形成される一種の典型性だといえる。

4.10.2 知識のネットワーク

知識に対応する神経細胞のネットワークは経験を通じて形成されるので，それを構成する個々の項目は自然の階層関係を反映した階層構造を持つようになる。たとえば，鳥にはくちばしや羽があり，卵を産むという共通の特徴がある。これに対し，鳥に属する個々のメンバー（たとえば，カナリア）は，そのメンバー固有の特徴（カナリアなら黄色い羽）を持ち，そうした特徴により他のメンバー（たとえば，クジャク）から区別される（図4-10）[28]。

知識，特に言葉で記述できるような知識（第5章の意味記憶）は，言語を処理する左半球の側頭葉を中心にネットワークを形成している。そのため，この部位に損傷を被ると知識が失われる。すでに触れたように，脳は類似したものは

---

27) アンダーソン, J.R. (1982). pp. 134–138.
28) アンダーソン, J.R. (1982). pp. 118–120.

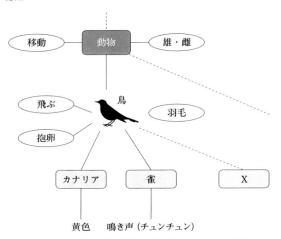

図 4–10：概念間の階層と各概念の属性の関係

相互に関係づけて処理するので，同じカテゴリーに属するメンバー同士は脳の中で相互に近接して貯蔵されている。その結果として，自然範疇に関する知識は，カテゴリーごとに側頭葉を中心としたまとまりを形成している。そのため，側頭葉に限局した損傷を被ると，人物や道具，それに動物といった特定のカテゴリーに関わる知識だけが選択的に損なわれることがある[29]。

4.11　思い出すと思いつく

　思い出すと思いつくは，言葉が似ているように，それを支える認知機能も両者で共通している。どちらの行為も，長期記憶の貯蔵された情報の検索であり，そのために行っているのは，主として作業記憶に手がかりを保持し，これに注意を集中するという作業である。何かを思い出す時には，思い出す手がかりに注意を集中し，思い出したいものが心に浮かんでくるのを待つ（第5章「思い出すとは」）。これに対し，思いつくことが必要になるのは，既存の方法ではうまく問題を解決できない場合である。こうした事態は，**問題解決**（problem solving）

---

29)　ディーコン, T.W. (1999). pp. 351–354.

4.11 思い出すと思いつく

と呼ばれている。

4.11.1 問題解決と洞察

　思い出す場合も思いつく場合も答えは突然どこからともなく出現するので，内観ではその過程を調べることはできない（第2章「心とは」）。アイデアは当人にさえ思いがけない瞬間にどこからともなく突然湧いてくる。アルキメデスは，金の王冠を壊さずにその純度を調べるようにと王から依頼され，どうしたらよいか思い悩んでいた。あるとき，お風呂に入った際にお湯があふれたことをヒントに，比重により純度を調べることができると気がついた。このアイデアを思いついたアルキメデスは，「ユーレカ（我発見せりの意味）」と叫んで街を裸のまま走ったと伝えられている。またこの驚きの気持ちは，「アッハ（ああそうだという感嘆詞）」体験と呼ばれることもある。

　アイデアの突然の出現は，問題解決では**洞察**（insight）と呼ばれている。おもしろいことに，洞察と思われる行動はチンパンジーでも観察されている。ゲシュタルト心理学者の**ケーラー**（Köhler, W.）は，第1次世界大戦中に，アフリカ沖にあるカナリア諸島で，飼育されていたチンパンジーを対象に問題解決に至る過程を調べる実験を行った。ケーラーが選んだ課題は，手が届かないところにあるバナナを手に入れるというものであった。バナナは天井からぶら下げられたり，檻の外に置かれたりした。チンパンジーがバナナを手に入れるためには，檻の隅にある箱を積み重ねる，あるいは檻の外のバナナを引き寄せるために短い棒で長い棒を引き寄せるというような方法をとる必要があった。

　こうした課題を与えられたチンパンジーは，しばらく周囲を眺めた後で突然正しい解決手段を実行してみせた。ケーラーは，チンパンジーの課題解決は過去の体験や偶然の試みによるのではなく，洞察に導かれて行われたと考えた。その1つの傍証として彼があげたのは2匹のチンパンジーが示した**ニアミス**（正しい解法の要素を含んでいるが正解ではない解決法）と呼ばれている失敗である。このチンパンジー達は，天井からぶら下がったバナナを取ろうとして，箱を持ち上げて壁に押し付けるという行動をとった。箱が壁にくっついたままでいることはないので，この方法では，当然ながらバナナを手に入れることはできなかった。目的を達成できない以上，この解決法は，以前に試してうまくいった

119

第 4 章　知覚と認知

経験に基づいたものでないことは確かである[30]。

4.11.2　創造の過程

　何かを創造するためには，単にアイデアを思いつくだけでは十分ではない。知能や性格の測定で有名な心理学者の**ギルフォード**（Guilford, J.P.）は，創造に至る過程は 4 つの段階からなると指摘している（表 4–4）[31]。このうち，ひらめきの段階がアイデアを思いつくという前節の過程である。しかし，創造的なアイデアであるためには，まず問題について十分な知識を得る必要がある。これが，最初の準備段階である。誰でも思いつくアイデアならたいていはすでに誰かが思いついている可能性が高く，創造的といえるようなアイデアはそう簡単には出てこないのが普通だろう。新しいアイデアを思いつこうとして四苦八苦しているうちに，いったんはあきらめて別のことに気持ちが向いたり，気分転換を行ったりしたくなる。この段階は卵がかえるまで親鳥が卵を温めることに喩えて抱卵と呼ばれている。さらに，思いついたアイデアは，それが現実的な解決策といえるかどうかをチェックする必要がある。これが検証である。このプロセスが十分でないと，とんでもないアイデアや実現するには問題のあるアイデア倒れのアイデアになったりする。

　現実の創造過程では，アイデアは思いつけばそれで終わりということにはならない。認知心理学者の**フィンク**（Finke, R.A.）とその共同研究者達は，アイデアを具体化するプロセスを重要視し，創造に至る過程を図 4–11 のような**ゲネプロア**（これは生成（generate）と探求（explore）を合わせた彼らの造語）モデルとして図式化している。このモデルでは，創造的な思考では，「前創造的」構造が生

表 4–4：ギルフォードによる創造に至る 4 段階

段階	具体的行動
準備する（preparation）	必要なデータを収集し，問題を分析する
抱卵する（incubation）	解決しようとあれこれ考えているが，まだ解決に至らない段階
ひらめく（illumination）	アイデアを思いつく
検証する（verification）	浮かんだアイデアが実際に解決につながるものかどうかを確認する

---

30)　ケーラー，W. (1962). p. 213.
31)　Guilford, J.P. (1950).

120

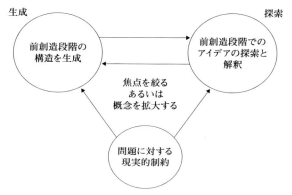

図 4-11：アイデアを生み出す過程（ゲネプロアモデル） 生成と探索の2つの段階を繰り返すことでアイデアを煮詰めていく。1. まず生成段階として，前創造段階構造と呼ばれる心的表象を形成する。2. 次に，探索段階として，生成された表象に対し，さまざまな操作を試みることで，解決策を生み出そうとする。生み出されたアイデアをさらに絞り込んだり，逆に視野を広げたりして，次の構造を生むことにつなげる。3. アイデアの妥当性について現実的な制約の観点から検証する。出典：Fink, Ward, & Smith (1992).

み出され，それが現実的な制約を加味した能動的な過程（思考）により練り上げられることで，現実的な解決へとつながっていくとしている[32]。

4.12　意思決定

　我々は毎日の生活の中でさまざまな選択を行っている。たとえば，朝出かける時に今日はどの洋服を着ようかとか，昼食に何を食べようかとか，休日はどこに遊びに行こうかなど，どちらを選んでも大差のないケースから，どのような仕事に就くか，誰と一緒に暮らすか，家を買うべきか，どちらの治療法を選ぶべきかなど，その後の人生に大きな影響を与える重大な選択までさまざまである。このような複数の選択肢がある場合にどれを選ぶかを決定する過程を**意思決定**（decision making）と呼ぶ。

---

32) Fink, R.A., Ward, T.B., & Smith, S.M. (1992). 第2章

第 4 章　知覚と認知

4.12.1　意思決定における能動と自動

　意思決定は，純粋に認知的評価に基づいて行われるのではない。選ばれた選択肢が自分にどのような意味をもつかを考える必要がある。これは，経済学では効用（utility）と呼ばれている。そのためには，広義の情動（第 6 章で紹介するダマジオの身体マーカー）がかかわってくる。情動による評価は，自動的な処理に基づく信号を与える。そのため，情動に基づく意思決定では，入念に選択肢を評価した上での意思決定とは違い，より直感的で即座の判断が可能となる。

　物事を決める場合に，綿密に選択肢を評価した方がよい決定となるとは限らず，場合によっては直感を信じた方がよいこともある。これを実証した実験がある。大学生を対象にしたこの実験では，どの講義を選択するべきかを決めるという課題が与えられた。ある学生には，次年度に開講される心理学の複数の講義について先輩の評判を読ませた上でよく考えてから決めるようにと告げた。別の学生には，講義について通り一遍の説明をしたうえで講義を選ばせた。両者を比較したところ，十分に考えるように促された学生の各講義の評価はどれも似たようなものになり，通り一遍の説明を受けただけで講義を選択した学生に比べ評価の高い講義をとる割合がむしろ低くなってしまった。つまり，選択肢について入念に検討することで，かえって選択肢間の違いが分かりにくくなり，最適な選択にとってむしろマイナスになることも起こりうるということである[33]。

4.12.2　脳の意思決定システム

　夏目漱石の『草枕』は，「山路を登りながら，こう考えた。智に働けば角が立つ。情に棹させば流される。意地を通せば窮屈だ。とかくに人の世は住みにくい」という文章で始まる。漱石のこの文章からは，漱石が人の意思決定には智と情が重要であり，そこに自分の意思を通そうとする意地が関わってくると考えていたことをうかがわせる。このうち，智とは，規範や常識として身につけた知識に基づく認知的判断を働かせることで，情とは情動や強化の履歴に関わる大脳辺縁系の働きを反映した身体マーカーに基づく評価である。実際に意思

---

33)　Wilson, T.D., & Schooler, J.W. (1991).

決定を行っている際に活動する脳の領域を調べた研究などから，意思決定には執行機能に関わる前頭前野の背外側部と，眼窩面から内側面にかけての領域，それに**前頭極** (frontal pole) と呼ばれている前頭葉の先端部が関係していることが判明している。このうち，背外側部は，作業記憶の執行機能に関わっており，能動的な心の制御，つまり智の働きを行っている。これに対し，眼窩面から内側面にかけての領域は，情に関わる信号を扱っている。ここに，複数の選択肢を比較・考量することを助けるという役割をもつ前頭極が加わることで脳の意思決定システムが成り立っている[34]。

Q & A

Q: **知覚・認知・認識という用語はどのように定義されているのでしょうか。**

A: かつては，外界を知覚する過程は，感覚→知覚→認知の順により深い処理を反映すると考えられていました。現在では，本文でも述べたように，感覚器官から送られた情報が順次処理されて知覚体験を生むというボトムアップ型の処理だけでなく，高次の記憶情報などの影響が知覚処理に関わっていることが分かってきたので，知覚と認知の区別はかなりあいまいになっています。これに対して感覚は，感覚器官での処理を含むより低次の処理だとされています。なお，辞書 (http://dictionary.goo.ne.jp) の定義では，認知と認識はいずれも英語の cognition の訳で，それぞれの意味は，

認知 (cognition)：心理学で，知識を得る働き，すなわち知覚・記憶・推論・問題解決などの知的活動を総称する

認識 (cognition)：哲学で，意欲・情緒とともに意識の基本的な働きの 1 つで，事物の何であるかを知ること。また知られた内容

とあり，日本語での学問分野による使い分けのようです。

Q: **視覚機能は，先天的に決まっているものなのでしょうか，それとも経験によって変化するものなのでしょうか。**

A: 先天盲の人が開眼手術を受けた後で視覚機能がどの程度回復するかを調べた研究からは，要素的な視覚機能（色や明るさ，奥行きの違い）は開眼直後から晴眼者と同様に区別できるようですが，形を見分けるためには経験が必要なようで，開眼直後には見ているものが何であるかが理解できないとされています。

---

34) Koechlin, E., & Hyafil, A. (2007).

第 4 章　知覚と認知

Q: **両耳分離聴実験で利き耳による違いはありますか。**

A: 聞き耳というよりも，言語情報か非言語情報（純音のような）かにより違ってきます。これは，聴覚の場合，耳から聞いた情報は，基本的に反対側の半球に投射されるので，言語情報であれば，左半球優位なので右耳から情報が提示された場合の方が，聞き取り成績は良くなります。

さらに学ぶために

『見るしくみ——目と脳の生理学』R・L・グレゴリー　平凡社

『知性はどこに生まれるか——ダーウィンとアフォーダンス』佐々木正人　講談社現代新書

『もうひとつの視覚』メルヴィン・グッデイル & デイヴィッド・ミルナー　新曜社

『錯覚の科学』クリストファー・チャブリス & ダニエル・シモンズ　文藝春秋

『選択の科学』シーナ・アイエンガー　文藝春秋

トピック 4–1 月の錯視

　地平線にある月や太陽は，天頂にある時と比べて 1.5 倍ほど大きく見える。これは，月の錯視と呼ばれており，古くからなぜ大きく見えるのかについていろいろな説明が行われてきたが，今に至るまで完全に意見の一致を見ていない錯視現象である。古典的な説明としては，空気の屈折など物理的な影響で，実際に網膜に映る像の大きさが変化するというものがあったが，これは現在では否定されている。網膜上に映る像の大きさは，月の位置によらず同じであり，その大きさは手を伸ばして 5 円玉をかざした時のその大きさにほぼ等しい。

　最も確からしい説は，奥行き知覚の仕組みが関係しているというものである。対象までの奥行きの距離は，複数の要因を手がかりに推定されている。ものの大きさは，その対象までの奥行き距離により補正されることで大きさの恒常性が実現されている。視覚システムは，奥行き知覚の仕組により，月までの距離が天空の位置により変化すると推定している。具体的には，地平線の近くでは山や建物のような構造物などが生み出すさまざまな単眼的手がかりにより月は天空にある場合よりも遠いと判断される。しかし，上記のように，網膜に投影された月の大きさは天空の位置によらず一定なので，より遠くの位置にあると判断された地平線上の月は，同じ網膜上の大きさになるためにはより大きいはずだということになる。月の周囲に見える地上の風景が月の錯視に不可欠なことは，簡単に確かめられる。それは，地平線にある月を周囲の構造物が見えないように，月だけが見える太さの筒を通して見ればよい。こうすると，天空のどの位置でも月は同じ大きさに見える。こうした見方は，還元と呼ばれており，知覚研究では手がかりを減らして，網膜から送られる対象の情報のみに基づく知覚を研究するために昔から用いられている[35]。

　このようなものの見かけの大きさと奥行きの関係は，実物の投影像だけでなく，残像のように強い光の残効で網膜上に像が形成された場合も成り立つ。残像は，眼を向けた場所（たとえば，壁などに）に投影されて見える。残像が見え

---

35) Plug, C. & Ross, H.E. (1989). 第 2 章

第4章　知覚と認知

る位置が遠くなるに従ってその大きさは大きくなる。これは，**エンメルトの法則** (Emmert's law) と呼ばれている古くから知られていた現象である[36]。

　月の錯視は，大きさだけが変わるのではない。地平線の月は大きくみえるとともに天空にある月よりも近く感じられる。大きさの恒常性が働いた結果として大きく見えるためには，前節のように距離が遠くなければならない。しかし，知覚された距離としては，地平線の月はむしろ近いと感じられる。これは，恒常性に基づく説明にとっては，困ったパラドックスと言える。このパラドックスは，地平線の月が大きく見えることの副産物だと考えられている。単眼の奥行き手がかりの一つに大きさがある（空間の知覚の節）。大きなものは相対的に小さなものよりも近く感じられる。つまり，遠いので，大きい。大きいので近いという訳である[37]。

---

36)　Gregory, R.L. (2008).
37)　Kaufman, L., & Rock, I. (1989). 第8章

トピック 4–2　閾下広告

　1957年に米国のあるドライブインシアターで，それまでとは全く違う広告方法が試みられた。それは，広告を閾下で提示するというやり方であった。閾とは感覚が知覚される限界をいい，それより下を**閾下**（subthreshold あるいは subliminal）という。閾下提示では，それを見ている人は，自分が広告を見たとは自覚できず，広告の内容は見ている当人の能動的な処理を経ないで，直接行動に影響する。このような影響は，プライミングと呼ばれている。

　最初の**閾下広告**（subliminal advertising）では，映画のフィルムの1コマを「コーラを飲もう」とか「ポップコーンを食べよう」という言葉が書かれた別のコマで置き換えた上で映画が上映された。観客は，そんな広告が映画のシーンに混ざっていたとは全く気がつかないで映画を見ていた。ところが，その映画の上映中にはコーラやポップコーンの売り上げが増えた。ことに，ポップコーンにいたっては50％以上も売り上げが伸びた。これは，閾下広告によって人々の商品選択が知らず知らずのうちに影響されることを実証したものとして有名になった。しかし，この実験を行った**ヴィカリー**（Vicary, J.）は，後になってこのデータの信憑性に問題があることを認めたために，これはインチキな実験だということになっている[38]。

　現実場面での実証実験はともかく，閾下で提示した刺激が無意識のうちに行動に影響する（プライミング）ことは，1980年代から実験室レベルで，繰り返し実証されている。最初は，閾下提示した単語の意味がその後の反応選択に影響するというような知覚レベルのプライミング効果に関する研究が行われていたが，最近では情動や動機づけに対しても閾下プライミング効果があることが確かめられている。

　こうした研究の動向を受けて，最近になって，閾下広告が本当に効果をもつかどうかを確認する実験がオランダで行われた。この実験に参加した人は，2つの別々の実験に協力してほしいと言われた。最初の実験は視覚探索実験で，Bが

38）　森津太子（1999）．第1章　坂本章・森津太子・坂本桂・高比良美詠子（1999）

第 4 章　知覚と認知

9 文字並んだ中に b が混じっているかどうかを判断するというものだった。この実験を始める前に「注意を促すため」だとして，X が 8 個並んだ刺激が出た。実は，この X はマスク刺激と呼ばれているもので，その直前に一瞬だけ提示されたブランド名（Lipton Ice）を，閾下提示するために使われた。実際，実験に参加した人は誰もブランド名が提示されたことに気がつかなかった。この実験後に，実験に参加した人のうち半分の人は，試しに塩味のする飴をなめて表面の文字を舌で検知できるかどうかやってみるように頼まれた。塩味の飴をなめるというこの操作は，実験に参加した人には知らされていなかったが，実は喉の渇きを誘導するためであった。この操作を受けた人は，これに続いて，消費者行動を調べるという名目でもう 1 つの実験が行われた。この実験では，2 つのブランド名（Lipton Ice と Spa Rood というミネラルウォーター）が画面に左右に並んで提示され，飲みたい方を選ぶようにと言われた。Lipton Ice を閾下で提示された人では，塩飴をなめることで 80% 以上の人がこのブランドを飲みたいと答えたが，Lipton Ice を閾下提示されても塩飴をなめなかった人では，約半数しかこのブランドを選ばなかった[39]。つまり，閾下で提示したブランド名は，喉の渇きという動機づけ状態があると，商品の選択に影響することが実証されたことになり，インチキだとされた閾下広告が，動機づけのあり方によっては効果があることが明らかになった。

---

39)　Karremans, J.C., Stroebe, W., & Claus, J. (2006).

第5章 学習と記憶

　昆虫のような小さな脳では，遺伝情報により神経細胞同士の配線はあらかじめ指定されている。そのため蟻や蜂などは，生まれるとすぐ環境に適応した行動が可能となる。これに対し，大きな脳をもつ動物では，神経細胞の数があまりに多いため，あらかじめ遺伝子で全ての神経回路の配線を指定しておくことはできない。そこで誕生後の経験を通じて環境により適合するように脳の回路をチューニングする必要がある。これは，**学習** (learning) と呼ばれている心の仕組みである。ここでは，学習とその結果として形成される記憶について紹介する。

5.1　様々な学習

5.1.1　技能の習得

　学習には，大きく分けて**技能** (skill) の形成と**関係性の学習** (associative learning) がある。前者は，**運動技能** (motor skill) と**知覚技能** (perceptual skill) に分けられる。運動技能とは，動作を制御する脳の仕組みの形成で，自転車に乗ることから，パソコンのブラインドタッチに至るまであらゆる動作の制御を支えている脳のプログラムをいう。これに対し，知覚技能とは，外界を認識するために必要な情報処理能力をいう。知覚技能の多くは，発達の初期段階での知覚経験により自然に形成されるので，学習の必要性があまり意識されないかも知れない。しかしながら，生まれつき目が見えない人（**先天盲** (congenital blindness)）では，開眼手術を受けた直後には見たものが何か分からないこと（第4章 Q & A 参照）

129

第 5 章　学習と記憶

や，斜視の人では両眼立体視がうまくできなくなることから，知覚技能の獲得には知覚経験を通した学習が必要なものがあることがわかる。発達初期だけでなく，成長してからも様々な知覚学習が可能である。たとえば，外国語の聞き取りは経験を積むことで次第に向上するが，これも知覚技能の習得である。また，さまざまな匠の技を支える技能にも知覚技能が関わっている。たとえば，旋盤で金属を加工する職人は，指先で触ることにより微妙な表面のでこぼこを判別できる。こうした技能は，仕事を長年にわたり続けている中で培われた知覚技能である。

5.1.2　関連性の学習

ある事象が別の事象に対して信号として機能することや時間的に前後する事象間の因果関係の把握を可能にする関連性の学習は，環境の事象の間にある関係を理解する上で重要である。イギリスの経験哲学では，こうした関連性の学習を連合 (association) と呼んだ。後述の古典的条件付けや道具的条件付けは，そうした関連性の学習である。また，知識は，新たな事柄を既に習得済みの知識に関連づけることで獲得されるが，これも一種の関連性の学習といえる。

5.2　学習の進化

脳が大きくなるとともに経験により環境に合わせて神経回路を変更する必要性が大きくなる。これは，最初にも述べたように，大きな脳はたくさんの神経細胞からできており，それらをどのように結線するかをあらかじめ遺伝子の情報として指定しておくことはとうてい無理だからである。それに代わるやり方として，誕生後に経験を通じて神経細胞同士の結線を整えていく方法，つまり学習による脳の回路形成を用いている。従って，学習の必要性は脳の拡大とともに大きくなり，学習に必要な時間もそれとともに増大していった。

多くのことを効率よく学習するために，脳には様々な学習の機構が備わっている。それを進化の順に並べてみると，図5–1のようになる。このうち，最初の慣れ以外は，連合型の学習であり，観察学習と教示による学習は，社会的学習である (5.6 参照)。この図に載せた学習が全てではないが，ここにあげた学

5.3 慣れ

図 5-1：様々な学習の機構

習のタイプは，慣れのようにより単純な神経系を持つ動物あるいは大きな脳では局所的な神経回路でみられる学習から，古典的条件づけ，道具的条件づけと進むにつれ，より大きな脳を持つ動物でしか見られない学習となる。さらに観察学習は，他の個体の行動を観察することでやり方を習得する学習であり，鳥類と哺乳類で顕著にみられる。最後にあげた教示による学習は，教える役の教師と教わる生徒が関わる社会的学習で，ヒトでは広く徒弟制度や学校として制度化されている。

5.3 慣れ

　繰り返し同じ刺激にさらされると脳は次第にその刺激に対する反応性を失っていく。この現象を**慣れ** (habituation) という。慣れは，比較的単純な神経系でも見られる学習であり，他の学習のように何か新しい反応を獲得する学習ではなく，普段の状態がどのようなものかを学習することである。それにより，普段と違った状況に遭遇したかどうかを知ることができる。そうした状況の変化は，潜在的に危険であり，警戒する必要がある。実際，野生動物では新奇なものを警戒する生まれつきの傾向が備わっている。これは，幼児では人見知りとして知られている。

　慣れは，アメフラシ（ウミウシ類の軟体動物）のようなわずか1万8000個ほどの神経細胞しかもたない動物から1000億以上の神経細胞からなる脳をもつ人間まで，さまざまな神経系で見られる。慣れによる行動の変化は，一時的な変化（**順応** (adaptation) と呼ばれることもある）から文化的規制のように生涯にわたる長期的なものまでさまざまである。短期的な慣れとしては，感覚器官の刺激

第 5 章　学習と記憶

に対する慣れがある。悪臭は，最初ひどく気になっていても，しばらくすると
それほどでもなくなる。あるいは，暗い場所にしばらくいることで，次第に目
が暗闇に慣れてくる（**暗順応** (dark adaptation)）。このように感覚器官に生ずる慣
れは，いずれも短期的でかつ可逆的な現象で，しばらく刺激が途絶えると反応
が回復する。慣れは，神経系が持つ反応特性を反映した現象で，感覚入力に対
する脳の活動を観測すると，定常的な刺激に対する神経細胞の反応は，時間と
ともに次第に減衰することが観察されている[1]。

5.4　古典的条件づけ

　古典的条件づけ (classical conditioning) は，ロシアの生理学者パブロフ (Pavlov,
I.P.) が発見し，精力的に研究した学習である。パブロフは，元々は消化腺につ
いて研究していた。パブロフは，1904 年にはノーベル生理学・医学賞を受賞し
ていることからも分るように，当時の世界的生理学者であった。消化腺の研究の
一環として，パブロフは犬の胃やほほに穴をあけ，そこから管を通して胃液や
唾液を採集していた。この研究の過程で，パブロフは胃液や唾液の分泌が，食
べ物のような反射を生ずる直接的な刺激だけでなく，元々は**反射** (reflex) を引き
起こさない別の刺激によっても起こることに気がついた。これが古典的条件づ
けの発見となった。パブロフは，この現象が離れた脳の部位の間に新しい連合
が形成されたことによると考え，それまでの消化腺の生理学的研究から古典的
条件づけという心理学的研究へと研究方向を切り替えた。この方針転換により，
古典的条件づけという不滅の業績とともにパブロフの名は今にいたるまで心理
学の教科書に残ることになった[2]。

　元来の反射は，**無条件刺激** (unconditional stimulus) と**無条件反応** (unconditional
response) という刺激－反応 (S-R) の固定された組み合わせである。古典的条件
づけでは，無条件刺激に別の刺激（**条件刺激** (conditional stimulus)）が先行して提
示されることが学習の要件となっている。この刺激対が何度も繰り返されるこ
とで，元来は反射を生じなかった先行刺激が，無条件刺激と同様の反応を引き

---

1)　ブルーム, F.E. (1987). pp. 83–86.
2)　トーデス, D.P. (2008).

5.4 古典的条件づけ

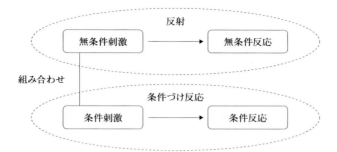

図 5–2：古典的条件づけ 古典的条件づけでは，反射を引き起こす無条件刺激（例：口の中の食べ物）に時間的に先行する条件刺激（例：ベルの音）を組み合わせて提示することで，条件刺激によって元来は自動的に生ずる無条件反応（この例では唾液分泌）だったものが引き起こされるようになる。

起こすようになる。この反応は，**条件反応** (conditional response) と呼ばれている（図 5-2）。古典的条件づけが成立するためには，条件刺激は無条件刺激に先行して提示される必要があり，通常は条件刺激を提示し，それが持続している間に無条件刺激が提示されるが，条件刺激提示後に間をおいて無条件刺激を提示しても条件づけが成立することが知られている。これは，痕跡条件づけと呼ばれている。古典的条件づけは，条件刺激が無条件刺激と組み合わされることで，無条件刺激の到来を告げる信号としての機能を獲得する学習である。

人間における古典的条件づけの例としては，ワトソンによる幼児に対する恐怖の条件づけが有名である。この条件づけでは，アルバートという名前の幼児に対し，大きな音で驚かすことにより白いネズミに恐怖反応を条件づけた（第 1 章「行動主義」）。これは，第 6 章で紹介している情動条件づけである。

5.4.1　般化と分化

パブロフは，古典的条件づけの実験で犬に対してメトロノームの音と酸味を加えた水を対にして繰り返し提示した。その結果，メトロノームの音に対して唾液分泌が起こるようになった。このようにして条件づけが成立した後で，実験に使用したメトロノームの拍数とは違う拍数を提示したところ，犬は訓練に使用した拍数だけでなく，訓練では使用されなかったが元の拍数に近い拍数に対してはある程度の唾液を分泌した。さらに，拍数が元の拍数から隔たるほど，

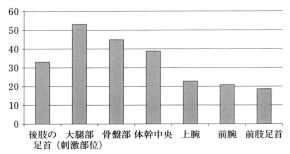

図 5-3：条件づけの般化 振動刺激により犬の後肢の大腿部の条件づけを行った後に，体の各部に対して同じ刺激を加えた時の唾液分泌量は，元の刺激部位からの距離に応じて変化した。出典：パブロフ (1975)．

唾液の分泌量が低下した。つまり，犬は，訓練に使用した特定の拍数だけを酸味と連合したのではなく，ある広がりをもってメトロノームの拍数と酸味とを連合したということになる。この現象は，**般化** (generalization) と呼ばれている（般化の別の例としては図 5-3）。

般化は，古典的条件づけに留まらず，学習全般で見られる現象である。幼児は1才前後で言葉を話すようになるが，その時特定の言葉（たとえば，「ワンワン」）を覚えると，続いてそれを広くいろいろな動物に適応するようになる。これも般化である。これに対し，もし条件づけを特定の刺激に対してのみ起こるようにしたければ，**分化** (differentiation) という手続きが必要になる。これは，条件づけを起こさせたい刺激には無条件刺激を伴わせ，それを起こさせたくない別の刺激に対しては伴わせないという手続き（**弁別訓練** (discrimination training) と呼ばれている）である。つまり，無条件刺激とペアとなる刺激とそうでない刺激を対比させることで，動物に両者の違いを学習させることができることになる。言葉を覚え始めた時に，子どもが何に対しても「ワンワン」と言うと，母親が「それはワンワンでなく，ニャンニャンでしょう」と教えたりする。これも，弁別訓練となっている。

5.4.2 消去

古典的条件づけが成立した段階で無条件刺激を提示せずに条件刺激のみを提示するとどうなるだろうか。そうすると，犬は次第に条件反応をしなくなって

いく。これを**消去** (extinction) と呼ぶ。消去は，忘却とは異なり，反応しないという新たな学習である。パブロフは，消去を**内抑制** (internal inhibition) と呼んでいる。これは，条件づけが成立した犬に，条件刺激を提示する前に非常に強い，あるいは特別な刺激（たとえば，大きな音を聞かせたり，猫のような犬の興味を引く対象をみせるなど）を提示すると，成立したはずの条件反応が抑制されるという**外抑制** (external inhibition) という現象との対比で用いられた用語である。パブロフは，この外抑制は，大きな音や新奇な刺激が引き起こす**定位反射** (orienting reflex) により条件反応が抑制される現象だとしている。消去が新たな学習だとパブロフが考えたのは，条件付けが外抑制により抑えられるように，消去も外抑制により抑えられ，元の条件反応が復活するからである[3]。

5.5 道具的条件づけ

古典的条件づけが無条件刺激に別の刺激を組み合わせることで，2つの刺激間に連合（条件づけ）を形成するという学習であるのに対し，**道具的条件づけ** (instrumental conditioning) または**オペラント条件づけ** (operant conditioning) では，動物が自発的に行う行動が学習の基になっている。道具的条件付けは，1930年代にアメリカの**スキナー** (Skinner, B.F.) やポーランドの**コノルスキー** (Konorski, J.) が注目し，研究し始めた学習である。道具的条件づけは，行動主義の時代には心理学の支配的な研究パラダイムであった（第1章「行動主義」）。

道具的条件づけでは，自発行動の生起頻度が学習により変容する。動物がある行動を行ったところ，たまたまある結果が起こったとすると，この結果は，報酬価がプラスの場合には**報酬** (reward) と呼ばれ，マイナスの場合には**罰** (punishment) と呼ばれる。また，報酬や罰を与える手続きは（広義の）**強化** (reinforcement) と呼ばれている。

行動の結果が動物にとって有利なもの（報酬）であれば，結果をもたらした行動の生起頻度（起こりやすさ）が増加し，それが動物にとって望ましくないもの（罰）であれば，その行動の生起頻度は減少する（図5-4）。なお，ここでいう

---

3) パブロフ, I.P. (1975).

第 5 章　学習と記憶

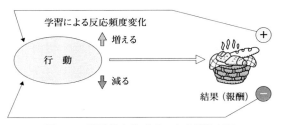

図 5-4：道具的条件づけによる行動変容

「望ましい」結果をもたらす事象には，2 通りがある。その 1 つは，文字通りいいこと（たとえば，おなかがすいた犬が食べ物を見つける）であり，もう 1 つは，良くないことから逃れられること（嫌なことをやらないで済む）である。道具的条件づけでは，前者は，**正の強化** (positive reinforcement)，後者は**負の強化** (negative reinforcement) と呼ばれている。ただし，ここでの強化とは，結果をもたらすことになった行動の生起頻度が増加するように作用するという意味である。逆に，望ましくない結果とは，嫌なことが起こること（たとえば，しかられる）やいいことを失うこと（失敗したので給料が下がる）がある。前者は，**正の罰** (positive punishment)，後者は**負の罰** (negative punishment) と呼ばれている。罰という言葉は，行動の生起頻度に対し狭義の強化（正の強化と負の強化）と逆の効果をもつことからこう名づけられており，単に結果が予期したとおりにならなかった場合でも罰であり，特に「罰する」という意図を含んでいるとは限らない。

　道具的条件づけでは，動物が行う行動は，特に結果を意図して行われる訳ではなく，環境の側がその行動にどのような結果が伴うのかを決定している。動物が自発的に行う行動は，多くの場合全くのランダムなものではなく，第 6 章で説明する動機づけにより支配されて生ずる。たとえば，お腹がすいた動物は餌を求めてさまよっているので，餌にありつくことができれば，その結果を導いた行動は飢えを満たすという動機づけにとって有用な行動ということになる。道具的条件づけの「道具的」という日本語に相当する英単語 instrumental の意味は，手段ということである。つまり，道具的条件づけは，ある行動がある動機づけを満足する手段として有用だということを学ぶことである。なお，どのような行動にどのような強化が伴うのかは，**強化の随伴性** (contingency) と呼ば

5.5　道具的条件づけ

れている。何をすると動機づけが満足されるかは，あらかじめ分からないので，動物はあれこれ行動する（**試行錯誤 (trial and error)** と呼ばれている）中でたまたまうまくいったものを，解決策として学習する。

5.5.1　報酬と罰の非対称性

「羹（野菜や肉の熱い吸い物）にこりて膾（大根や人参を細く切り，三杯酢などであえたもの）を吹く」という成句があるが，この古い成句は，熱いものを食べて火傷をすると，それに懲りて形が似ているが冷たい膾を吹いて温度を下げようとするという意味である。これは，一種の般化であるが，同時にマイナスの報酬（正の罰）による学習が行動を変える力をもつことを示している。人によっては，羹で口の中を火傷すると，以後膾を食べなくなるかも知れない。この場合には，図5-4にあるように，正の罰が行動生起頻度の低下をもたらしたことになる。しかし，一般に報酬と罰は行動の生起頻度に対して対称的な影響を与えない。報酬では，行動の生起頻度が上昇するという行動変容が起こるだけであるが，罰の場合には，それを招いた行動の生起頻度が低下するという行動変容だけでなく，マイナスの結果（正の罰）を避けようとする行動も生じてくる。これは，上記の成句のようにたまたま行った行動がマイナスの結果につながった場合を除き，日常見られる罰を招く行動は，多くの場合それなりの動機づけにうながされて出現するからである。たとえば，上の子が弟や妹をいじめたからといってその子を叱る場合を考えてみると，その子にはおおむねその子なりのいじめる理由がある。だとすると，親がいくら罰を与えても，いじめるという行動をもたらす元になった動機づけは満足されないので，その行動の生起頻度が低下しても，それは一時的に終わる。たいていの場合，子どもは罰を受けないように，親の目を盗んで下の子をいじめるだろう。これが，スキナーをはじめとする学習理論の信奉者が罰を嫌う理由である。罰することで行動の生起頻度を一時的に低下させることになるが，罰を免れようとする行動を誘発することにもつながり，結果としてむしろ問題を複雑にすることが多い[4]。

---

4)　Skinner, B.F. (1971). 第4章

5.5.2 強化のスケジュール

スキナーは，道具的条件づけの習得過程を研究するために，動物が反応すると，それに対し強化因として餌や水を自動的に与え，反応を累積的に記録する装置を開発した。この装置（図5–5）は，**スキナー箱** (Skinner box) と呼ばれている。スキナー達は，スキナー箱を使い，実験動物として主にラットとハトを用いて，強化のやり方を変えることが学習の進展にどう影響するのかについて精力的に検討した。その結果は，表5–1のような**強化のスケジュール** (schedule of reinforcement) としてまとめられている。

強化は，大きく分けて，**連続強化** (continuous reinforcement) と**間欠強化** (intermittent reinforcement) に分かれる。連続強化とは，動物が実験者の意図した行動を行うたびに強化を与えるやり方で，間欠強化とは，毎回でなく，回数や時間を決めて強化を与えるやり方である。強化の与え方により，動物が行動と強化の関係について形成する学習の内容が違ってくる。たとえば，連続強化に比べると間欠強化は消去されにくい（消去抵抗が高いと称する）ことが知られている。これは，学習している動物にとって，間欠強化では連続強化に比べて，反応に強化が伴っているのかそれとも伴わなくなったのかを区別することがより困難だからである。これに対し，連続強化では反応するたびに毎回強化されるので，強化されなくなるとすぐ反応も起こらなくなる。表5–1で連続強化の例となっている自動販売機では，もし故障か何かでお金を入れても自動販売機から商品

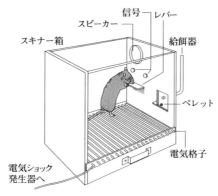

図5–5：スキナー箱

5.5 道具的条件づけ

表5-1：強化のスケジュール　連続強化では，強化がなくなるとすぐに反応が起こらなくなる。つまり，消去抵抗が低い。これに対し，間欠的に強化を与えると，消去抵抗が高くなる。間欠強化では，一定回数の反応後に強化を与える場合と，前の強化から一定時間が経過した反応に対して強化を与える場合がある。また，割合でも時間でも間隔が固定の場合と，一定の値を中心に変動する場合がある。

強化のやり方	強化の制御法	日常での例
連続強化	毎回	自動販売機
定率スケジュール	割合（固定）	出来高払い
変率スケジュール	割合（変動）	パチンコの出玉
定間隔スケジュール	時間（固定）	月給
変間隔スケジュール	時間（変動）	釣りや狩りの獲物

が出てこないと，お客はすぐにその販売機を使わなくなる。

5.5.3　シェーピング

我が国の神社にはかつて参詣者がお賽銭を投げ入れると，小鳥が奥からおみくじをもってくる芸をするところがあった。このように動物に芸を仕込むことは昔から行われていたが，その方法を道具的条件づけの手続きで明確化したのはスキナーであった。このやり方は，形作るという意味の英語の動詞 shape からシェーピング (shaping) と呼ばれている[5]。スキナーは，シェーピングにより動物を一歩一歩目標とする芸に向けて訓練していくことで，やがては複雑な芸ができるようになることを，実際にハトに卓球を仕込んでみせることで実証している。この少しずつ目的に向かって進んでいくというやり方は，スモールステップの原則 (principle of small step) と呼ばれ，後に教育学の分野で人間に対するドリルの方法としても適応されている。

5.5.4　ハトの迷信行動

1948 年にスキナーは，「ハトにおける迷信行動」と題する短い論文[6]を発表している。この論文は，通常の道具的条件づけとは異なり，行動と強化の間に因果関係がない場合に，ハトがどのような行動をみせるかを実験により検討したものである。スキナーが一定の時間間隔（15 秒が最適だとしている）でスキナー箱

---

5)　レイノルズ, G.S. (1978). pp. 30–32.
6)　Skinner, B.F. (1948).

第 5 章　学習と記憶

のハトに餌を与えたところ，ハトは次第に特定の行動を示すようになった。あるハトはスキナー箱の中を反時計回りに回り，別のハトは箱の上部の隅に向かって頭を突き出すような動作するというように，ハトの行動は，個体ごとにばらばらであった。このようなハトの行動をスキナーは，**迷信行動** (superstition) と呼んだ。スキナーの考えでは，強化がランダムであっても，比較的短い時間間隔で与えられると，その直前にたまたま行われた行動が偶然強化を受けることがある。その結果，強化に先だって起こった行動が，本来は強化とは結びついていないにもかかわらず，その生起頻度を高める。つまり，その行動は，ハトにとって主観的に意味のあるもの，言い換えると強化の随伴性がある，と受け取られることになる。スキナーは，このようなランダムな強化に随伴性を見いだす傾向が，迷信行動を生む原因だとしている。

5.6　観察学習

　これまで紹介した学習は，いずれも個体の個人的な経験が学習の基になっている。しかし，個人の経験には限界があり，全てのことがらを自分の経験だけで学習するには膨大な時間が必要で，効率が良くない。大きな脳を持つ動物では，学習に要する時間をなるべく短くするために学習の効率化を図る必要がある。そのため，他の個体の行動を見てそれをまねるという学習が進化した。これが，**観察学習** (observation learning) である。実際，この学習は鳥類や哺乳類では自然状態でもいろいろ観察されている。鳥類での観察学習の例として，イギリスで一匹のシジュウカラが始めた牛乳瓶の紙キャップをつっついて開けるという行動が，次第に仲間のシジュウカラへと広がっていき，数年のうちにイギリス全土でこの被害が報告されるようになった例が知られている[7]。また，第3章の「文化の誕生」の項で紹介した宮崎県沖の幸島のニホンザルでの芋洗い行動も，観察学習により新しい行動が集団内に広がっていった例である。人間社会では観察学習だけでなく，後述の教示を伴った学習（教育）を積極的に利用することで，世代から世代への知識や技能の伝達を極限まで効率化している。こ

---

7)　スレーター, P.J.B. (1998). pp. 218–221.

140

のような他の個体の学習行動を参考にしてその上に自己の学習を形成する行動は，**社会的学習** (social learning) と呼ばれている。

5.6.1 社会学習理論

社会化 (socialization) の過程，つまり子どもが成長する過程でさまざまな事柄，特に社会が大人として身につけるべきだとみなしている行動様式や規範をどのように学習するのかに関して，行動主義の時代に主流であった考え方は，フロイトの精神分析学と道具的条件づけに基づく社会的学習であった。当時の社会的学習で特に問題とされたのは，子どもがどのように自身の攻撃性を制御できるようになるか，反社会的行動を抑制し道徳意識を獲得するか，それに自身の生物学的性にふさわしい行動様式つまり性役割を習得するかという問題であった。フロイトは，子どもが親の行動を真似たり，親のしつけを受け入れたりするのは，親の地位を奪いたいという**エディプスコンプレックス** (Oedipus complex) に促された親との**同一視** (identification) によると考えた。親は，自身の社会化の過程で学習したさまざまな文化的制約（規範）に基づき子どもの行動を一定の枠に当てはめようとする。子どもは親と自分を同一視する過程で親の指示内容を自分の行動規範として取り込む。これにより，社会的規範が子ども自身の行動指針として内化されることになる。また，親がしつけの形で，子どもの行動をほめたり叱ったりすることは道具的条件づけとして作用し，こどもは自身の行動を親が望んだ方向へと誘導されることになる。

そうした当時の影響を受けながらも，**バンデューラ** (Bandura, A.) は，フロイトの同一視や親によるしつけという形の道具的条件づけだけでなく，子どもが本来もっている他者の行動を真似るという傾向が社会的学習を促進する要因だと考えた。周囲の大人が子どもに手本を示し（**モデリング**: modeling と呼ばれている），子どもは観察学習によりそれを自分の行動レパートリーに取り入れる。そのため，社会化の過程で学習すべき多くのことを子どもは周囲の人から試行錯誤やシェーピングを経ないで素早く習得することができる[8]。

---

8) Grusec, J. (1992).

第 5 章　学習と記憶

5.6.2　攻撃性の観察学習

　バンデューラは，子どもがなぜ攻撃的な行動を習得するのかに関心を持っていた。バンデューラが行った有名な実験に，大人による攻撃行動を子どもに見せると，子どもがそれを模倣することを実証したものがある。この実験では，等身大のピエロの人形を大人の女性が攻撃する様子を子どもにみせた後で，子どもをフラストレーションにさらすと，攻撃性が発揮されることが実証された。こうした実験結果から，バンデューラは，子どもは，親や周囲の大人，それにテレビ番組などメディアに登場する暴力行為を見て，それを真似るようになると考えた。その際，重要な要因は，子どもが何に注意し，何を記憶し，それをどのように自己の行為として再現するかだとバンデューラは主張している[9]。学習の適応性という観点からすると，子どもが学ぶべきは，自分が将来大きくなった時に社会で必要とされる行動であり，社会が強化を与えない行動の真似をしてもしかたがない。実際，子どもが真似をするのは，親などの大人の行動であり，自分より下の弟や妹の行動は（わざとでなければ）あまり真似をしない。つまり，子どもは，大人に注意し，大人の行動がどのような状況で誰に対しどのように発揮されたかを見て覚える。そして，自分が同様の状況に置かれた際には，その行動を再現する。

5.6.3　メディアにおける暴力と観察学習

　新しいメディアとしてテレビが普及しつつあった当時，米国では，テレビの持つ影響力に社会の関心が集まった。我が国でも同様で，テレビが普及するとともにその影響力を危惧する声が高まった。たとえば，評論家の大宅壮一は，早くも1957年に「一億総白痴化」という表現でテレビ番組のマイナス面について論じている。当時のアメリカ社会で特に問題とされたのは，テレビ番組の暴力的な内容であった。暴力的な犯罪の多発する米国では，それを防止することが今日に至るまで大きな社会的問題になっている。子どもが暴力的な番組を見，観察学習により番組の中で繰り広げられた暴力を真似るようになっては一大事である。そのため，アメリカ社会は子ども向けの番組に含まれる暴力的なシーンにきわめて敏感になり，そうした内容がなるべく含まれないようにあるいは

---

9)　Isom, M.D. (1998).

5.7 学習の準備性

そうした番組は子どもに見せないように配慮するようになった。実際，1996 年には，新しく販売されるテレビには親が暴力的な番組を子どもに見せないようにすることができる V チップという装置を組み込むことが義務づけられている[10]。

子どもが暴力的な番組を見ると，本当に暴力的な大人に成長するだろうか。この点については，そうした影響があるという実験結果も報告されているが，その一方で批判的な実験や見解も存在し，米国でも必ずしも意見が一致している訳ではない[11]。

5.7 学習の準備性

行動主義を唱えたワトソン（第 1 章「行動主義」を参照）は，「私に健康でしっかりした体の 1 ダースの子どもと育てるための私自身の特別な世界を与えてくれれば，そのうちどの一人をとっても，訓練により医者でも法律家でも芸術家でも乞食や泥棒にすらしてみせる」と豪語している[12]。このワトソンの信念に反映されているのは，どのような環境刺激と反応の関係であっても学習により同等に習得することができるという想定であった。このワトソンの主張からも分かるように，行動主義の時代には経験主義が支配的で，全ての行動は，白紙状態で生まれてきた心に一から学習により書き込まれると信じられていた。

しかし，いろいろな動物の学習について研究が進むにつれ，学習にはある種の遺伝的背景があることが明らかになってきた。これを**学習の準備性** (preparedness)という。学習の準備性がある場合には，通常の学習とは異なり，学習が特定の時期にしか起こらない（インプリンティングや言語習得），特定の刺激と特に結びつきやすい（インプリンティングや味覚嫌悪），あるいは学習内容の複雑さに比べ，訓練の回数が少ない（いずれの学習行動でも）という特徴がある。実際，鳴鳥での鳴き声の習得を含むさまざまな行動に学習の準備性が想定されている。ここでは，そのうち，**インプリンティング** (imprinting)，**味覚嫌悪学習** (taste aversion

---

10) Burger, J.M. (1997). p. 444.

11) Kutner, L., & Olson, C. (2008).

12) ワトソン, J.B. (1968). p. 130.

第 5 章　学習と記憶

learning), それに**言語習得** (language acquisition) について説明する。

5.7.1　インプリンティング

　親鳥の後をヒナ達が一列に並んでどこでもついてまわるという行動は，テレビなどにも取り上げられ，すっかりおなじみの行動だと思われる。この行動は，インプリンティング（刷り込み）と呼ばれており，何が親かを学習する行動である。鳥類のうち，カモや鶏のように卵から孵るとヒナがすぐ動き出すことのできる鳥（離巣性と呼ばれ，多くは地上に巣を作る鳥）では，ヒナは最初に出会った対象を親として学習し，以後その対象の後を追いかけるという行動を示す。これが本能行動ではなく学習だとされる理由は，最初に出会ったものが親鳥以外のボールのような人工物でも，ヒナはやはりそれを追跡するようになるからである。たとえば，動物園で人工ふ化した場合のように，飼育係が最初に出会った対象だとすると，ヒナは飼育係の後を追いかけるようになる。インプリンティングが普通の学習と違うもう 1 つの特徴は，学習がふ化後 24 時間ほどしか起こらない点である。それ以上，時間がたってから親となる対象に出会っても，ヒナはそれを避け，後を追うようにはならない。このように，生後の特定期間にだけ学習が見られる場合に，その学習には**臨界期** (critical period) あるいは**敏感期** (sensitive period) があると言われる[13]。

　ヒトでも幼児期から経験していることで成人後の行動が規制されるというインプリンティングに似た学習がみられる。たとえば，「お袋の味」と表現されるように，幼児期から食べている食品は，なじみの味となる。さらに，1 つの文化圏ごとに共通して食べ物とされるものがある。そのため，他の文化で普通に食べられているものでも，自分が属する文化では食べ物とされていないものについては，多くの場合，強烈な拒否反応が示される。このタイプのインプリンティング様行動には，文化的規制以外に，さまざまなものが知られている。たとえば，恋人を選ぶ際には，自分の両親のうち，異性の親の髪の毛や目の色と類似した髪や目をした相手を選ぶ傾向があることが知られている[14]。また，血縁者との性的関係を忌避させるインセストタブーは，お互いが血縁関係にある

---

13)　ロレンツ, K. (1987).
14)　Little, A.C. et al. (2003).

かどうかを認識した上で、そうした相手と性的な関係を持つことを忌避するのではなく、小さい時に一緒に過ごした、あるいは親子関係では幼児期の子どもと接したという経験がもたらすインプリンティング様影響だとされている。実際、イスラエルのキブツでの集団保育で育った男女を対象にした調査では、血縁がなくても、キブツで幼い時から一緒に成長した異性同士は、大人になってから恋愛関係が成立しにくいことが判明している[15]。

5.7.2 味覚嫌悪学習

未知の食べものが有毒か否かを見分ける仕組みとして味覚嫌悪学習がある。この学習は、心理学者の**ガルシア** (Garcia, J.) による以下のような実験で確かめられた。まず、サッカリンという人工甘味料（現在では発がん性がありとして使用禁止となっている）で味付けした水をラットに飲ませ、その後でラットにX線を照射し、体調不良を引き起こした。その結果、ラットは、24時間以内であれば、初めて経験したサッカリンの甘い味と体調不良とを結びつけ、以後何週間にもわたってサッカリン水を飲まなくなった[16]。この学習は、経験済みの味より新奇な味に対して成立しやすく、体調不良が強いほどより嫌悪反応が強くなる。

味覚嫌悪学習は、味と体調不良の間に成立する古典的条件づけの一種だとされている。しかし、通常の古典的条件づけとは異なり、（食中毒などでは通常そうであるように）味を経験してから長い時間がたってから体調不良となった場合でも学習が成立する。しかも、味や臭いのような食行動と密接に関連した感覚刺激に対しては学習が成立するが、音や光のようなそれ以外の感覚刺激に対しては成立しない。以上の点は、刺激とそれがもたらす結果との関連性の学習に生得的なバイアスがあることを示唆するもので、学習の準備性の表れだと考えられる。

味覚嫌悪学習を利用すると、命を危険にさらすことなく毒のある食べ物と安全な食べ物を見分けることができる。それには、新奇な食べ物に出会ったなら、いきなりがつがつ食べないで、ほんの一口だけかじってみることである。そうしておいて、しばらく様子をみる。もし、なんともなければ、今少し食べてみ

---

15) ダイアモンド, J. (1993). pp. 158–160.
16) Garcia, J., Hankins, W.G., & Rusiniak, K.W. (1976).

第 5 章　学習と記憶

る。それでも大丈夫なら，さらに量を増やして食べる，というように体調をみ
ながら，食べる量を次第に増やしていけば，有毒かどうかを知ることができる。
自然の食べ物が含む毒は多くの場合，毒の含有量が少ないため少量なら体調不
良を起こすだけで命に関わるほどではない。そこで，このやり方が有効な解決
策となる。実際，野生のラット（ドブネズミ）は，そのようにして毒のある餌を
避けることができる。味覚嫌悪学習は，人間でもがん患者での抗がん剤治療中
に生ずる食べ物に対する忌避や妊婦のつわりに伴う特定の食べ物に対する忌避
などにも係わっているとされている[17]。

5.7.3　言語習得

　言葉を操るというヒト独自の能力は，かなり複雑な技能である。我々が何気
なく行っている会話という行動を円滑に行うためには，たくさんの言葉を覚え，
それを一定の規則に従って並べたり変形したりし，その結果に基づき声帯や舌
を短時間の内に正確に操る（これは**調音** (articulation) と呼ばれている）必要がある。
チョムスキーが強調しているように，我々が発する言葉は発せられる度に新し
い内容を表現している。つまり，以前に同じ内容を経験し，それをオウム返し
にしているのではない。しかも，こうした複雑で高度な制御を必要とする言語
という行動は本能ではなく，学習である。これは，我々日本人が日本語をしゃべ
るのは日本人として生まれたからではなく，日本語という環境で育ったからだ
ということを考えてみても明白である。しかも，幼児は特に苦労する様子もな
く，自然に言葉を習得する。これは，外国語を習得しようとして我々が払う努
力の大きさに比べると，大きな違いである。こうしたことから，チョムスキー
は，言語は人類が共通してもつ一種の本能であり，それぞれの言語は，生まれ
つき備わった標準的な言語システムに対し，発達段階での言語体験により細部
を調整することで完成するという説を提案している。この考えには，賛否両論
があるが，母語の習得には何らかの学習準備性が備わっているという考えは広
く受け入れられている[18]。

　言語習得の学習準備性を示す証拠としては，行動が複雑な割には習得にそれ

---

17)　Bayley, T.M. et al. (2002).
18)　ピンカー, S. (1995). 第 1 章

ほど苦労しないということ以外に，臨界期の存在がある。その根拠となるのは，重度のてんかんを治療するため大脳半球の一方を切除する手術を受けた後の言語機能の回復を調べた研究の結果である。第2章の「大脳半球機能の左右差」の節でもふれたように，大部分の人は左半球に言語機能が局在している。従って，成人の場合には，手術を受けると，それが左半球であれば，ほとんどの場合重い失語症が後遺症として残る。ところが，10才以前に手術を受けた場合には，切除されたのが左半球であっても右半球であっても，その後の言語機能への影響はほとんどみられない[19]。これは，残された（通常は右の）半球が，言語機能を代替するようになるからである。

　言語獲得の臨界期に関する別の証拠としては，学習が始まった時期と達成された言語能力の関係を調べた研究がある。この研究は，親の米国への移住とともに米国で暮らすようになった韓国系アメリカ人を対象に，その発音と文法能力を調べたものである。その結果，発音はたとえ米国への移住が0才の時であっても，ネイティブとの比較では多少の違いが見られたのに対して，文法能力については10才以前であれば，ほぼネイティブ並みの能力を示した。つまり，音韻と文法に関しては，思春期以前に習得しないと母国語とはならないといえる。これに対し，語彙は生涯獲得し続けることから，臨界期は特に存在しないようである[20]。

5.8　記憶

　経験により脳のどこにどのような変化が起こり，起こった変化がその後どの程度利用可能かという点に注目したのが，記憶という研究テーマである。日常生活では，その日その日に経験したことのうち，一部はその後も，場合よっては何年にもわたって，思い出すことができる。記憶という心の働きがあることで，我々は外界を知覚しそれに反応するだけでなく，過去の想い出のような記憶に基づいた行動選択が可能になる。

　記憶の一般的な分類法は，図5–6のフローチャートのように，その持続時間及

---

19)　Lenneberg, E.H. (1976). p. 152 (Table 4.7)
20)　Flege, J.E., Yeni-Komshian, G.H., & Liu, S. (1999).

第5章 学習と記憶

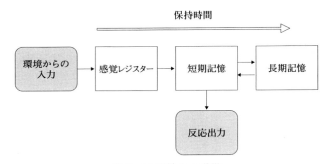

図 5-6：記憶の 3 段階

表 5-2：3 種類の記憶の特徴

記憶タイプ	保持する情報	項目数	保持時間
感覚貯蔵	刺激に相似	10 個以内	1 秒以内
短期記憶	変換された情報（たとえば，文字を提示するとそれを読み取り音韻として保持する）	7 個前後	数十秒
長期記憶	言語のような符号化された情報	膨大	数分〜数十年

び処理段階に基づくものである。持続時間の一番短い記憶は，**感覚貯蔵** (sensory storage) と呼ばれている。これより持続時間の長い記憶は，**短期記憶** (short-term memory) と呼ばれている。さらに，より長い時間の記憶は**長期記憶** (long-term memory) に分類されている。このうち，日常的な意味での記憶に対応するのは長期記憶である。表 5-2 にはこの 3 種の記憶の特徴をまとめておいた。

5.9 感覚貯蔵

暗闇で雷鳴に続いて雷光が光ると，一瞬だけあたりのようすが見える。その時目に映った情景は，その瞬間だけ目に映っていたのか，それとも光が消えた後もその影響が残っているのだろうか。人が文字を読む速度はそれほど速くないので，もし雷が光っている間しか情景がみえていないとすると，おそらく単語を読めてもまとまった文を読むことはできないであろう。しかし，もし脳が提示時間以上に情報を保持する仕組みを備えているなら，短い呈示時間であってもかなりの情報を読み取れることになる。この点を確かめる実験をおこなっ

たのは，**スパーリング** (Sperling, G.A.) という心理学者である。

　スパーリングは，タキストスコープを用いて縦横に並べた文字列を短時間だけ実験参加者に見せ，それを報告してもらうという実験を行った。それまでの研究からは，こうした提示方法で調べると，報告できる文字数は4文字程度であることが知られていた。スパーリングが実験後に尋ねたところ，実験に参加した人の中に，「報告できた文字以上の文字が見えていたが，報告している間に分からなくなってしまった」という主旨のことを述べた人がいた。これにヒントを得て，スパーリングは，**部分報告** (partial report) というやり方を導入して，「見えていた」文字数を推定することを試みた。部分報告法とは，音程の異なる3種類の音を用い，文字列を提示した後で音の高さを手がかりとして，特定の行だけを報告してもらうというやり方である。これは，統計学の**サンプリング** (sampling) という考え方に基づいている。世論調査などでは対象者全員を調査できないことから，ランダムに選んだごく少数の人を選んで調査し，そこから全体の傾向を推定するというやり方がとられる。これがサンプリング調査である。スパーリングは，これを文字列の読み取りに応用した。その結果，図5-7に示したように，文字列提示から音で読み出す行を指定するまでの時間が経過するにつれ，直後は9文字程度であった「見えていた」と推定される文字数が

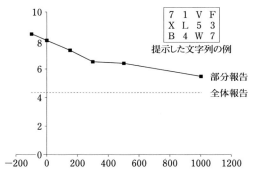

図 5-7：感覚貯蔵に保持されている情報の減衰　部分報告から推定された保持項目数は，文字列を提示した直後では8文字程度であったが，その数は時間とともに急速に減少し，1秒後には全体報告での報告数（点線）に近づく。出典：Sperling (1960).

第 5 章　学習と記憶

減少していき，1 秒後には 4 文字程度となった[21]。つまり，1 秒程度というごく短時間ではあるが，脳は感覚器官に提示された情報をそのままの形で保持することができるということである。

5.10　短期記憶

スパーリングの実験からも分かるように，刺激が「見えている」ということとそれが報告できるということとは同じではない。報告できる状態にまで処理が進むためには，提示された情報に対して注意を向けることにより，もう一段の処理を行う必要がある。これにより，注意を向けた対象だけが報告可能となる（第 4 章「注意」の節）。言い換えると，スパーリングの実験で実験参加者が述べた「見えていても報告できない文字」とは，注意が向けられることで処理が進み，短期記憶に情報が格納されるまでに至らなかった文字のことである。文字や単語のような言語情報の場合，最初は文字という視覚情報の形で提示されても，短期記憶には言語音に変換されて保存される。実際，短期記憶で再生時に混同が起きやすい項目は，情報が視覚形態の形で提示されたばあいでも，音が似ているもの同士である。

短期記憶の第 1 の特徴は，保持できる項目数に制限があるということである。かつて，ミラー (Miller, G.A.) という心理学者は，「魔法の数 7 ± 2」というタイトルの論文[22]で，短期記憶の容量を 7 前後だとした。この 7 という数字は，世界の七不思議のように，日常的な表現にも登場する数だが，なぜ七不思議であって十不思議とはならないのだろうか。それは，聞いただけで覚えておくことのできるのはたかだか 7 項目までという短期記憶の容量制限のためだと思われる。

ここで重要なことは，この 7 つという項目数は，情報量を表しているのではないということである。それは，長期記憶に格納されているまとまりに対応した単位（英語では chunk（かたまりの意味）と呼ばれている）である。ここでいう長期記憶とは，後述の意味記憶つまり知識のことである。知識は，脳のデータベー

---

21)　Sperling, G.A. (1960).
22)　Miller, G.A. (1956).

5.10 短期記憶

スといえ，それにアクセスする際の情報のひとまとまりが短期記憶の単位となる。たとえば，文字や数字，単語などである。それらは，習得ずみの知識として長期記憶に貯蔵されているので，それにアクセスする（言い換えると，思い出したり頭の中で操作したりする）ことができる。この時，文字や単語の読みがアクセスのノード（入り口）となる。ノードにアクセスした結果，長期記憶中の情報が一時的に活性化された状態になる。これは，主観的には思い出したということである。思い出された情報は，短期記憶に入り，その中で自由に操作できるようになる。従って，短期記憶は長期記憶に貯蔵された情報を操作の対象とする。もし，ノードがつながっている先が膨大な情報量を含む神経のネットワークであれば，7項目までという制限内であっても，短期記憶が扱っている情報量は膨大なものになる。

実際，チェスのグランドチャンピオンクラスの人は，盤面を一瞥しただけで，駒の配置を覚えることができる。チェスの駒の数から言えば，このグランドチャンピオンの短期記憶容量は，7項目という制限を大幅に超えているようにみえるかも知れないが，グランドチャンピオンが扱っているのは，チェスに関する膨大な知識につながったノードとしての駒の配置である。その先には，これまでの何万もの対局を通じて獲得された膨大な定石譜（推定5万種類とされる）が貯蔵されている。グランドチャンピオンは，この知識を基に与えられた局面の駒の配置を覚えるので，素人には複雑と見える駒の配置であっても，チェスのゲームの進行にそった配置であれば，さほど苦労せずに覚えられる。ところが，ランダムに並べた駒を見せられると，グランドチャンピオンといえども，素人と同程度の駒の配置しか覚えることができない[23]。

短期記憶の第2の特徴は，保持できる時間が短い点である。どれくらい短いのかというと，古典的な短期記憶実験では数十秒だとされている。それ以上保持が長くなると，何も手だてを講じない場合には，短期記憶に保持された情報は失われてしまう。そんな短時間しか覚えておけないのなら，短期記憶はいったい何の役に立つのだろうかといぶかしく思うかも知れないが，実は短期間であっても情報を頭の中で保持できることで，日常のいろいろな精神活動が可能

---

23) アンダーソン, J.R. (1982). pp. 310–312.

第 5 章　学習と記憶

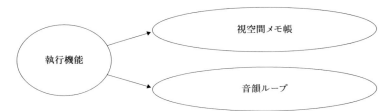

図 5-8：作業記憶　作業記憶は，データを短期的に保持する仕組み（視空間メモ帳と音韻ループ）とこれらとの間でデータのやりとりを制御する仕組み（執行機能）から構成されている。

になっている。たとえば，講義を聴いて，その内容をノートにとる際には，耳から聞いた内容を理解し，それを適当に要約してノートにメモする必要がある。これには短いとはいえ，一定の時間がかかり，その間聞いた内容を覚えておく必要がある。そのためには短期記憶が必要で，もし，それが使えないと，どんな簡単なこともメモすることすらできなくなってしまうであろう。

5.10.1　作業記憶

　短期記憶は，データの短期的保持に重点をおいた用語である。これに対し，近年，高次の精神活動と関連して**作業記憶** (working memory) という用語が使われるようになった。この作業記憶という概念は，イギリスの記憶の研究者バッドリー (Baddeley, A) が広めたもので，情報の保持よりも情報を使っての精神作業に重点が置かれている。何かを思い出す場合や，イメージを操作する，新しいアイデアを思いつく，推論や意思決定を行うなど，高度の精神活動にとって作業記憶は不可欠である（第 4 章「自動と能動」）。バッドリーによれば，作業記憶は，データを読み書きする制御に係わる**執行機能** (executive function) とデータを短期的に保持する機構から構成されている。データを保持する機構には，視覚情報を保持する**視空間メモ帳** (visuo-spatial sketchpad) と言語情報を保持する**音韻ループ** (phonological loop) がある（図 5-8）[24]。

---

24)　バッドリー, A. (1988). 第 11 章

5.11 長期記憶

　長期記憶は，短期記憶の数十秒という保持時間を超えた全ての記憶を含んでいる。従って，心理学における長期記憶には，常識的に記憶という言葉からイメージされる保持時間に比べ，ずっと短い数分程度の保持も含まれる。

　長期記憶は，それを支えている記憶システムの違いにより，**宣言的記憶** (declarative memory) と**手続き的記憶** (procedural memory) に二分されている。前者は，日常の出来事の記憶である**エピソード記憶** (episodic memory) や**意味記憶** (semantic memory) を含んでいる。なお，こうした日常体験の記憶のうち，特に自分自身に関する記憶は，**自伝的記憶** (autobiographical memory) と呼ばれている。宣言的記憶は，覚えたり思い出したりするという意図的制御が可能な記憶である。これに対し，手続き的記憶は，技能やプライミング (4.9)，それに道具的条件づけや古典的条件づけを含むいわゆる体で覚えるタイプの記憶システムで，いわば「習うより慣れろ」の記憶といえる。以下の節で述べるように，この2つの長期記憶システムの区別には，大脳辺縁系の一部である**海馬** (hippocampus) が深く関わっている[25]。

5.11.1 宣言的記憶と海馬

　海馬が宣言的記憶に不可欠なことが明らかになったのは，HM というイニシャルで知られているあるてんかん患者に起こった悲劇からである。HM は，7才の時，道路を横断中に自転車がぶつかり，脳の一部に損傷を受けた。そのため，重度のてんかん発作に見舞われるようになった。HM は，繰り返し起こるてんかん発作を治療する目的で，1953 年，彼が27才の時に海馬を含む側頭葉の内側を両側とも破壊するという脳外科手術を受けた。彼が手術を受けた当時は，海馬が宣言的記憶に不可欠の構造であることはまだ判明していなかった。にもかかわらず，多くの精神疾患患者に対する**ロボトミー** (lobotomy) 手術での経験を参考にこの手術が行われた。手術後，HM のてんかんはある程度収まったが，重

---

25)　Squire, L.R. (1989). 第 11 章

第5章　学習と記憶

い後遺症が残った。それは，新しい記憶を形成できなくなるという記憶の障害であった。これは**前向性健忘** (anterograde amnesia) と呼ばれている。

海馬及びその周辺組織を破壊されても HM の知的能力は正常に保たれていたが，前向性健忘のため，新しい経験を長期記憶として定着することができなくなった。HM は，新聞や雑誌を読み終えて 20 分もすると再びそれを取り上げ，まるでそれまで一度も呼んだことがなかったかのように，また最初から読み始めたりした。また，彼には今が何月何日か，自分がどこにいるのか，自分を世話してくれている医師や看護師が誰なのかなど，手術を受けた時点以降に経験したことは全く記憶に残らなくなった[26]。

その後の研究から，海馬が損傷されても障害を受けずに健全なままに保たれる記憶もあることが分かってきた。どのような課題なら海馬がなくても習得できるのかを詳しく調べた結果，長期記憶は海馬を必要とする宣言的記憶と海馬がなくても形成可能な手続き的記憶に分類されることになった。たとえば，HM が習得できた手続き的記憶の例として**鏡映描写** (mirror drawing) がある。これは，鏡に映った像を見ながら紙の上に描かれた形をトレースするという心理学の実習ではよく使われている古典的な運動学習課題である。この課題を初めて行うと，誰でも鏡を見ながら図形をトレースしようとして思うようにならなくてがゆい思いをする。しかし，練習を繰り返すうちに次第にうまくトレースできるようになっていく。HM は，この課題を普通の人と同じように習得できたが，自分がその課題を習得したという事実は，全く覚えていなかった[27]。

5.12　何が記憶に残るのか

見聞きしたことの全てを記憶することは意味がないばかりか，脳の記憶容量が（非常に大きいとはいえ）有限であることを考えると，むしろ有害ですらある。第 2 章で紹介したペンフィールドは，てんかん患者の側頭葉を刺激したところ，患者が過去の情景をまざまざと眼前に見ているように思い出すことを発見した[28]。

---

26)　ヒルツ, F.J. (1997).
27)　Squire, L.R. (1989). 第 11 章
28)　ペンフィールド, W.・ラスミュッセン, T. (1986). pp. 229–231.

154

5.12 何が記憶に残るのか

このことから，ペンフィールドは，経験したことの全てがそのまま側頭葉に記憶されていると考えた。しかし，現実には脳の記憶容量に限界がある以上，全ての経験したことがエピソード記憶として残るとは考えにくい。

では，記憶として残るものと残らないものを分ける基準とは何であろうか。記憶の役割が過去の経験に学び，それを将来の同様の状況での対応に役立てることにあるとすると，その目的にかなう重要なものだけを記憶すればよいと思われる。しかし，経験した時点であらかじめその経験が将来役に立つかどうかを判断できるとは限らない。そのために役立つなんらかの基準があれば，助かるであろう。実際，以下の3条件のいずれかを満たす事柄は記憶に残りやすい。それは，1) 繰り返し出会う，2) 興味や関心を喚起する，3) 感情を揺さぶる，経験である。

5.12.1 繰り返し

毎日繰り返す出来事は，日々の生活にかかせないという意味で重要であり，またルーチンワークなのであまり努力せず手早く片付けることができるようにするためにも，覚えておいた方がいい。たとえば，通学や通勤の道筋を覚えることは，最小の心理的・物理的コストで毎日の通勤・通学を可能にしてくれるので，覚えておいて損はないだろう。

繰り返しは，記銘にとって重要なだけではなく，保持にとっても重要である。何年間にもわたって保持される記憶は，多くの場合，繰り返し思い出された記憶である。特に個人的に重要な出来事は，意図しなくとも折にふれ思い出され，そのためにいつまでも記憶にとどまることになる。逆にいうと，一度も思い出されたことのない経験が長期間にわたり保持され続けるかどうかは，はっきりしない。おそらくはそうした記憶は時の経過とともに想起不能になるのではと思われる。ナイサーは，記憶の保持には繰り返しの再生が重要であることを強調し，そうした記憶に対し**レピソード記憶** (repisodic memory) という言葉をあてている[29]。これは，repetitive と episodic とを合成した彼の造語である。

---

29) Neisser, U. (1981).

第 5 章　学習と記憶

5.12.2　興味・関心

　何に興味をもつかは人によりさまざまで，必ずしも一貫しない。それを決めている基盤となるものは，個人が経験を通して作り上げた知識である。予期しない事柄に出会うと「珍しい」とか「意外だ」という気持ちが起きる。これは，**新奇性** (novelty) の認識である。興味や関心を抱く対象は，たとえば好きな歌手に関する新たなデータや趣味や仕事に関係した新製品の情報のように，個人のこれまでの生育歴とのかねあいで蓄積された知識と照合し，何らかの新奇性をもつ事柄である。珍しいニュースや出来事に接したときに覚える「驚き」も情動の一種であるが，何に驚きを覚えるかは個人の過去の経験に依存して変わり，同種の出来事に接しても，それがどこの国あるいは地域で起こったかで，人が抱く興味や関心の程度は違ってくる。従って，自分の仕事や専門，あるいは趣味で得られた知識に照らして珍しいと感ずる出来事やニュースに接すると，覚えようとしなくてもその事柄に関することは自然に記憶される。その意味で興味や関心による記憶促進は，万人に共通した状況により喚起される感情（特に恐怖）と結びついた記憶促進とは区別して考えた方がよい。興味・関心が長期記憶の形成を促進することを示す現象に**フラッシュ様記憶** (flashbulb memory) がある。

5.12.3　フラッシュ様記憶

　社会的重大事件は，その内容に関する記憶だけでなく，そのニュースに接したときの細々とした個人的エピソード（誰から聞いたか，いつ聞いたか，そのときどこで何をしていたか，何を感じたかなど）も同時に鮮明に記憶される。こうした細部にわたる記憶は，フラッシュをたいて写真を撮ることに喩えられ，フラッシュ様記憶と呼ばれている。

　最初にこのような特別な記憶の存在を主張し，それをフラッシュ様記憶と名付けたのは，**ブラウン** (Brown, R.) と**クーリク** (Kulik, J.) であった。彼らはそうした記憶が細部にわたるまで正確かどうかということよりも，むしろそのライブ性（つまり今現在それを体験しているかのような鮮明な印象をいつまでも保ち続ける点）を強調する目的でこう呼んだのだという。そうしたライブ性を支えているのは，通常は時間とともに失われる細部を保ったまま記憶が永く保持され続け

5.12 何が記憶に残るのか

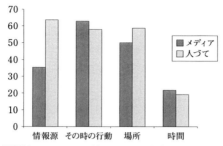

図 5-9：フラッシュ様記憶 フラッシュ様記憶では，情報の細部まで鮮明な記憶が残る。この研究では，チャレンジャー号の爆発事故のニュースを，誰から聞いたか，その時何をしていたか，どこにいたか，それはいつだったかについて情報源メディアと個人に分けて調査した。出典：Conway (1995).

ることである。具体例をあげると，1986年に起こったチャレンジャー号の爆発事故でのフラッシュ様記憶について調べた研究では，半数以上の人が，誰からそのニュースを聞いたか，その時何をしていたか，どこにいたか，を答えることができた（図5-9）[30]。個人的なフラッシュ様記憶の例をあげると，私が大学2年生だった1970年11月25日に作家の三島由紀夫が，彼が設立した楯の会のメンバーとともに市ヶ谷の自衛隊東部方面総監部に乗り込み，自衛隊に対し決起を促した後で割腹自殺するという衝撃的な事件が起こった。その日，私はたまたまお昼休みに学食に行ったところ，食堂のテレビでそのニュースが流れていた。その時，私が抱いたのは，「なんで，三島由紀夫のような優秀な人がそのような馬鹿なまねをするのか」という疑問であった。このように，フラッシュ様記憶では，ニュースに接した場所や時間，その時の思いなど，通常のエピソード記憶では時間とともに忘れ去られる細部がいつまでも鮮明に残っているという特徴がある。

　フラッシュ様記憶は，その細部にわたる鮮明な記憶という印象から，覚えている内容は実際に経験したことを正確に反映しているとブラウンとクーリクは考えた。しかし，すべての記憶がそうであるように，フラッシュ様記憶であっても誤りは混入しうる。たとえば，ナイサーは，日本軍がパールハーバーを奇

---

[30] Conway, M.A. (1995). 第2章

第 5 章　学習と記憶

襲した時のことをフラッシュ様記憶として保持していた。その記憶では，「その
時ナイサーは 13 才の誕生日の前日で，居間に座ってラジオから流れる野球放送
を聴いていた。すると，突然それが中断され，日本軍の奇襲攻撃についての臨
時ニュースに切り替わった。それを聴いたナイサーは 2 階にいる母親にこのこ
とを告げに行った」という内容であった。ナイサーは，長い間この記憶が実際
に経験したことを忠実に反映していると思っていた。しかし，ある時彼はそこ
に大きな誤りがあることに気がついた。日本がパールハーバーを奇襲したのは
1941 年の 12 月 8 日であり，野球シーズンはそのころにはとっくに終了してい
たはずである。従って，ナイサーが野球を聴いていた時に臨時ニュースが流れ
たはずはない[31]。このエピソードは，フラッシュ様記憶のように，当人が鮮明
に覚えている記憶ですら，そこに誤りが紛れ込みうるという実例となっている。

5.12.4　情動喚起と記憶

　日常の経験からも実感できると思うが，感情が喚起されると，そのときに経
験したことは記憶に残りやすい。このことは，実験によっても確認されている。
古典的な実験では，単語を材料に使い，単語の意味が感情を刺激するかしない
かで，保持に違いが出ることを明らかにしたものがある。特に感情を刺激しな
い単語では，時間とともに忘却が起こったのに対し，感情を刺激する嫌な内容
（死や病気など）の単語は，直後よりもむしろ時間の経過とともに再生成績がよ
くなった[32]（図 5–10）。このように，学習直後よりも少し時間がたってから記
憶が向上する現象は，レミニッセンス (reminiscence) と呼ばれている。

　第 6 章でも述べるように，脳の中で情動に関わる中心的役割を担っているの
は大脳辺縁系にある扁桃体である。近年，扁桃体が記憶，特に情動を刺激する
体験の記憶に密接に関わっていることが，さまざまな研究から明らかになって
きている。それらを要約すると，1) 動物実験で扁桃体の機能を増強あるいは抑
制するさまざまな薬物を扁桃体に注入すると，さまざまな学習に影響が出る上
に，学習成績が高まるか逆に低下するかは，扁桃体への影響の方向と一致して
いる（扁桃体の機能を増強すると学習成績は増強し，逆に扁桃体の働きを抑えると学習成

---

31)　Neisser, U. (1982).
32)　Kleinsmith, L.J., & Kaplan, S. (1963).

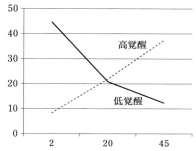

図 5–10：情動喚起による記憶への影響 この実験では，単語と数字のペア 8 組を提示し，一定時間後に単語とペアになった数字を想起した。各単語がどれくらい感情を喚起したかは，各個人ごとに SCR（皮膚の電気抵抗）を測定し，最も抵抗変化の大きかった 3 語を高覚醒条件に，最も抵抗変化の小さかった 3 語を低覚醒条件にそれぞれ割り当てた。記憶保持の時間は，2 分から 1 週間後まで 5 条件あったが，ここでは最初の 3 条件だけ表示してある。これ以降も高覚醒が低覚醒よりも再生成績が良かった。なお，保持時間は実験参加者間で変え，各実験参加者は特定の保持時間で保持テストを受けた。

績も低下する）こと，2) PET や fMRI を用いて記憶材料を提示した際の扁桃体の活動を計測し，その活動と記憶成績の関係を調べると，扁桃体の活動が高い刺激ほどその後の記憶も良いこと，3) 難治性てんかんの患者で発作を抑えるために頸部の**迷走神経**（vagal nerve，辺縁系に信号を送る求心性神経）を刺激する装置を埋め込んだ人を対象にした研究で，迷走神経を刺激することで記憶成績が向上したこと，4) 両側の扁桃体が次第に萎縮していく珍しい疾患（Urbach-Wiethe 病）の患者では，健常者と異なり，情動を刺激する内容を含んだ材料とそうした内容を含まない普通の材料との間で記憶成績に差がないこと，などがある[33]。

5.13 覚えるという行為

宣言的記憶の特徴の一つは，記銘と想起をある程度まで自分の意志により制御できることである。努力して覚えようとすれば覚えられるし，いったん覚えたことを意のままに（かならずしも成功するとは限らないにしても）思い出すこともできる。

---

33) Buchanan, T.W., & Adolphs, R. (2004). 第 2 章

第 5 章　学習と記憶

　日常の経験は特に覚えようと意図しなくても，しばらくはエピソード記憶と
して残るが，その多くは数日のうちに思い出せなくなってしまう。しかし，中
には長い間記憶にとどまる経験もある。こうした違いについては，上記「何が
記憶に残るのか」でもふれたように，繰り返しや興味・関心，それに情動喚起が
関係している。それに加えて，記憶内容とその定着の程度は，経験のどの側面
に着目し，それをどのように処理したかも大きく関わっている。このうち，記
憶する対象をどのように処理したかは，**処理の深さ** (depth of processing) として
知られている。また，経験のどの側面に着目するかは，**符号化特異性** (encoding
specificity) と呼ばれている。

5.13.1　処理の深さ

　同じ時間をかけて授業に出ていても，内容をどの程度覚えているかは，人に
より違ってくる。こうした違いが出る原因の一つが，情報を受け取った人がそ
れをどのように処理したかということである。上の例で言えば，ただ漫然と講
義を聴いていたのか，それとも講義の内容についてあれこれ考えを巡らしたか
により，講義の内容をどの程度覚えていられるかが変わってくる。これが処理
の深さによる違いである。

　この現象を最初に取り上げたのは，**クレイク** (Craik, F.I.M.) と**ロックハート**
(Lockhart, R.S.) である。その背景にあったのは，**偶発学習** (incidental learning, 被
験者が記憶しようとする意図を持たない状態で接した情報の保持を見る実験手続き) の
知見であった。偶発学習では，被験者は記憶テストがあることを知らないで記
憶材料に接している。従って，意図的な学習よりも保持成績が悪くなるのが普
通である。しかし，場合によっては意図的な学習と同等の保持成績が得られる
ことがある。たとえば，ある実験では，実験参加者に対し，提示された単語に
ついて，1) 単語の母音をチェックする，2) 単語を書き写す，3)「経済」と関
係があるかを判断する，のいずれかの課題を行わせた。その後に予告なしに提
示された単語の再生を求めたところ，再生された単語数は，意味の判断を求め
た 3) の群では，母音をチェックした 1) の群に比べ約 4 倍多く，単語を書き写
した群に比べても約 2 倍多かった[34]。

160

5.14 思い出すとは

5.13.2 符号化特異性

　同じ経験をしても人により覚えていることが違っていることがある。これは，記憶されるかどうかには，それが形成される際の人それぞれの関心の有り様が反映されるからである。芥川龍之介の作品に「藪の中」という小品がある。この作品には，死体で見つかった侍とその妻，それに侍をだましてその妻を己のものとした盗人が登場するが，誰がこの侍を殺したかに関し，殺された当の侍（の霊）を含む三者の証言が全く食い違っている。これがこの作品にある種の深みを与えている。これは，単なる記憶違いではない。日常生活でもしばしば「藪の中」の登場人物と同様，同じ状況を体験した人達の記憶が一致しないことが起こる。これは，ある体験が記憶として保存される際には，心の中に去来するさまざまな思いや感情がその体験と結びついて記憶され，想起に際しては，そのようにして結びついた手がかりがたくさん与えられるほど元の体験が思い出され易くなるからである。このように，記憶された内容と結びついた手がかりが記銘時と想起時で共通かどうかにより想起の容易さが変化する現象を符号化特異性という[35]。

5.14　思い出すとは

　覚えると言う行為と同様，思い出すと言う行為も意図的な行動であり，これが可能な記憶は宣言的記憶である。記憶しているかどうかを確認する手段には，（エビングハウスが用いた再学習法に加えて）**再生** (recall) と**再認** (recognition) がある。
　作業記憶の節で説明したように，再生を行うには，手がかりとして関連のある項目（上の例では知人の顔）を作業記憶にセット（つまり手がかりとなる事柄を思い浮かべる）した上で，これに注意を集中する。すると，（うまくいけばだが）しばらくすると長期記憶から該当する項目が思い出される。もしうまくいかなければ，別の手がかり（たとえば名前の最初の文字）に変えてさらに想起を試みる。この過程は，**記憶検索** (retrieval) と呼ばれている。思い出すという行為は，手がかりにより記憶された情報を検索し，うまく思い出すことができた時には，さらに

---

34)　Craik, F.I.M., & Lockhart, R.S. (1972).
35)　Tulving, E., & Thomson, D.M. (1973).

第 5 章　学習と記憶

それが実際に記憶した時に経験したことかどうかを確認する（再認）という 2 段階の過程で行われる。これは，想起の**生成一再認モデル** (generation-recognition model) と呼ばれている。

　思い出したと言えるためには，思い出された内容が確かに以前経験したことがあると認識される必要がある。**タルヴィング** (Tulving, E.) は，想起には 2 種類あるとしている。それは，「思い出した (remember)」と「知っている (know)」という状態である。このうち，「思い出した」時には，単に何となく覚えているような気がする（「知っている」状態）のではなく，「目の前にその時の情景が浮かぶ」と表現されるように，想起された内容に対し，確かに前に体験した事だという確信が伴う[36]。

5.14.1　思い出せそうで思い出せない

　思い出そうとしてもなかなか思い出せない時に，もう少しで思い出せるのにと悔しい思いをすることがある。この「喉元まで出かかった」状態（英語では舌先まで出かかった (tip-of-the-tongue) と表現されている）は実験室でも再現されている。そのために使われた方法は，辞書から普段滅多に使わない単語を選び，その意味を実験参加者にみせ，該当する単語を思い出させるというやり方である。こうすると，頻度の低い単語の場合，そのうちのいくつかの単語について，単語自体は思い出せないものの，答えが「喉元まで」出かかっている状態を作り出すことができる。実験に参加した人は，そうした単語では，先頭の文字や最後にくる文字，あるいは音節数や強調のある音節の場所など，思い出そうとする単語に関わる情報の一部を思い出せた。つまり，喉元まで出かかった状態にある人は，思い出そうとしている単語について，何らかの情報を思い出せていることになり，これがもうすぐ全体が思い出せそうだという感じを生むことにつながっている[37]。

5.14.2　再認の過程

　再認とは，前に経験したことがあるかどうかの判断である。この場合，再生

---

36)　Tulving, E. (1985).
37)　Brown, R., & NcNeill, D. (1966).

のように意図的な記憶の検索は起こらず，特定の項目が提示されると自動的に再認が生ずる。その際，既知の事柄かどうかの判断は，再生と同様に2つの基準によっている。1つは，該当する経験と照合できた場合であり，もう1つは何となく見た覚えがする場合である。繰り返し経験した事柄に対しては，自然と好みが増大する傾向がある。これは，**単純接触効果** (mere exposure effect) と呼ばれている[38]。そのため，たとえ経験内容がはっきりと自覚できない場合でも，親しみを感ずる（**親近感** (familiarity)）ことで前に経験したことがあると思いやすくなる。

5.14.3　デジャビュとジャメビュ

　親近感が再認の手がかりの1つとして作用しているとすると，もしこの手がかりが記憶の想起を伴わずに誤作動するとどのようなことが起こるだろうか。その場合には，「ここには一度も来たことがないはずなのに，前に来たことがあるような気がする」というように，確かに初めてだと分かっているのに親近感だけを感ずることになる。これは，デジャビュ (deja vu) と呼ばれている。この現象は，側頭葉に焦点をもつてんかん発作の前兆としても生ずることがあるが，健康な人でも疲れたときや強いストレスを受けた時にはデジャビュを経験しやすい。実際，健康な人の半数以上が一度はこうした感じを経験したことがあり，特に，若い人ではデジャビュを経験しやすいとされている[39]。

　これとちょうど逆のケースは，ジャメビュ (jamais vu) と呼ばれている。この場合には，確かに前に経験したと分かっているのに，再認に伴う親近感を感じないという状態になる。自分がよく知っている人の再認でこれが起こると，別の人がその人になりすましているのではないかと疑うことになる。これは，**カプグラ症候群** (Kapgra's syndrome) と呼ばれている[40]。

---

38)　Zajonc, R.B. (2001).
39)　Spatt, J. (2002).
40)　Ellis, H.D., & Young, A.W. (1990).

第 5 章　学習と記憶

5.15　記憶は経験の忠実なコピーか

　人間の記憶がビデオなどの機械的な記録装置と最も違っている点として，1)
記録の正確性が保証されていないこと，2) 人間の記憶では，連想という現象に
反映されているように，関連する内容は相互に神経連絡が形成されていること，
がある。さらに，上述の符号化特異性でふれたように，ある出来事の記憶には
その出来事に関わるさまざまな印象が結びついている。2) の特徴から，人間
の記憶では，記憶の保存場所を覚えておく必要がないという便利な特徴がある。
コンピュータの外部記憶装置でもビデオカメラでも，あるデータをどこに保存
したかは，別途記録しておく必要がある。もしその情報が失われると，せっか
く記録されたデータが残っていても，その内容にアクセスできなくなる。これ
に対し，人間の記憶では，データの保存場所について記録しておく必要はない。
先に紹介したフラッシュ様記憶や符号化特異性からも分かるように，ある出来
事の記憶にはそのことに関連した情報（文脈と呼ばれる）が一緒に記憶され，そ
うした関連情報を手がかりにして欲しいデータを思い出すことができる。しか
し，逆に関連のある内容が独立していないため，似た内容の記憶は相互に混ざ
り合うことになる。そのため，想起に際して記憶内容が必ずしも元のデータの
忠実な再現ではなくなるという記憶の特異な性質が現れる。

5.15.1　記憶の変容

　記憶が元の経験の忠実なコピーではないということを最初に明らかにしたの
は，1930 年代にイギリスで活躍した**バートレット** (Bartlett, F.C.) であった。彼
は，アメリカインディアンの民話（図 5–11）やシンボリックな図形（図 5–12）の
ような意味のある材料を用いて，想起された内容が元の情報の忠実な複製とな
らないことを明らかにした。図 5–11 の話を読んで実験参加者が再生した物語で
は，細部が脱落して文章は短くなり，全体としてまとまりがあるように内容が
整えられた。また，元の民話で馴染みのない部分は，実験に参加したイギリス
人の知識に合致するように変化した。たとえば「カヌー」は「ボート」となっ
た。また，図 5–12 の象形文字では，再生されるたびに形が少しずつ変形し，最

164

5.15 記憶は経験の忠実なコピーか

ある晩，エグラックの二人の若者がアザラシ狩りのために川に降りていった。そのうちに霧が深くなり静かになった。その時，彼らは戦いの雄叫びを聞いて，「たぶんこれは戦士達の集団だ」と思った。彼らは川岸に逃げて丸太の後ろに隠れた。すると何隻かのカヌーが自分たちに近づいて来るのが見えた。カヌーには5人の男が乗っていた。そして男たちは言った。「どうだ，お前たちを一緒につれていきたいんだが。俺たちは川を上っていってそこの奴らと戦うんだ」。若者の一人が言った。「俺は矢を持っていない」。「矢はカヌーの中にある」と彼らは言った。「俺は一緒に行きたくない。殺されるかもしれないからな。俺の親族は俺がどこに行ったか分からない」と言いながらもう一人の方を振り返り，「だが，お前なら一緒に行ってもいいだろう」と言った。

そこで，若者の一人は一緒に行き，もう一人は家に帰った。戦士たちは川を上ってカマラの向こう岸の町に行った。そこの人びとが川岸に降りてきて戦いが始まった。たくさんの人が殺された。そして，若者は，戦士の一人が，「早くしろ，家に帰ろう。あのインディアンは射れたぞ」と言うのを聞いた。そこで若者は思った。「おお，こいつらは幽霊だ」。彼はどこも悪いところはなかった。だが，彼らは彼が射たれたと言った。そうして，カヌーはエグラックに戻ってきた。

若者は岸にあがり家に帰って火をおこした。それから，みんなに話をして聞かせた。「聞いてくれ，俺は幽霊と一緒だったんだ。俺たちは戦いに行ったんだ。仲間がたくさん殺されたし，俺たちを攻撃した奴らもたくさん殺された。彼らは俺が射たれたと言った。だけど俺はどこも悪くはなかった」。彼は一部始終話をすると静かになった。太陽が昇ると，彼は倒れた。彼の口から何か黒いものが出てきた。そして顔が歪んだ。人々は跳びあがり，叫んだ。彼は死んでいた。

図 **5-11**：バートレットが用いたインディアンの民話　出典：バートレット (1983).

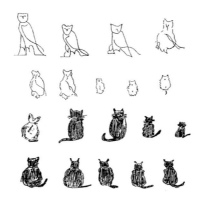

図 **5-12**：バートレットが記憶の変容実験で用いた絵　バートレットは，象形文字のフクロウを，1人目の実験参加者に見せ，それを再現してもらった。次の人は，最初の人が再現した絵を見て，それを元に再現した。これを伝言ゲームのように繰り返していったところ，途中で絵は黒猫に変貌した。出典：バートレット (1983).

第 5 章　学習と記憶

後は黒猫となった。このような結果から，バートレットは，再生とは，元の体験を忠実に再現することではなく，再生する人自身の持つ知識の枠組み（バートレットは，シェーマと呼んだ）に基づいて記憶内容を再構成する過程であると考えた[41]。

　バートレットが明らかにしたように，記憶内容には歪みが起きやすい。そのため，記憶に頼った判断には誤りが紛れ込みやすい。それが原因となって実社会で大きな問題を起こすことがある。それは，裁判での証言である。記憶の変容や**偽りの記憶**（false memory）の研究で有名な**ロフタス**（Loftus, E.F.）によると，アメリカでは，婦女暴行事件で被害者の証言により犯人とされ，有罪となった人の中に，その後の DNA 鑑定の結果冤罪であったことが明らかになった人がたくさん出ているという。こうした冤罪事件の原因の多くは，被害者が警察での面通しの際に犯人ではない人を誤って犯人だと名指ししたためだという[42]。

　記憶に基づく判断が事後情報により歪められることは，実験でも確かめられている。たとえば，交通事故の目撃を模した実験では，目撃者に対して質問する側が，車のスピードについての質問の仕方を「車が激突した」とするかそれとも単に「ぶつかった」とするかで，目撃者の車のスピードに対する判断が影響されることが知られている。ロフタスは，記憶内容そのものが質問者による誤った誘導により影響を受けることを示す実験を行っている。この実験では，丁字路の交通標識を「徐行」標識と表現するかそれとも「停止」標識と表現するかにより，その後の目撃者の判断に影響がでた。ロフタスによれば，このような記憶変容が起こるのは，目撃者は回答を求められると，その時の場面を思い出そうとするが，その際「徐行」と言われると「徐行」標識を含んだ交差点の情景を思い浮かべてしまう。これが元々の記憶と一体となって保存され，その後の記憶変容が生ずるためだとしている[43]。

---

41)　バートレット，F.C. (1983).
42)　ロフタス，E.F. (2011).
43)　ロフタス，E.F. (1987). pp. 131–132.

5.15.2 偽りの記憶

前節で述べたように，我々の記憶は機械的なコピーではなく，出来事についての体験内容に知識やその時の判断などが入り交じり再構成されたものである。従って，思い出した内容に当人がどんなに確信を持っていても，その記憶が間違っている可能性を否定できない。

ロフタスは，さらに一歩踏み込んで，偽りの記憶を人工的に植え付けることができることを実験で確かめている。ロフタス達が行った実験では，いろんな年齢層の人達に子ども時代の出来事を記した冊子を見せ，そこに書かれた内容について記憶があるかどうかを尋ねた。この冊子には，4つの出来事が述べられていた。そのうち3つは，あらかじめ参加者の親や兄，姉，親戚などから聞き出した実際に起きた出来事で，残りの1つは，家族によれば実際に起きていない架空の出来事であった。この架空の出来事は，それぞれの人が子供時代に行ったことのあるショッピングモールで，5才の頃に迷子になり，泣いているところを老婦人に助けられ，最終的には家族と再会できたという内容であった。

実験の結果，架空の出来事を実際に起こった出来事として示された被験者のうち，少なくとも一部の人は，それが実際に起こった出来事であると誤認した。冊子を読んだ直後の面接では，24名の被験者のうち7名（29%）が，続く2回目の面接でも6名（25%）が，それぞれ架空の出来事を“覚えている”と主張し続けた。つまり，この実験は，架空の出来事であっても，それを自分の記憶だと認める人が少なからず存在することを実証したといえる[44]。

この実験からも明らかなように，実験的な操作では，偽りの記憶は一部の人にしか起らない。それでは，そうした錯誤を起こしやすい人とそうでない人とでは何が違うのだろうか。ロフタス達が用いた方法に類似した方法で大学生を対象に偽りの記憶を生ずる人はどのような性格特徴をもつのかについて調べた研究では，解離傾向（第8章「解離性障害」）があることや豊かなイメージ想起能力をもつことが関係しているとされている[45]。解離傾向やイメージ想起能力は，催眠術に対するかかり易さとも関係している。臨床の場などで，「抑圧された」記憶を思い出すテクニックとして，催眠術がよく用いられているが，こ

---

44) ロフタス, E.F.・ケッチャム, K. (2000). 第7章
45) Hyman, I.E.Jr., & Billings, F.J. (1998).

第 5 章　学習と記憶

うしたテクニックを用いると，実際には起こってもいない出来事を，あたかも本当に起こったかのようにクライエント (8.6.2) が信じ込むことが起こる。実際，米国では心理療法の過程で幼児期の性的虐待についての偽りの記憶が形成され，それが実際に自分に起こったことだと信じこんだクライエントが自分の親を訴えるという悲劇が繰り返され，大きな社会問題となっている[46]。

5.16　忘れるとは

忘却 (forgetting) がなぜ生ずるかについては，3 つの説がある。それは，1) 風化説，2) 干渉説，それに 3) 抑圧説である。風化説は，常識的な忘却の考え方で，砂に残した足跡が風や波にさらされて次第に風化し，最後には読みとれなくなるように，記憶も時間とともにその痕跡が弱まり，やがて想起不能になるという説である。これに対して言語材料を用いた古典的な記憶研究からは干渉説が提案されている。この説では，忘却は，あることを覚えた後でそれと類似したことを次に経験すると，両者が相互に邪魔し合う（干渉 (interference) と呼ばれている）ことで起こるとしている。

最後の抑圧説は，精神分析学を創始したフロイトの説で，記憶痕跡そのものはなくならないが，それが想起されない状態（これが抑圧 (repression)）となっているため見かけ上の忘却が生ずるとする説である。

これらの説は，一方が正しければ他方は間違っているというような排他的な説ではなく，記憶形成の 3 つの過程（記銘 (encoding)，**保持** (retention)，**回収** (retrieval)）のどの部分での障害が忘却をもたらすのかという点で意見が異なっているだけである。干渉説は，記銘及び保持段階での忘却を取り扱っており，風化説は，保持段階を，抑圧説は，回収段階での忘却を問題にしている。

5.16.1　エビングハウスの忘却曲線

19 世紀のドイツの研究者エビングハウス (Ebbinghaus, H.) は，1885 年に『記憶について実験心理学への貢献』と題する小冊子を発表した。この著書は，彼

---

46)　ロフタス，E.F.・ケッチャム，K. (2000). 第 9 章

168

5.16 忘れるとは

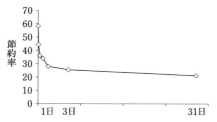

図 5-13：エビングハウスの忘却曲線 出典：エビングハウス (1978).

が自身を対象として行った実験をまとめたものだった。この本の中で，エビングハウスは，独自に工夫をした材料（**無意味綴り**（nonsense syllable）：子音＋母音＋子音の組み合わせで構成）を用い，足かけ2年にわたって丹念な実験を行い，時間の経過で忘却がどう進行するかを明らかにした。エビングハウスが用いた方法は，12から36個の無意味綴りからなるリストを用意し，これを2度完全に反復できるまで繰り返し覚え，一定時間経過した後に，もう一度同じリストを学習し直すというものであった。これは**再学習**（relearning）と呼ばれている。記憶の指標として，エビングハウスは節約率を用いた。これは，最初の学習時に比べ再学習に要した手間（覚えるまでに何度リストの学習を繰り返したか）がどの程度少なくてすんだかを数値化したものである。一回の学習では，ある特定の時間経過後の節約率しか得られないため，経過時間ごとに節約率を得るためには，それぞれ別の無意味綴りリストを学習する必要がある。この再学習という非常に手間のかかるやり方を繰り返すことで，ようやく必要なデータ（19分後から31日目までの7ポイント）を得ることができた。

こうして得られた結果は，エビングハウスの本では表の形で提示されているが，それを元に作成されたグラフ（図5-13）は，エビングハウスの忘却曲線として心理学の入門書に必ずと言っていいほど登場する有名なグラフとなった[47]。エビングハウスの研究は，一端は完全に覚えたことであっても，時間が経つにつれその内容は急速に忘れられてしまうことを明らかにした。多くの人が学生時代に実感する「一夜漬けで覚えたことはすぐ忘れる」という記憶の不確実さ

---

47) エビングハウス, H. (1978). pp. 73-82.

第 5 章 学習と記憶

は，エビングハウスが実証したことを再確認していることになる。

　あまり取り上げられることはないが，忘却が起こりやすいこと以外に，忘却曲線から示唆されるもう 1 つの重要な点がある。それは，一端覚えたことは 1 ヶ月経っても多少は頭に残っているということである。記憶が残っているので，次に同じ内容を学習する機会が訪れると，その分の労力が節約できる。通常，仕事に必要な事柄は，1 ヶ月もしないうちにまた経験することになると思われる。そうした事柄は，繰り返し経験するうちにやがて長期記憶に定着する。この忘却の特徴により，繰り返しにより徐々に記憶が定着することが可能となっている。

Q & A

Q: 言語などを学ぶには適した時期があり，それを過ぎると学ぶ能力は低下するとのことでしたが，そのような制限は何のためにあるのですか。

A: もし，いつまでも学習能力が高いままだとどうなるかを考えてみてください。学習能力は，脳の神経細胞同士のつながりの組み替え（脳の可塑性と呼ばれている）に依存しています。学習能力が高いということは，神経細胞同士のつながりを変更しやすいということを意味しています。いつまでも変更可能だということは，新しい学習が古い学習を書き換える可能性がいつまでもあるということでもあります。たとえば，幼稚園の時に外国で生活していた人が小学校に入ってから母国に帰ると，多くの場合大人になるころには母国語しかしゃべれなくなります。もし，いつまでも可塑性が高いままだと，外国で暮らすたびに母国語が変化することになり，それはそれで不都合だろうと思います。

Q: 言語以外のものも小さい頃に臨界期がきてしまうのか。例えば大学生くらいで訓練しても手遅れではない分野などはないのでしょうか。

A: 臨界期は，学習する内容により違っている可能性があります。第 6 章でも紹介しましたが，ある文化の行動様式が身につくのは 10 代前半ころだという研究があります。また，その人のものの考え方や感じ方に最も影響する時期は，青年期だと言われています。

Q: 勉強ができるという意味での頭が良い人というのは短期記憶の能力が優れているのですか，それとも長期記憶と短期記憶の両方の記憶が優れているのですか。

A: 試験で頼っている記憶は長期記憶ですが，頭が良いということを知能が高いと同義だと仮定すると，第 7 章でもふれるように，知能には問題解決能力に関わる流動性知能と知識に関わる結晶性知能があり，前者は短期記憶（作業記憶）と密接な関係があり，後者は意味記憶（宣言的記憶）が重要なので，両方とも関係するといえます。

さらに学ぶために

Q: 長期記憶，特に宣言的記憶は，人間が進化の過程で得た人間特有のものなのでしょうか。これをもつ動物はいるのでしょうか。

A: 宣言的記憶は人間に特有ではありません。宣言的記憶は，大脳辺縁系の一部をなす海馬が関係する記憶です。大脳辺縁系は，進化的には比較的古い構造で，他の哺乳類でも海馬を含む大脳辺縁系が備わっています。ちなみにネズミの場合，海馬は場所の記憶（自分が迷路のどの辺を移動したかなど）に関係しているとされ，これも自身の行動の記憶（エピソード記憶）だと言えます。

Q: 友人が先日，運動中にフェンスに顔をぶっつけ，骨折しました。後で聞いたところ，その時の記憶が全くないと言っていました。これも一種の抑圧なのでしょうか。

A: これは，抑圧ではなく，記憶の固定が妨害されたケース（前向性健忘）です。このケースでは，頭に受けた衝撃のため，短期的な記憶から長期的な記憶への変化が妨害されたために記憶が固定されなかったものと考えられます。記憶の固定には，約1時間程度の時間がかかるとされており，その間に脳に強いショックが加わると，その時経験していた内容は長期記憶に固定されないまま失われてしまいます。アルコールを多量に飲むとその時のことを覚えていないのも同じ理由です。

さらに学ぶために

『学習の心理——行動のメカニズムを探る』実森 正子　サイエンス社

『抑圧された記憶の神話——偽りの性的虐待の記憶をめぐって』E.F. ロフタス & K. ケッチャム　誠信書房

『なぜ，「あれ」が思い出せなくなるのか——記憶と脳の7つの謎』ダニエル・L. シャクター　日本経済新聞社

第 5 章　学習と記憶

トピック 5–1　　夢と記憶

　カナダの精神医学者で睡眠の研究を行っている**ニールセン** (Nielsen, T.A.) は，日常体験が記憶として定着するまでに 2 度にわたって夢の中に登場することを発見した。最初は，体験直後に夢に現れ，2 度目はそれから約 1 週間たってもう一度夢に表れる。ちなみに，この**タイムラグ効果** (timelag effect) と名づけられた現象は，特に女性に顕著だという。女性は男性に比べエピソード記憶が優れていることが知られているが，これはあるいは体験を夢の中で 2 度繰り返すという練習効果が影響しているのかもしれない。さらにおもしろいことに，情動を強く刺激する体験やストレスに満ちた体験の場合，最初に夢に登場するまでには通常の体験に比べ時間がかかり，3 日後となることも分かった。ところが，2 度目に夢に見たのは，普通の体験と同じく最初の夢から 1 週間後（体験からは 10 日後）だった。この強いストレスに満ちた体験が遅れて夢に登場するという結果は，トラウマ体験の抑圧を思わせる。ニールセンの研究は，日常体験が長期記憶システムに統合されるには，まず視覚イメージとして記憶され，それが夢の中で再生されることで，次第にエピソード記憶に変換され，自伝的記憶に取り込まれることをうかがわせる興味深い知見といえる[48]。

　視覚イメージの記憶がエピソード記憶とは記憶のタイプが違っていることを示す研究は，睡眠と夢の研究で有名な精神科医ホブソンの弟子の**スティクゴールド** (Stickgold, R.) を中心とするグループにより報告されている。彼らは，入眠時に経験される幻覚様体験を TV ゲームで誘発することで，これが通常のエピソード記憶とは違ったタイプの記憶であることを実証している。

　夢中になって TV ゲームやパチンコなどをやった日は，眠りにつこうとするとゲームの画面やパチンコの盤面が鮮やかに目に浮かんできたという体験は誰にもあるのではないか。スティクゴールド達は，TV ゲームを日中に長時間やると，入眠時にそれが幻覚様体験として再現されること，また，以下のようにこの幻覚様体験はエピソード記憶に基づくものではないことを確かめている。こ

---

48)　ロック, A. (2006). pp.147-149.

トピック 5-1 夢と記憶

の研究では，テトリスをやったことのない健常者 10 名，数年前まで良くやっていた健常者 10 名，それに海馬を含む側頭葉内側面に損傷を受けたため前向性健忘となった患者 5 名を対象に行われた。この 3 群の実験参加者にテトリスを 3 日にわたって毎日 7 時間ずつやってもらい，その時の入眠時幻覚及び思考内容について調べた。その結果，テトリスの経験があってもなくても，テトリスをやるにつれ，眠ろうとするとゲームに登場する画面のイメージが目に浮かんでくるようになった。つまり，TV ゲームのような熱中しやすい経験をすることで獲得された視覚体験は，特に覚えようとしなくても記憶され，それが入眠時には視覚イメージとして再生されることが実証された。興味深いのは，日中にゲームをやったことを全く覚えていない前向性健忘の患者であっても，入眠時には健常者と同じようにテトリスのイメージが浮かんできたことである。このことは，テトリスの画面は，海馬が関わるエピソード記憶とはタイプの異なる記憶，おそらく手続き的記憶の一種だということを示唆している[49]。

---

49) Stickgold, R. et al. (2000).

第 5 章　学習と記憶

トピック 5–2　　心因性健忘

　精神分析学では，幼児期の性的虐待のような心的外傷体験の記憶が抑圧されることが，成人後のさまざまな精神症状を引き起こすと考えている。それでは，外傷体験を大人になって思い出せないということが本当に起こるのだろうか。子どもの時に酷い虐待を体験した人を対象にした調査では，そのうち 4 割近くが 20 年以上経ってもそのことを全く覚えていなかったことが判明している[50]。この調査からも，外傷体験が記憶形成を妨害することがあるのは確実であろうが，それが抑圧によるかどうかについては，精神分析学の理論をどの程度受け入れるかによって，研究者の意見は対立している。ただし，以下に述べるように，エピソード記憶の障害をもたらす原因には，外傷体験以外にもさまざまあり，抑圧が記憶障害の唯一の原因だとはいえない。

　まれではあるが，実際にストレスが原因で健忘が起こることがある。極端な場合には，自分の過去について全く思い出すことができない**全生活史健忘** (generalized amnesia) と呼ばれている状態になることがある。これは**逆向性健忘** (retrograde amnesia) の一種で，想起の障害である。全生活史健忘を含む逆向性の想起障害は，ストレス以外にも交通事故や転倒に際しての頭部への打撃や感電などさまざまな脳へのショックが原因で起こることがある。この障害が次に述べる**一過性全健忘** (transient global amnesia) と異なる点は，記憶の障害が過去の体験を思い出せないという想起の障害であるのと，新しい体験を記憶することに関わる海馬を中心とする脳の活動には障害が及んでいないことである。全生活史健忘では，過去の体験そのものは長期記憶中に保存されているので，多くの場合しばらくすると記憶を取り戻すことができる。この場合の健忘は，外傷体験というよりは日常的なストレスや物理的なショックが原因で起こり，健忘はエピソード記憶全体に及んでいる[51]。この点で，外傷体験にまつわる記憶だけが思い出せないという抑圧された記憶とは違っている。

　一過性全健忘は，強いショックにより記憶の形成が一時的に妨害されたため

---

50)　Williams, L.M. (1994).

51)　Markowitsh, H.J. (1998).

174

トピック5-2 心因性健忘

に起こる。この障害は，精神的ショック以外にも運動などでも起こるとされている。一過性全健忘は，一過性という言葉の通り，数時間からせいぜい1日程度の間の健忘である。その時の脳の活動状態を調べると，視床や海馬のある側頭葉の内側部で血流が低下していることが確認されている。このことから，一過性全健忘では，強いショックが引き金となって，視床や海馬の働きが一時的に抑えられたことが記憶障害の原因となっているとされている[52]。

52) Goldenberg, G. (1995). 第5章

第6章 動機づけと情動

　環境を認識し，それに対し適切な反応を行うことで，生物は環境に適応して生きてきた。一般には環境とは個体を取り巻く外部環境を意味しているが，それに加えて自分自身の身体も適応すべき内部の環境である。自己の生存を確保するためには，こうした内外の環境に適応する必要がある。また，自分の置かれた環境が自分にとって安全なのか危険なのかなど，環境と自分自身との関わりを適切に認識した上で，それに基づいて適応的な行動を起こす必要もある。そうした適応的な行動を起こす心の仕組みは**動機づけ** (motivation) および**情動** (emotion) と呼ばれている。この章では環境に適応するべく我々を行動へと駆り立てる心の働きとしての動機づけと情動の働きについて説明する。

6.1　動機づけとは

　誰かが普通はやらないような行為を行った場合などに，「なぜそんなことをしたのか」という疑問が湧いてくるだろう。これは，行為の意図や動機を知りたいという欲求から出てくる疑問である。このことから，人は暗黙のうちに行動の背後には行為者を行動に駆り立てる力が働いていることを想定していることがうかがわれる。

　動機づけとは，ある行動が，1) 自発的で，2) 目的をもって行われ，3) その目的が達成されれば，行為者は正の報酬を受け，少なくとも一時的には同じ行動を起こしにくくなる（つまり満足する），という条件を満たす場合に想定され

る心の働きである。たとえば，飼っている犬が時間になると散歩に行こうと誘いに来るという行動を例にとると，この犬の行動は，環境から促されたようにはみえず，自発的である。また，この行動は，散歩をするという目的を達成するように飼い主を促すために行われ，飼い主に散歩に連れ出されると，犬はそれを喜んでいるように見え，散歩が終われば次の散歩の時間までは同じ誘いをしない，というように上記の動機づけの3つの条件を満たしている。そのため，この犬の行動は動機づけ（運動したい，外で遊びたいなど）に促されて起こっていると想定できる。

6.2 動機づけの仕組み

食欲を例に動機づけにより行動が発現する仕組みを図式化すると図6-1のようになる。食欲は，体内の生理学的状態などにより変化するが，特定の食べ物に対し食欲をそそられるということがある。これは，過去の経験，つまり学習によりその食べ物はおいしいということを学習しているからである。このように，外部の刺激が学習の結果として特定の動機づけを起こす場合に，その刺激を**誘因**（incentive）と呼ぶ。誘因をもたらす刺激が知覚されると，体内の生理学的状態（つまり，お腹がすいているかどうか）に応じて，**動因**（drive, ここでは食欲）が生まれる。この動因が動機づけである。

動因に促されて，食べ物を探すというような具体的な行動が発現し，食べ物が見つかれば，それが摂取されることで動因の原因となっている生理的状態が

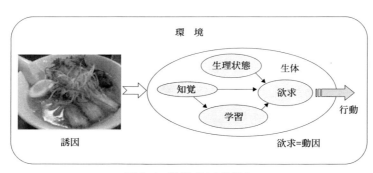

図 6-1：動機づけの仕組み

6.3 生物学的動機づけと視床下部

表 6-1：動機づけのタイプ

動機づけのタイプ	対象	具体例
生物学的動機	個人	飢え，乾き，性
内発的動機	個人	遊び，好奇心，探索行動
社会的動機	集団間	防衛的攻撃，優越性
	集団内（個と社会）	公正，愛他
	集団内（上下関係）	支配，服従
	集団内（社会的ネットワークの形成）	達成，親和
	集団内（親密な他者）	愛着，愛情

解消される。これを**動因低減**（drive reduction）という。動因低減が起きると，動機づけの働きは停止するとともに，動因の低減につながった行動は道具的条件づけにより発生頻度が高くなる。その結果，次に同様の状況に遭遇すると，より効率的に食べ物を手に入れることができる。

動機づけには，表 6-1 にあげたように，**生物学的動機**（biological motivation）づけ，**内発的動機**（endogenous motivation）づけ，それに**社会的動機**（social motivation）に分けられている。生物学的動機づけは，**ホメオステーシス**（homeostasis）と呼ばれている体の生理学的状態を一定に保つ必要から生まれる動機と自身の遺伝子を次の世代に残すために必要な繁殖行動に関わる性的動機が含まれる[1]。

6.3 生物学的動機づけと視床下部

生物学的動機づけには視床下部が密接に関わっている。視床下部は，大脳辺縁系の一部で，情動や動機づけの直接的な制御を行っている。視床下部には，摂食や飲水，性行動，睡眠など動機づけに応じてその制御を行っている神経核群があり，体内の生理学的状態を常にモニターし，動機づけに関わる信号を発生している。食欲を例にとると，視床下部には VMH と LH という神経核があり，これが摂食の停止（VMH）と開始（LH）を制御している。そのため，前者は**満腹中枢**（satiety center），後者は**摂食中枢**（feeding center）と呼ばれている。動物

---

1) マレー，E.J.（1966）.

第6章　動機づけと情動

実験で，VMHを破壊すると，その動物はいつまでも食べ続け，肥満する。逆にLHを破壊すると食物を摂取しなくなり，ガリガリにやせてしまう。VMHやLHには血中の糖やインシュリン，それに遊離脂肪酸に感受性を示す神経細胞が見つかっている。これらの神経核は，こうした血中の物質をモニターすることにより摂食行動に関わる動機づけ（つまり食欲）を制御している[2]。

6.3.1　肥満と食行動の制御

　摂食行動を制御している要因は，食欲だけではない。それに加えて好み（快感）が関係している。情動の理論で有名な社会心理学者のシャクター（Schachter, S.）は，ロディン（Rodin, J.）と共著で『太った人とネズミ』というちょっと変わった題名の本を書いている。この本でシャクターとロディンは，VMHを破壊されたために食べることをやめられなくなり，その結果肥満したネズミと太った人が見せる行動には共通点があると指摘している。その共通点とは，肥満した人でもネズミでも，味の良し悪しのような外的要因が食行動の制御で重要だという点である。太った人の場合，たとえば，実際よりかなり進んだ時計をそうとは知らずに見ると，時計の針が12時を指すと食事を普通に摂ったり，食べるのに手間のかかるもの（殻にはいったピーナッツや中華レストランでの箸を使った食事）は敬遠したりというように，食欲（動因）よりも好み（誘因）を優先する傾向が見られた[3]。

　最近の研究では，より直接的に誘因と動因低減に関わる脳領域の活動が肥満と関係するという証拠も見つかっている。それは，もうすぐチョコレートミルクセーキ（あるいはただの水）が味わえることを知らせる合図を見ている時の肥満女性と通常の体重の女性の脳の活動を調べた研究である[4]。この研究では，チョコレートミルクセーキが味わえるという合図を受け取る（誘因を起こす）と味覚に関係した快感が起こり，実際にそれを味わう（動因低減）と脳の報酬系が活動することが判明した。さらに，通常の体重の女性と比べ，肥満した女性では誘因に関わる領域の活動はより強く，報酬系の活動はより弱かった。つまり，シャ

---

2)　モーゲンソン, G.J. (1981). pp. 107–110.
3)　Schachter, S., & Rodin, J. (1974).
4)　Stice, E. et al. (2008).

クターとロディンが行動レベルで明らかにしたように，肥満には食べ物がもたらす快感が関係していることが脳の活動としても裏付けられたことになる。さらに，肥満した女性はチョコレートミルクセーキを味わう（動因低減）ことでもたらされる報酬価が，通常の体重の女性より小さかったという結果は，食べることによる満足感を得にくい女性は，それを補おうとして過食しがちなことが肥満の原因となっていることをうかがわせる。

食行動の制御に直接関係する生理学的仕組みは，進化的には大脳辺縁系を中心とする脳の古い領域が担当している。しかし高次の精神機能が行動の制御に関与してくる我々人間では，食行動の制御でもこうした進化的に古い制御系だけでなく，前頭前野を中心としたより新しい制御系も関わってくる。そのため，高次の制御系の機能差が肥満と関係してくる。実際，多様な年齢の心身ともに健康な人を対象に，能動的な制御を測定する認知課題と BMI を指標とした肥満の程度との関係を調べたところ，肥満した人では普通の体重の人と比較して能動的制御課題の成績が低いという結果が得られている[5]。分かりやすく言えば，欲求の制御が悪いと肥満になりやすいということになる。

6.4 内発的動機

内発的動機とは，**遊び**（play）や**好奇心**（curiosity）のように，みたところ個体の維持にも集団と自己の関係の調節や維持にも関わらない無駄とも思える行動を促す動機づけである。たとえば，窓を開けると外が見えるようにしたオリの中に子ザルを閉じ込めて，窓を開けるとそこからおもちゃの汽車が走っている様子や仲間のサルが眺められるようにしておくと，子ザルは外を見ようと窓につけた鍵を外すようになる。この子ザルの行動から，外を見ることが子ザルにとって報酬として作用していることがうかがわれる。この子ザルを促している動機づけは内発的動機と呼ばれている[6]。

動機づけは，そもそも生体内部から起きる行動を促す作用なので，内発的という表現は蛇足とも言えるが，内発という表現は医学ではしばしば原因が不明

---

5)　Gunstad, J. et al. (2007).
6)　マレー，E.J. (1966). pp. 110–112.

第 6 章　動機づけと情動

な場合に用いられることから，遊びや好奇心にかられて行われる行動の場合も，その目的ははっきりしないが他の動機づけによるとは思えない自発行動を起こす動機ということで，この名称が用いられている。

6.5　社会的動機

社会的動機は，社会的動物としてのヒトが進化の過程で獲得した動機づけである。社会的動機は，表 6–1 にあるように集団との関係で 3 つに分類できる。第 1 は，他の集団との関係で進化してきたと思われる動機で，**超社会的動機** (ultrasocial motivation) と呼ぶことができる。第 2 の動機づけとしては，集団内での個人の行動に関わる一群の動機がある。さらに，親密な関係（夫婦や親子）で働く第 3 の動機づけがある。

6.5.1　超社会的動機

第 3 章でも述べたように，ヒトには集団間の軋轢が進化させた超社会性と呼べる心性が備わっている。たとえば，どの社会も自分達を他の社会と比べ，より優れていると見なす傾向がある。どの民族の神話にも，自分たちは神が創造したとか神の子孫であるとかという記述が見られる。これは，「自分達は特別な存在である」という気持ちを成員に抱かせることで，成員の集団への帰属意識を高める働きをする動機づけで，**自民族中心主義** (ethnocentrism) と呼ばれている行動をもたらす。これは，**内集団優越性** (ingroup superiority) と言われる。

集団間では自分の帰属する集団を守るという名目が立てば，外集団の成員に対しては抑制することなく攻撃的な行動をとる。これは，**集団防衛** (defence of ingroup) という動機づけである。これらの動機づけは，他の集団との敵対的な関係を生き延びるために必要な集団を維持・運営する目的に沿った行動を起こす働きがある。

6.5.2　集団内動機

第 2 の社会的動機づけのグループは，集団内での個々人の関係に関わる動機づけである。現代社会では，人は会社や趣味のサークルあるいはネット上の擬

6.5 社会的動機

似的集団まで，多様な集団に所属しているが，そこで人々を行動に駆り立てる
動機づけは，元来は狩猟採集社会での部族のような小集団で進化した（第3章
「ヒトの社会性の進化」の節）。狩猟採集社会では，帰属集団（内集団）とそこに内
包されている家族集団が社会の基本単位であり，人はそうした集団の中で誕生
し，そこで成長し，安心して老いていくことができた。つまり，集団に帰属す
ることで自己の安全や安心を保つことができたので，自分が属する集団を安定
的に維持するとともに，その中で自分の地位を確立する必要がある。集団内で
働く動機づけはそうした動機づけである。

6.5.3　愛他と公正

　自分が属する集団が生き延びるためには自己犠牲を厭わず集団のために貢献
する必要がある。これが愛他（利他）という動機づけである。この動機により，
狩猟採集社会では採れた獲物は仲間同士で分け合ったり，困った時には相互に
助け合ったりしていた。しかし，他方で愛他的動機から生まれる成員同士の相
互扶助は，もし一方がもっぱら利益を得るのみで他の成員に対し何ら貢献をし
ないならば，集団の維持にとってむしろマイナスとなる。そこで，こうした行動
を規制しようとして，愛他的行動にただ乗りしようとする成員に対しては，強
い否定的感情を抱く仕組みも進化させた。これが**公正**（fairness）という動機づ
けである（トピック 3–1 参照）。

6.5.4　支配と服従

　集団内で働くもう1組の動機は，**支配**（dominance）と**服従**（obedience）であ
る。この2つの動機は，組織の中で上下関係にある関係で働き，支配は，上か
ら下への意思の伝達にかかわり，服従は，下の者が上位の人からの承認を求め，
その命令に従おうとする動機づけである（トピック 6–1）。「名選手，名監督なら
ず」と言われるが，自分で何かを成し遂げることと，部下に何かを成し遂げさ
せることの間には，動機づけからみても大きな違いがある。自分が成績をあげ
るという行動は，（個人の資質に加え）達成による動機づけが重要であるが，部
下をうまく操縦して，その能力をフルに発揮させるためには，支配に関わる動
機づけ（**権力**（power）とも呼ばれる）が関わってくる。

第 6 章　動機づけと情動

6.5.5　達成と親和

　集団内の個人にとって，集団内で自己の地位を確立し，他の成員と円滑な関係を保つことは他の何にも増して重要であり，そのための動機づけとして**達成**（achievement）と**親和**（affiliation）が進化してきた。自己の存在を周囲に認めさせるためには，がんばって成果をあげる必要がある。これが達成である。達成動機は，自分の能力を発揮し，それを周囲に認めさせようとする動機づけであり，いわゆる「やる気」と関係している。そのため，スポーツ，教育，それに組織行動に関わる分野では重要な研究テーマとなっている。また，個人が他の成員を無視して自分だけ成果をあげようとすると，他の成員との関係にあつれきが生じ，ひいては「出る杭は打たれる」の喩えのように，周囲から反発やねたみによる妨害を受けることになる。そうした無用な軋轢を生まないように，自己と他者の関係をうまく調整する必要がある。そのための動機づけは，親和と呼ばれている。

　達成動機と親和動機は，文化によってもどちらをより強調するかが違っている。我が国は，聖徳太子の「和をもって貴しとなす」という言葉にも表われているように，親和をより強調する文化である。これに対し，欧米の文化は達成をより前面に立てる傾向がある。こうした文化差を反映して，欧米では個人の業績を顕彰し，それを記念することがひろく行われている。そのため，欧米では，ある街や組織に顕著な貢献をした個人にちなんだ名前がつけられた建物や街路がよくみられる。また，文芸作品では，個人の活躍にスポットライトを当てた作品が好まれる。たとえば映画では，「ダーティハリー」や「ダイハード」のように，個性が際立つ（いいかえれば，勝手な行動をする）個人が主人公として活躍する映画が作られている。これに対し，我が国では映画「寅さん」やマンガ「こち亀」の両津のように，達成だけでは語れないヒーローが愛されている。

6.5.6　親密な関係

　親密な関係には，親子間と異性間の関係がある。これらの関係では，**愛情**（affection）と総称される動機づけが働く。愛情は，親子関係では，子どもの世話という親の行動と親になつくという子どもの行動の動機となっている。後者は，**愛着**（attachment）と呼ばれている（6.7.3 の「愛着は 2 次的動因か」を参照）。異性

184

間では，愛情という動機づけにより，相互に世話をするという愛他行動が形成され，これらの行動が持続することで親密な関係が形成・維持される。

　男女間であっても親子間であっても，愛情には共通した生理学的基盤がある。それは，**オキシトシン**（oxytocin）というホルモンの作用である。オキシトシンは，脳下垂体の後葉から分泌されるペプチドと呼ばれている蛋白である。このホルモンは，元は出産授乳ホルモンと呼ばれていたことからも分かるように，哺乳類の出産・育児行動に密接に関わるホルモンである。また，オキシトシンは，子宮収縮剤としても用いられ，出産を助ける作用も果たしている。オキシトシンは，行動面でも**母性行動**（maternal behavior）と密接に関わっている。ラットの実験では，オキシトシンを投与されたメスは，出産経験がなくても，巣作りや巣からさまよい出た子どもを巣に回収するなど，さまざまな母性行動を示すようになる。

　オキシトシンは，皮膚からの触刺激により分泌が促されることからも，いわゆる**スキンシップ**を支えるホルモンだといえる。ラットでの実験から，ラットの腹をやさしくなぜることでオキシトシンの分泌が促され，分泌されたオキシトシンの作用で血圧低下やストレスホルモンの抑制が起きることが知られている。つまり，皮膚からの刺激は，オキシトシンを介してリラックスした心理・生理学的状態を生む作用をもつ。人間でも同様で，オキシトシンはスキンシップを介して母子の親密な関係を育てることに役立っている。オキシトシンは，性的絶頂時にも分泌され，これが男女間の親密な関係の醸成に貢献している。対人関係で，皮膚の密着した状態が許容されるのは，幼い子どもと親との間と性的関係にある二者間のみであるが，これも触刺激により分泌を促されるオキシトシンが媒介した親密さが関係している[7]。

6.6　労働への動機づけ

　現代文明は，多くの人々の労働によって支えられている。この人々の労働を支える動機づけとしてはどのようなものがあるだろうか。MIT で経営学の教

---

7)　ウヴネース-モベリ，K.（2008）．第 6 章

授だった**マクレガー** (McGregor, D.) は，労働への動機づけには 2 種類がある
とし，それらを **X 理論**と **Y 理論**と呼んだ。X 理論は，性悪説であり，たいて
いの人は怠け者で，働くことを嫌い，成果を引き出すには，アメとムチ（つまり
報酬と罰）を外部から与える必要があるという考え方である。これに対し，Y 理
論は，性善説に立ち，人間には働きたいという欲求があり，達成感と責任感を
求めているという考え方である。つまり社会的動機づけに促されて自分から積
極的に働くのが人間だという立場である。

　この 2 つの労働への動機づけは，相互に相容れないものではなく，人が働く
のは，金銭的な報酬のためでもあるが，それに加えて仕事に対しいわゆる「生
きがい」を求めてもいる（トピック 6–2）。こうした仕事に対する「生きがい」の
一端を支えているのが，会社などの組織に対する帰属から生まれる集団内動機
づけである。日本的経営の分析からは，高度成長期の日本を支えたのは，「終身
雇用」，「コンセンサス重視」，「集団責任制」などの労働慣行だったとされてい
る。こうした慣行は，労働者に組織への帰属意識を生むことに貢献し，組織や
仕事に対するコミットメント（積極的参与）をうながした。その結果，労働者は，
Y 理論に沿った行動が動機づけられた[8]。

6.7 動機づけと学習

　動機づけられた行動が目的を達成すると，主観的には満足を感ずる。この満
足は，道具的条件づけの基礎となっている報酬に対応した感情であり，行動を
より適応的に変化させる学習（第 5 章「道具的条件づけ」）を支えている。

6.7.1 脳の報酬系

　脳の**報酬系**（reward system）は，カナダのマッギル大学で研究を行っていた
オールズ（Olds, J.）と**ミルナー**（Milner, P.）という若い研究者により 1954 年に
発見された。彼らは，ラットで**中隔**（septum）という脳の部位に電極を挿入し，
そこを電気的に刺激すると，ラットが刺激を受けた場所を好むようになること

---

8)　Harvard Bussiness Review Anthology (2009). 第 8 章

6.7 動機づけと学習

を発見して，電気刺激が報酬としての働きを果たすことに気づき，これを確認する実験を行った。その結果，ラットは電気刺激を受けるためなら，床から電気ショックを受けてもひるまず通路の反対側まで渡ったり，スキナー箱では頻回のレバー操作を12時間も継続して行ったりすることが明らかになった。こうしたラットの行動から，オールズとミルナーは，発見した領域を**快中枢**（pleasure center）と呼ぶことにした[9]。実際，人間で同様の部位を電気刺激すると，刺激された人は快感を感ずることが分かっている。この画期的な発見から，脳には道具的条件づけの学習をうながす報酬の働きを媒介する神経系があることが明らかになった。その後の研究から，脳の報酬系（図6-2）は，**内側前脳束**（medial forebrain bundle）という神経の走行に沿っていることが判明した。この神経系は，ドパミンを神経伝達物質としており，この物質が報酬を知らせる役割を担っていることが明確になった。

ドパミン神経の基になる核は脳幹部に複数あるが，その中で心の働きと関係が深いのは2つの系統である。1つは**黒質**（substantia nigra）に細胞体があり，そこから軸索を**大脳基底核**（basal ganglia）の一部（尾状核と被殻）に伸ばしているドパミン神経で，錐体外路系と呼ばれる脳の運動制御系の働きを調整する役割を担っている。黒質のドパミン神経が失われると，難病にも指定されているパー

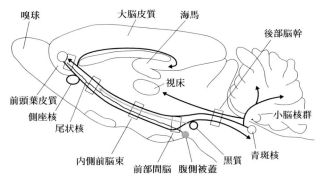

図 6-2：脳の報酬系　ドパミン神経のうち，腹側被蓋野から側座核及び前頭葉に投射している経路が報酬系の中心をなしている。出典：塚田裕三 (1981).

---

9) Olds, J., & Milner, P. (1954).

187

第 6 章　動機づけと情動

キンソン病（Parkinson's disease）となる。この病気の症状としては，四肢の震え
や筋の硬直に加え，最初の一歩を踏み出すことが困難となるという自発的な運
動開始の障害を示す。もう1つの系統は，中脳の**腹側被蓋野**（ventral tegmentum
area）から発して腹側線条体の一部をなす**側座核**（nucleus accumbens）に投射し
ており，これが上記の脳の報酬系を担っているドパミン神経である。

6.7.2　学習による2次的動因の形成

　オールズとミルナーが発見したように，脳の報酬系を電気的に刺激されると，
ラットは刺激を受けた場所に行きたがるようになった。本来，その場所はラッ
トにとって特に意味のある場所ではなかったはずであるが，報酬系を刺激され
たことでその場所は2次的に「よいもの」，言い換えるとプラスの報酬価をもつ
ようになったと考えられる。このように，プラスの報酬価を伴う道具的条件づ
けでは，報酬と結びつくことで環境刺激が2次的に報酬価を獲得するようにな
る。この学習は，古典的条件づけによると考えられている。2次的動因は，学習
により後天的に動機づけとして機能するようになった動因である。しかし，だ
からといって動機づけとしての働きが弱いということにはならない。このこと
は，お金をめぐる人々の行動を考えてみると明らかであろう。

6.7.3　愛着は2次的動因か

　行動主義が支配的であった時代には，生物学的動機以外の動機は，2次的動
因だと考えられており，子どもが親，特に母親に対して示す愛着もそうだとされ
ていた。この考えに疑問を抱き，子ザルを対象に愛着が2次的動因かどうかを
確かめる実験を行ったのが，ウィスコンシン大学の心理学者**ハーロー**（Harlow,
H.F.）であった。ハーローは，産まれて間もない子ザルを母ザルから離して，単
独でオリの中で育てることを試みた。このオリには2つの小部屋が取り付けられ，
それぞれにはサルの人形が入れられていた。この人形（**代理母**（surrogate mother)
と呼ばれた）は，基礎となる板の上に斜めに取り付けられた針金細工の筒状の体
をもち，その上に頭部がのっかっていた。この2体のサルの人形は，頭部の形
状に違いがあるが，基本的な構造は同じで，針金のボディには保温のための白
熱灯が備えられており，哺乳瓶を保持できるように上部には穴が1つあいてい

188

6.7 動機づけと学習

図 6-3：代理母実験　出典：スレーター (1988).

た。2つの人形で大きく違っていたのは，哺乳瓶の有無と針金のボディを覆うタオル地の布の有無で，子ザルにミルクを与えた哺乳瓶付きの人形は針金のボディがむき出しで，もう1体の人形は，ミルクはでない替わりに，子ザルが好む柔らかな感触のタオル地で覆われていた（図6-3）。

ハーローが知りたかったのは，子ザルが，2体の人形のうち，どちらに対し愛着を示すかということであった。もし，当時信じられていたように，愛着が2次的動因であるならば，子ザルはミルクを与えてくれる針金のボディをもつ人形に対し愛着を示すはずである。これに対し，愛着がそれ自体生得的な動機づけであるなら，ミルクは出なくてもスキンシップを与えてくれるタオル地の人形を選ぶことになるであろう。結果は，ハーローの予想を裏付け，子ザルは一日のうちの大部分の時間をタオル地の人形にしがみついて過ごし，ミルクが欲しくなった時だけ針金の人形の方へ移動した。

幼児が母親に対して示す行動を観察すると，母親が側を離れるとその後を追いかけたり，知らない人が近づくと母親の陰に隠れて顔だけのぞかせてその人を見たりする。こうした幼児の愛着行動から，母親は幼児に対し一種の安心感を与える存在となっていることがうかがえる。同様のことは，代理母に対する子ザルの反応でも観察されている。子ザルが怖がるように，オリの中に子ザルが見たことのない太鼓を叩くクマの人形を入れたところ，子ザルは急いでタオル地の人形のところに飛んでゆき，人形にしがみつきながらクマのおもちゃを振り返ってみるという行動をみせた。このことからも，血の通った存在でなくても，代理母が子ザルにとっては安心感を与える存在となっていたことが分か

第 6 章　動機づけと情動

る。つまり，愛着は 2 次的動因とはいえないことが明確になった[10]。

6.8　ヤーキス＝ドッドソンの法則

　心理学の最も古い法則に**逆 U 字の関係**（inverted-U relationship）というのがある。これは，ヴントの時代から知られていた覚醒と成績（パフォーマンス）の間にみられる U の字を逆さまにしたような関係である。覚醒の増加に伴う成績を調べると，寝起き直後のようにまだ覚醒が十分に高くないときには，何をやっても本来の実力を発揮できないが，覚醒が高まって行くにつれ，本来の能力が発揮されるようになる。しかし，覚醒がさらに高まって興奮状態となると，成績は再び低下するようになる。覚醒に影響を与える要因として，覚醒リズムだけでなく，生体内の生理的変化を伴う動機づけや情動がある。

　覚醒の上昇は，反応が起こる確率を高める作用がある。たとえば，ラットに覚醒剤を投与すると，ラットの活動量は大きく上昇する。覚醒剤を投与したラットを，容器に入れて観察すると，ラットは一時もじっとしていられず，容器の中で絶えず動き回る。これも，覚醒の上昇によりラットが脳内で生ずる多様な信号に対して反応しやすくなったこと（反応閾の低下）が影響している。

　動機づけや情動は，生体が環境に対し適切な行動を起こすように促す心の働きであり，行動を起こしやすくするために覚醒の上昇が伴っている。その一方で，反応閾の低下は，適応性という観点からは副作用も伴っている。それは，十分な準備をする時間がないまま闇雲に反応してしまう点である。危険に遭遇して全力で逃げるような場合には，じっくり考え判断する時間的余裕はなく，とにかくとっさに思いついたことを全力でやるしかない。こうした状況では，覚醒の上昇は，行動の結果に対し特にマイナスの影響を与えない。しかし，思いついたことに飛びつくことは，よい解決策にならない場合もある。昔から「火事の時に枕を持って逃げた」という笑い話があるが，これも，緊急事態に遭遇して覚醒が極限まで上昇すると，とっさに目についたものをつかんで闇雲に脱出を図る行動が起こりやすいことに由来している。

---

10)　Harlow, H.F., & Mears, C. (1979).

6.8 ヤーキス＝ドッドソンの法則

　覚醒レベルと成績の逆 U 字の関係において，最適な覚醒レベルは課題の困難度によって変化することが知られている。これを初めて実証したのは，**ヤーキス**（Yerkes, R.M.）と**ドッドソン**（Dodson, J.D.）による 1908 年の研究であった[11]。そのため，課題の困難度を考慮した覚醒と成績の関係は，現在では**ヤーキス＝ドッドソンの法則**（Yerkes-Dodson's law）と呼ばれている。ヤーキスとドッドソンは，図 6–4A にある装置を用いてマウスによる回避学習実験を行い，学習成績が課題の困難度によりどう影響されるかを調べた。この迷路課題では，普段暮らしている場所（巣，A の部分）に戻るためには，マウスは隣り合う 2 つの通路（L と R）のうち，黒い厚紙で天井が覆われた通路を避け，白い厚紙で覆われた方を選択する必要があった。2 つの通路は，床が通電可能なグリッド（W–L, W–R）になっており，マウスが間違った選択（黒い厚紙で覆われた暗い通路）をすると実験者の操作で電撃が加えられるだけでなく，この通路は通り抜けができないので，正しい通路へ戻る必要があった。透過光の強度を調整することで 2 つの通路の弁別しやすさ（課題の困難度）を操作した。この実験の結果から，図 6–4B に示したように，課題の困難度が増す（明暗の差が小さくなる）ほど，最適な学習に必要な電撃の強度（これが大きいと覚醒レベルが高くなる）は，より低い電圧値となることが判明した。つまり，課題が困難になるにつれ，成績が最高

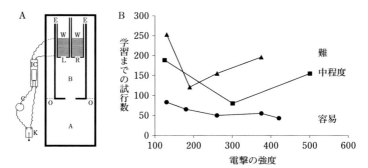

図 6–4：ヤーキス＝ドッドソンの法則　A の装置を使い，ラットに対し，明暗弁別課題を課し，エラーをすると電撃を加えた。弁別の困難度と電撃の強度を操作した結果，学習が成立するまでの試行数には，課題の難易度が中程度以上では図 B のような U 字の関係がみられた。出典： Yerkes, & Dodson(1908).

---

11)　Yerkes, R.M., & Dodson, J.D. (1908).

第 6 章　動機づけと情動

となるのは覚醒レベルのより低いポイントになる。

6.8.1　テスト不安と成績

　ヤーキス＝ドッドソンの法則の身近な例として，テストの成績に**不安** (anxiety)
が影響すること（テスト不安と呼ばれている）が知られている。誰でもテストを受
ける時には多少は緊張を覚えるものであり，そのテストが入学試験のように，そ
の後の進路選択に大きな影響を与えるものであれば，それだけ不安も強くなる。
　不安のような基本的情動では，多くの場合，情動が強くなるとともに覚醒も
上昇する。従って，テストに際し，強い不安を感ずる人ほど高い覚醒状態でテ
ストを受けることになる。ヤーキス＝ドッドソンの法則からして，テストに対
し強い不安を抱いている学生では，テストのむずかしさによって，高い不安が
成績に不利に作用するかどうかが違ってくると予想される。これに対し，テス
ト不安がなければ，テストの成績は本来の実力に比例するはずである。テスト
のむずかしさの程度は，学力に反比例すると考えられるので，テスト不安が高
い学生では，学力が低くなるにつれ，その影響で成績が本来の実力から想定さ
れる成績よりも低下することになると予想される。
　実際にアメリカのある大学で，不安の程度を測定し，その結果に基づいて上
位 10％に入る学生と下位 10％に入る学生を選び出し，これら 2 つの群のそれ
ぞれを入学時の進学適性テスト（これは知能と相関している）の成績で 5 段階に分
け，大学での成績を求めたところ，低不安の学生では進学適性テストの成績と
大学での成績はほぼ比例したが，高不安の学生は，進学適性テストの成績が一
番高い群と一番低い群を除いた中間の 3 群では，低不安群の学生に比べ成績が
低くなった（図 6–5）。進学適性テストの成績がトップグループに属した学生に
とっては，おそらく大学の試験はそれほどむずかくないので，不安の影響が現
れなかったものと思われる。他方，進学適性テストの成績が最低の群では，そ
もそも試験の成績がこれ以上低くなれない（これを**床効果** (floor effect) と呼ぶ）の
で，不安による影響が見られなかったのであろう。実際，退学率をみると，進
学適性テストがトップの群（不安の程度にかかわりなく 10％前後の学生が退学）を除
いて，どの群も不安の高い学生の退学率が低い学生よりも大幅に上回っていた
（全体としては，高不安群は 20.2％，低不安群は 5.8％の退学率）。とりわけ，進学適性

192

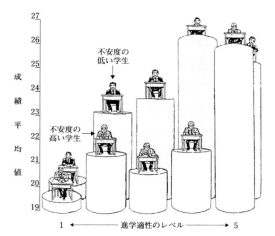

図 6-5：不安と学業成績の関係　出典：スピールバーガー (1983).

テストの成績が最下位だった群では，高不安群の学生は 27.3%が退学したのに対し，低不安群では約半分の 13.6%しか退学しなかった[12]。退学率からみても，テスト不安は，確かに学生の勉学継続への意欲に対して悪影響を及ぼしているといえる。

6.9　情動

　情動は，進化的には古い哺乳類の脳（第 2 章）を中心とする神経システムにより制御されていることからも分かるように，進化的にみて古くからある心の働きであり，その本来の役割は，状況に応じた適切な行動を可能にすることにあった。

　情動は，3 つに分類することができる。それは，表 6-2 にあるように，基本的情動，高次の情動，それに**気分**（mood）である。基本的情動は，進化的に古い情動で，ヒト以外の動物（たとえば犬や猫）でも見られる情動である。これに対して，高次の情動は，ヒトに固有の集団のあり方が進化するなかでできあがって

---

[12]　スピールバーガー, C. (1983). pp. 81–85.

第6章 動機づけと情動

表 6-2：情動の分類

情動のタイプ	具体的な情動
基本的情動	喜び，恐れ，不安，怒り，驚き，嫌悪，悲しみ
高次の情動	愛情，嫉妬，恥，決まり悪さ，罪悪感，誇り，ねたみ
気分	多幸，イライラ，不安，抑うつ

いったものである。心理学での情動の研究は，これまで大部分が基本的情動に関するものであったが，最近ようやく高次の情動についても研究が盛んになってきている。情動がどちらかと言えば生体が置かれた環境に対する反応であるのに対し，気分は，環境要因の影響だけでなく，遺伝的な個人差を反映した脳内の神経伝達物質やホルモンのバランスの変化にも影響される。また，気分についての研究は，精神医学分野でも盛んである。これは，**抑うつ**（depression）や**多幸**（euphoria）のような気分変動は，時に日常生活に支障をもたらすことがあり，そのため治療の対象となる場合があるからである（第8章）。

6.10　情動の機能

　情動には，表6-3に示したような機能がある。このうち，第1の機能は，非常事態に対する対応を可能にすることである。「**闘争か逃走か**（fight or flight）」，という緊急事態に遭遇した場合に，それに適切に対応できるように心理的・生理的な準備をするという情動の機能は，最も原初的な情動の働きを反映していると思われる。

6.10.1　非常事態に適応する機能
　ヤーキス＝ドッドソンの法則で述べたように，覚醒の上昇は，全力で逃げるというような単純な行動に対しては，成績をよくするように作用するので，危険との遭遇が引き起こす高い覚醒は生存に貢献することになる。実際，危急の際に普段の力からは考えられないような筋力を発揮したというエピソードは，ときにマスコミをにぎわすことがある。
　運動生理学の専門家によると，人間が出すことのできる筋力には，理論上の

6.10 情動の機能

表 6-3：情動の機能

情動の機能	具体的な働き
非常事態に適応する	体の状態を非常事態（「闘争か逃走か」）に適合した状態にする
事態の評価	自分が直面する事態が自分にとってどのような意味をもつかを評価する
動機づけ	事態に合った行動を起こす
社会生活を円滑にする	表情などによる非言語的手がかりを介して，心の状態を他者に理解させる

最大値である「絶対筋力」と，自分の意志の力で出すことのできる最大値である「極限筋力」があるという。普通の人が練習を積んで出すことのできる極限筋力は，絶対筋力の65％程度であるが，ウェートリフティングの熟練した選手だと練習時に80％を越えるようになる。さらに，オリンピックのような本番の試合では，練習時から12％も筋力がアップすることがあるという。これは，競争にともなう注意集中が，本来なら体を守るために備わっているリミッターの働きを抑えこんでしまい，絶対筋力により近い筋出力を可能にしたためだとされている。これが「火事場の馬鹿力」の仕組みである。それなら，なぜ普段はそこまで力を出さないのかというと，それは体を守るためである。極限まで筋肉の力を発揮すると，筋肉や腱に損傷が起こる可能性が高くなる。従って，どうしてもやむを得ない非常事態以外では，安全装置が働いて絶対筋力近くまで力を発揮させないようにしているのである[13]。

6.10.2 事態を評価する機能

情動の第2の働きは，自分が置かれた状況を評価するという働きである。自分が置かれた状況が自分にとってどのような影響をもたらすのかを正しく評価し，それに合った行動をとることで適応的な行動が可能になる。

表6-2のように，基本的情動に限っても情動にはさまざまなものがあるが，これらはその**情動価**（valence）により，正と負に分けることができる。情動価は，対象や状況が自分にとってよいか悪いかという評価を反映している。**正の情動**

---

13) ワイズ, J. (2010). p.50.

第 6 章　動機づけと情動

（positive affect: 快の感情を伴う）は，細かなニュアンスや強度の違いでさまざまな呼び名で呼ばれるが，喜びあるいは幸福としてひとくくりにまとめることができる。これに対し，**負の情動**（negative affect: 不快の感情を伴う）は明確に質が違う複数の情動に分けられる。

　正の情動価を与える対象には接近し，それを求める行動（接近）が起こり，負の情動価を与える対象からは距離をとるなり逃げるなりの反応（回避）が起こる。負の情動価の場合，具体的な情動により，対象からどの程度の距離をとるかが違ってくる。恐怖を引き起こす対象からは，安全な距離を確保する必要があるが，嫌悪を感じさせる対象なら，目を背ける程度でもよい。

6.10.3　動機づけとしての機能

　状況を評価した結果として，状況に対応した行動を行う必要がある。これが情動の第 3 の機能としてあげた動機づけの機能である。表 6-4 に示したように，基本的情動にはその種類に応じた行動を起こそうとする動機づけの働きがある。

　この中で**悲しみ**（sadness）だけがやや例外的である。他の情動は，その情動を引き起こした状況に応じた適応的行動が起きやすくなるのに対し，悲しみの場合には，どんな行動が起こりやすくなるのかはっきりしない。悲しみは**喪失**（loss）が生み出す情動である。たとえば，大事な人やペットなどを失うと誰でも悲しみを覚え，人によっては何もする気がおきず，日がな一日泣いてばかりいる。この傾向は，悲しみがより重篤となりかつ遷延化した状態であるうつ状態（第 8 章）では，もっとはっきりと表れる。うつ状態の人は，あらゆる欲求が減退し，朝起きるのも仕事に出かけるのもおっくうに感ずるようになる。うつ状態を引き起こすのは，精神疾患としてのうつ病や躁うつ病だけではない。C型肝炎の治療に使われるインターフェロンは，免疫系の機能を増進するが，その副作用として抑うつ状態を引き起こすことがある。さらに，日常的に経験する抑うつ状態としては，風邪を引いた時の倦怠感がある。これも，風邪のビールスに対して免疫系の働きが昂進した結果として起こる抑うつである。こうした免疫系の活動が引き起こす抑うつは，活動を抑制することで，体の回復を早めることに役立っている。こうしたことを考えると，悲しみも，喪失に伴う心の傷を癒すために何もしない（つまり休息する）という動機づけとなっているの

196

6.10　情動の機能

表 6–4：基本的情動の動機づけとしての働き

情動	動機づけ
喜び	対象に接近する・積極的に目標を追求する
怒り	障害を乗り越える思い切った行動をとらせる
恐怖	対象から逃げる（なるべく距離をとる）
不安	情報を求める・安心感を得ようとする
驚き	対象に注目し，それを理解しようとする
悲しみ	傷を癒やすため，心身を休める

9.11 テロリスト攻撃直後のインターネット調査

　テロリストの攻撃は，アメリカの人々にたくさんの感情を引き起こしました。私たちは，特にあなたがこの攻撃の何に最も怒りを感じたかに関心があります。この攻撃であなたが最も怒りを覚えたものを 1 つだけ詳細に述べて下さい。それについて，できるだけ詳細に記述して下さい。できれば，それを読んだ他の人が攻撃の状況について知ることで怒りを覚えるように書いていただければと思います。

図 6–6：怒りとリスク評価　別の被験者は，怒りを恐れに変えたものを読まされた。出典：Lerner, et al.(2003).

ではないか。

　引き起こされた情動により促される行動に違いが出ることを実証する例として，2001 年 9 月 11 日にニューヨークで起こったテロリストによる一連の攻撃後に，インターネット上に研究のために立ち上げたウェブサイトを使って行われた調査研究がある。このウェブサイトを訪れた人は，自分の性別や年齢など個人的属性を答えた後で，図 6–6 に掲げた文章を読むことになった。この文章中で下線が引いてある 3 カ所の怒りという単語は，人により恐れに置き換わっていた。ウェブサイトを訪れた人はこの文章を読むことで，そうとは知らずに「怒り」か「恐れ」の感情を誘発された（これは情動プライミングと呼ばれている）。この文章を読んだ調査の参加者は，次に米国が今後こうむるかも知れない類似の攻撃に対する一連のリスク評価（たとえば，「将来同様の攻撃があるかも知れない」）をするようにと依頼された。その結果，「怒り」を誘導された人では「恐れ」を誘導された人に比べ，テロのリスクを低く評価する傾向がみられた[14]。表 6–4 に示したように，怒りは大胆な行動をとらせ不安は慎重な行動を促す傾向があ

197

第 6 章　動機づけと情動

る。この研究は，**リスク評価**（risk assessment）という認知的判断は，喚起された一時的な情動に影響されることを示している。

6.10.4　社会生活を円滑にする機能

　社会生活を円滑にするためにはお互いの行動を協調させる必要がある。そのためには，相互に自分がどのようなつもりで行動しているかを伝達し合うとともに，こちらの行動がどのように相手に伝わったのかを知る必要がある。もちろん，言語による意思の疎通は，そうした役に立っているが，言語で表現された内容は，相手の本心がどの程度反映されているかあいまいである。場合によっては，本心とは裏腹な内容が言葉として表現されているかもしれない。情動表出は，ノンバーバルコミュニケーションとして，言語によるコミュニケーションを補い，相互に円滑な意思疎通を可能にしている。

　言葉に感情を込めることが意思の疎通にいかに重要であるかを示す興味深い症例研究が報告されている。この研究は，右半球のブローカ野に相当する部位に起こった脳梗塞の後遺症に関するもので，その中に小学校の女性教師の症例が紹介されている。この女性教師は，右半球の脳梗塞のため，一時仕事を休んでいたが，梗塞が右半球であったため失語症とならなかったこともあり，しばらくして仕事に復帰できた。しかし，病気になる前には問題なく行えた教室運営が，復帰後はうまくできなくなってしまった。その原因は，ブローカ野に相当する右半球に起こった梗塞のため，この女性教師が感情を込めてしゃべることができなくなってしまったからである。生意気盛りの小学生達は，教師の発言内容ではなく，教師の発言の本気度に応じて言うことを聞いていたものと思われる。発言が本気かどうかは，声に込められた感情から推し量られていたので，それが失われた言葉は，子どもたちにとって本気と受け取る必要のないものとなってしまったのであろう[15]。

---

14)　Lerner, J.S. et al. (2003).
15)　Ross, E.D. (1984).

6.11　情動にともなう末梢の生理学的変化

　非常事態に備えるのが情動の原初的かつ基本的な役割である。そのために，体を非常事態の体制に変化させる生理学的な仕組みが備わっている。これは，自律神経系とホルモン系の働きによっている。自律神経系もホルモン系も視床下部の制御により，末梢の生理機能に作用し，体を「闘争か逃走か」という状態に変化させる。

　自律神経系（autonomic nervous system）は，**交感系**（sympathetic system）と**副交感系**（parasympathetic system）と呼ばれている 2 つの系のバランスにより，末梢の生理機能を制御している。情動が喚起される状況，特に恐怖が関わる非常事態では，交感系が優位となる。逆に，リラックスした状態では副交感系が優位となる。交感系優位の状態では，図 6–7 のように，心拍の増加と気管の拡張に加え末梢の血管が拡張することで，筋肉の働きを最大限に発揮できるような体制が作られる。交感神経は，また，副腎髄質に作用し，アドレナリンを血中に放出させる。アドレナリンは，心臓の拍出を高めることで，より多くの血液を全身に送り出すようにする。これ以外にも交感神経は，筋肉のエネルギー源である血糖値を上昇させる。以上のような交感神経系の働きは，直接的に，またアドレナリンのようなホルモンを介して間接的に，体を非常事態に応じた体制に変化させる。逆に「闘争か逃走か」という状況には不必要な活動（たとえば消化機能）は抑制される。その結果，強い恐怖に支配された状態では，「胸が締め付けられ，胃はむかつき，口の中はからから」となる。

　ホルモン系は，視床下部からの信号により脳下垂体がさまざまなホルモンを分泌することで体のいろいろな器官に対しホルモンの分泌を促す司令塔として機能している。非常事態に対するホルモン系による適応としては，視床下部から分泌される**コルチコトロピン放出ホルモン**（CRH）の作用により脳下垂体から**副腎皮質刺激ホルモン**（ACTH）が分泌され，これが副腎皮質に**コルチゾール**（cortisol）の分泌をうながす。このホルモンの連鎖は，**視床下部‐下垂体‐副腎系**（hypothalamus-pituitary-adrenalaxis, HPA 系）と呼ばれている。

　コルチゾールは，脳にも送られ ACTH の放出を抑えるように作用する。これ

第 6 章　動機づけと情動

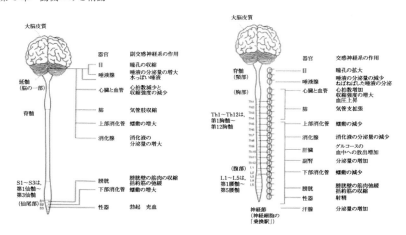

図 6-7：自律神経（交感系と副交感系）の末梢での作用　出典：ウヴネース-モベリ (2008).

は，ネガティブフィードバックと呼ばれているシステムを安定化する仕組みである。コルチゾールは，ストレスホルモンという別称があるように，体に強いストレスがかかった場合に，それに応じて分泌されるホルモンで，免疫反応を抑制したり，抗炎症作用を示したりする[16]。HPA 系が分泌するホルモンは，身体に対する影響だけでなく，脳の働きも調整する。一例をあげると，ACTH は回避学習を促進することが知られている。回避学習とは，危険など不快な状況を避ける行動の学習をいう（第 8 章）。非常事態で経験したことは，ACTH の助けにより効率よく習得され，その後の適応に役立つことになる[17]。

6.12　情動の理論

情動が喚起されると，自律神経系の働きや種々のホルモンの作用により，身体にさまざまな変化が起こり，心臓がドキドキしたり，顔が赤くなったり青くなったり，冷や汗がでたりする。常識的な理解としては，こうした末梢の生理的反応は，情動を自覚したことに伴って起こる反応であると考えられている（図 6-8A）。

---

16)　ブルーム, F.E. (1987). pp. 33-37.
17)　Levine, S. (1971).

しかし，この常識的な見方を覆したのが，**ジェームズ=ランゲ説**（James-Lange theory）である。**ウィリアム・ジェームズ**（James, William）は，19世紀後半から20世紀初頭にかけて活躍した米国の心理学者で，彼の著した『心理学の原理』は，いまだによく引用される。ジェームズは，1884年に，上記の常識的な考え方とは相容れない情動の理論を提案した。ほぼ同時期にデンマークの生理学者**ランゲ**（Lange, C.G.）も同様の説を提案したので，この情動理論は，現在ではジェームズ=ランゲ説と呼ばれている。この説では，図6-8Bのように，状況の認識は直接に身体反応を引き起こし，その身体反応を自覚することで情動が自覚されると考える。ジェームズは，この情動に至る心理・生理反応の生起順序を常識的な考えと対比させて，「悲しいから泣くのではなく，泣くから悲しいのだ」と表現した[18]。

ジェームズ=ランゲ説は，直観に反しており，人々の興味をかき立てたが，同時に発表当時から手厳しい批判にもさらされてきた。そうした批判のうち，最も組織だったものは，アメリカの生理学者の**キャノン**（Cannon, W.B.）によってなされたものである。キャノンは，図6-9のような5つの理由をあげてジェームズ=ランゲ説を批判した。このうち，(1)については，ジェームズも自説を証明する重要な証拠となると考えており，批判に反論するために1894年に彼が発表した論文の中でも，こうした症例について，必ずしも自説に有利な証拠

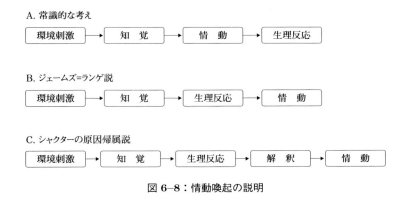

図6-8：情動喚起の説明

---

18) Lang, P.J. (1994).

第 6 章　動機づけと情動

---

1. 中枢から内臓を完全に分離しても，感情は変化しない
2. 非常に異なる感情状態でも，感情のない状態でも，同じ内臓変化が生ずる
3. 内臓は比較的感覚として感じにくい構造をしている
4. 内臓変化はゆっくりとしか起こらず，感情の発生源とはならない
5. 激しい感情に特有の内臓変化を人為的に誘発しても，そうした感情は生じない

図 6-9：キャノンによるジェームズ＝ランゲ説への批判　出典：コーネリアス (1999).

ではなかった（半身麻痺にもかかわらず情動は普通に保たれていた）にもかかわらず，ちゃんと言及している[19]。

　ジェームスが望んでいた証拠を見いだしたのは，**ホーマン**（Hohmann, G.W.）であった。彼は，25 名の脊髄損傷患者を対象に，脊損後に情動にどのような変化が生ずるかを調査した。脊髄神経が損傷を受けると，損傷部位から下は運動も感覚もその機能が失われてしまう。従って，脊髄損傷のレベルが頭部に近づくにつれ，失われる感覚の範囲も頭部の方へ拡大することになる。もし，脊髄損傷のレベルが高くなるにつれ，情動の自覚が弱くなるという結果が得られれば，ジェームズ＝ランゲ説にとってはたいへん有利な証拠となる。ホーマンは，実際に脊損のレベルが高くなるにつれ情動の鈍麻がみられることを見いだした（患者の一人が怒りについて述べた言葉については図 6-10 を参照）。ただし，彼が調べた性的興奮，恐れ，怒り，悲しみ，感傷の 5 種類の情動のうち，脊髄損傷レベルと関連していたのは性的興奮，恐れ，怒りの 3 種類の情動だけだった。悲しみは脊髄損傷のレベルには影響されず，感傷はむしろ脊髄損傷レベルが頭部に近いほど強くなった[20]。しかし，その後の研究では，脊髄損傷患者で情動の自覚が悪いという証拠は得られておらず，ホーマンの得た結果をそのまま鵜呑みにすることはできないようである[21]。

6.12.1　シャクター説

　ジェームズ＝ランゲ説のもう 1 つの問題点は，キャノンの 2 番目の批判にあげ

---

19)　James, W. (1894).
20)　Hohmann, G.W. (1966).
21)　Cobos, P. et al. (2002).

> 　今は，肉体上の活気は感じない。一種の冷たい怒りだ。不正を見ると怒りの行動をとることがある。私は怒鳴り，毒づき，わめき立てる。ときどきそうしないと，人に利用されることを学んだからだ。だが，昔のような熱っぽさはない。精神的な種類の怒りだからだ。

図 6-10：脊髄損傷者の怒り　出典： Hohmann(1966).

られている特異性の問題である。末梢の反応を知覚することが情動の自覚を生むという考えが正しいとすると，異なる情動に対応する末梢の反応は違ったパターンを示す必要があるが，自律神経に支配された末梢の生理学的変化は，情動ごとに多少は違っていても，全く異なる反応パターンを示すことは考えにくい。シャクターは，この問題点を解決するべく**二要因説** (two factor theory) を提案した。シャクターは，自律神経系からのフィードバック信号を受け，それがなぜ起こったかを解釈（**原因帰属** (attribution)）した結果が具体的な情動として自覚されるようになると主張した。つまり，覚醒＋解釈＝感情という訳である（図 6-8C）。状況の認識はさまざまに変化しうるので，同じ自律神経の興奮であっても自覚される情動は状況次第で変化することになる。シャクターは，図 6-11 のような実験を行い，サクラを使って場の雰囲気を操作し，楽しい雰囲気に置かれると実験に参加した人は楽しく振る舞い，怒りを覚える雰囲気では怒りを示す（ただし，こちらは弱い）という自説を確認する結果を得た（図 6-12）[22]。

　情動に関わる脳の処理過程についての理解が進むにつれ，末梢の情動喚起を自覚することが情動の自覚に果たす役割は，限定されたものであることが明らかになってきている。以下の節でふれるように，情動内容（どのような情動か）は，通常は脳の情動に関わるシステムで自動的に決定され，それが前頭葉に送られてはじめて情動として自覚される。その際，どのような情動であるかの決定を含めて情動の処理は，自動的にかつ自覚されることなく行われる。末梢の情動反応，特に自律神経系やホルモン系の働きは，扁桃体からの信号を受け，視床下部からの指令により決定される。末梢からのフィードバックは，自覚された情動をさらに明確にしたり強めたりすることはあっても，情動内容そのものを

---

22)　Reisenzein, R. (1983).

第 6 章　動機づけと情動

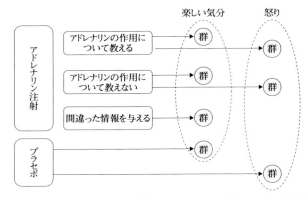

図 6-11：シャクターとジンガーの実験操作　ビタミン剤が知覚に与える影響を調べるという名目で実験参加者をつのり，アドレナリンかプラセボを注射し，アドレナリンを注射した群には，ビタミン剤の副作用だとしてアドレナリンの作用を教える群，何も教えない群，アドレナリンの作用とは違う影響を教える群を設定した。実験参加者の気分は，社会的状況操作（サクラがたのしく振る舞ったり，アンケートの内容に対し怒りを示したりした）により誘導した。実験参加者の気分は，ハーフミラーを通した観察で評価するとともに，本人に評定を行わせた。

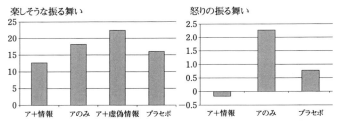

図 6-12：シャクターとジンガーの実験結果　アドレナリンを注射され，その影響について教えられていなかった群では，サクラの振る舞いに影響されて，楽しそうに振る舞ったり（特にアドレナリン＋偽情報），怒りをあらわにしたり（アドレナリンのみ）した。出典：Schachter, & Singer (1962).

決定することはない。従って，ジェームズ＝ランゲ説及びそれから派生したシャクターの説は，現在では限定的な妥当性しか持たないといえる[23]。

---

23)　Lang, P.J. (1994); Reisenzein, R. (1983).

6.13 表情の生得性

　情動の機能でもふれたように，感情を表出することで心のうちを自然に相手に伝えることができ，社会生活が円滑になる。顔の表情では，特定の情動に対して特定の表情筋が緊張することで，特有の表情が作られる。たとえば，自然な笑いでは，大頬骨筋が緊張することで口角が上に引き上げられると同時に眼輪筋により頬が上がり目の周りに皺が寄る。この表情を見れば，どの国の人であっても笑っていると分かる。このように，表情は万国共通のように思われる。このことは，既にダーウィンも気がついており，国の間で表情に違いがあるかどうかを調査し，その共通性を確かめている[24]。

　心理学では，ある行動が**生得的**（(innate) つまり遺伝的に決まっていて学習を必要としない）か，経験により習得された**後天的** (learned) なものかを調べるために，3つの方法がよく用いられている。それは，1) 発達の初期段階を調べる，2) 経験を与えないで育てる（**剥奪法** (deprivation)），それに，3) 文化の違う人々を比較する，という方法である。

　発達の初期段階を調べた研究の例としては，乳児による表情の模倣がある。生まれたばかりの乳児（生後 12–21 日）であっても，大人が作った表情を真似る傾向がある[25]。この結果は，表情の知覚が早い段階で可能であり，それに基づいて表情筋を制御するプログラムが1歳以前に準備されていることを示唆している。また，表出された感情の理解には男女差があり，一般に女性の方が男性よりも成績が良い。この男女差は既に幼児期から認められ，青年期まで一貫して女性の優位が続いている[26]。発達を調べることで分かるのは，ある能力がどの段階から大人のレベルに近づくかということであり，必ずしも学習が関与しないということではない。しかし，複雑な行動の場合，発達に時間を要するのが普通であり，乳児の段階での模倣や幼児期から見られる男女差の存在は，表情の知覚が学習によらない生得的なものであることをうかがわせる。

---

24) コーネリアス, R.R. (1999). pp. 32–34.
25) Melzoff, A.N., & Moore, M.K. (1977).
26) McClure, E.B. (2000).

第 6 章　動機づけと情動

　剥奪法を用いた研究としては，**アイブル＝アイベスフェルト**（Eibl-Eibesfeldt,
I.）というオランダの行動生物学者が行った目の見えない子どもの観察の例が
ある。人間を対象とした実験の場合，経験を剥奪するという操作は倫理上の問
題から行えないので，その替わりとして，生まれつきの障害により特定の経験
ができない子どもを対象とした実験が行われる。アイブル＝アイベスフェルト
は，生まれつき目の見えない子どもの表情を観察し，それをフィルムに記録し
た。それをみると，生まれてから一度も他人の表情を観察したことがなくても，
いろいろな情動状態に対応した表情を作れることが分かり，他者の表情を観察
することなく，表情の表出が可能だと分かる[27]。

　文化を比較した研究の例としては，表情の研究で有名な米国の心理学者**エク
マン**（Ekman, P.）が行ったものがよく知られている。彼は，アメリカ，日本，チ
リ，アルゼンチン，ブラジルの 5 カ国で，図 6–13 のようなアメリカ人のモデル
が浮かべた表情を見せ，6 種類の基本的感情（幸福，悲しみ，驚き，恐怖，怒り，嫌
悪）のどれが表出されたかを答えてもらった。その結果，表情により判断しや
すいものとそうでないものがみられたが，言語や文化で大きな違いはなく，ど
の国でも表出された感情をほぼ正しく答えられた[28]。つまり，表情の知覚は文
化を越えて万国共通だと言える。

6.13.1　表出行動の状況依存性

　表情が生得的だからといって，情動の表出に文化による影響がないというこ
とにはならない。表情は基本的には遺伝的に決まっているプログラムに従って
表出されるが，置かれた状況などにより，どのように，あるいはどこまで表出
するかについては，後天的な影響がみられる。

　筆者の経験では，アメリカ人は日本人ほど対面して話をする際に「微笑み」
を浮かべないので，アメリカ人を相手に話をしているとこちらは何となく緊張
を覚えた。また，アメリカの子どもたちを観察した印象からは，小学校の低学
年まではアメリカの子どもたちも日本の子どもと違いはなく，いわゆる「子ど
もらしい」表情や仕草を示すが，小学校の高学年くらいになるとアメリカ人の

---

27)　アイブル＝アイベスフェルト, I. (1974). p. 20.
28)　エクマン, P.・フリーセン, W.V. (1987). p. 35.

206

6.13 表情の生得性

	アメリカ N=99	ブラジル 40	チリ 119	アルゼンチン 168	日本 29
恐怖	85%	67%	68%	54%	66%
嫌悪	92%	97%	92%	92%	90%
幸福	97%	95%	95%	98%	100%
怒り	67%	90%	94%	90%	90%

図 6-13：国別の表情判断　出典：エクマン (1987).

大人と同じような印象を与えるようになる。おもしろいことに，表出の仕方にはアメリカの中でも地域により違いがあるようで，ある地域では微笑まない人間は，周囲から「何か怒っているのではないか」と受け取られる（これは筆者がアメリカ人から受けた印象とも合致する）のに対し，別の地域では，微笑んでいると「何がそんなにおかしいのか」と尋ねられるという[29]。このように，情動表出の TPO には文化による違いがみられることから，情動表出の社会的状況による調節には学習が関わっていることが分かる。

　表情だけでなく，社会的行動全般に文化により表現の仕方に違いがある。この点に関して例をあげると，アメリカ式と日本式の行動様式のうち，どちらがより自分になじんでいると感じるかを帰国子女に尋ねたところ，9-15 歳の時に米国に滞在していた子供は，アメリカ式の行動様式（自分をはっきり主張することやけんかをしてもすぐ仲直りできること）に違和感を覚えず，むしろ日本式の行動様式（意見をはっきり言わなくてもなんとなくものごとが決まってゆく）だと自然に振

---

29)　ブル, P. (1986). 第 2 章

第6章 動機づけと情動

る舞えないと感じているという調査がある[30]。

6.14 情動に関わる脳のシステム

情動は，生き物が環境に適応するために不可欠の機能である。そのため，情動を処理する脳の領域，特に大脳辺縁系は，古い哺乳類の時代に既に登場していた（第2章「三位一体の脳」）。その後の霊長類の進化，特にヒトにつながる高等類人猿に至る進化の過程で大脳皮質が拡大した。ヒトでは，大脳皮質のうち，特に前頭葉が一段と発達している。前頭葉は人間らしいとされるさまざまな心の働きを実現する上で中心的な役割を担っている。前頭葉のうち，前頭前野は情動や動機づけに関わる**眼窩面**（orbitofrontal cortex）から**内側面**（medial prefrontal cortex）にかけての領域と第4章で紹介した能動的制御に関わる外側面に区分される（図6–14）。

6.14.1 扁桃体

大脳辺縁系のうち，情動と特に関係が深いのは，海馬の先端部に接合してい

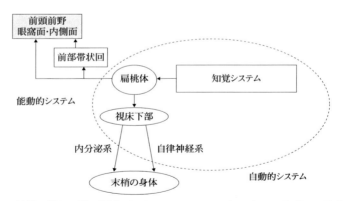

図6–14：情動に関わる脳の領域　知覚システムからの入力を受け，扁桃体では情動の評価が行われ，その結果は視床下部を介して末梢の自律神経系及び内分泌系の反応に反映される。また，扁桃体からの信号は前部帯状回や前頭前野に送られ，行動の調節や情動の自覚を生む。

---

30) Kinoura, Y. (1992).

6.14 情動に関わる脳のシステム

る小さな神経核群である**扁桃体**（amygdala）である。扁桃体は，脳の情動システムのうち，外部環境が自身にとってどのような意味をもつのかを評価するという役割を担っている。サルの扁桃体にある神経細胞の活動を調べた生理学的研究からは，サルが好むもの（たとえばオレンジジュース）や嫌いなもの（たとえばヘビ）をサルに見せた時に反応する神経細胞があることが分かっている[31]。この結果からは，扁桃体が好き嫌いを判別する役割を果たしていることがうかがえる。また，扁桃体はサルでも人間でも表情のような情動を表現した刺激に対し反応することが明らかになっている。

扁桃体が損傷すると情動喚起が悪くなることは，**クリューバー**（Klüver, H.）と**ビューシー**（Bucy, P.C.）が行った古典的な破壊実験で既に明らかになっていた。この二人の研究者は，側頭葉を中心とする脳の破壊がサルの行動にどう影響するかを調べるために，サルの側頭葉から前頭葉にかけての領域を広範に破壊した。その結果，サルの行動には図 6–15 のような情動反応を含む一連の変化が表れた。これらの行動変化は，今では彼らの名を取って**クリューバー＝ビューシー症候群**（Klüver-Bucy Syndrome）と呼ばれている[32]。同様の症状は，人でも両側の側頭葉に損傷を被ると起こることが知られている。

扁桃体を破壊されたサルは，状況に応じた情動反応を示さなくなる。これがサルにとってどのような結果を生むかは，米国の心理学者**プリブラム**（Pribram, K.H.）が行った興味深い扁桃体破壊実験からうかがえる。プリブラムは，集団で飼育されている若い 8 頭のサルの群れに対し，群れの順位の高いサルから順

精神盲：対象を視覚的に認識できない
温順化：おとなしくなる
性行動亢進
口唇傾向：何でも口に入れる
過視的傾向：注意の対象を次々変える

図 6–15：クリューバー＝ビューシー症候群

---

31) 小野武年 (1993).
32) ブルーム, F.E. (1987). pp. 29–30.

第 6 章　動機づけと情動

番に扁桃体を破壊していくという実験を行った。扁桃体を破壊する手術を受け
た後で群れに戻された最も順位の高いサルは，元の No.1 の順位から一番下の
順位に転落してしまった。そこで，プリブラムは，No.1 の陥落により新しくボ
スとなった元の No.2 に対しても同様の手術を行い，群れに戻してみた。そう
したところ，このサルもやはり下の方に順位を落としてしまった。さらに，新
たに No.1 となった元の No.3 のサルにも同様に扁桃体を破壊する手術を行っ
た。ところが，今度はそのサルは，扁桃体を破壊されたにもかかわらず前の 2
頭のサルのようには順位を落とさず，No.1 として君臨し続けた。これは，その
下のサルがボスの地位を狙うような行動を示さないおとなしいサルであったこ
とが影響しているものと思われた。それでは，ボスザルはなぜ扁桃体の手術後
にその地位を失う羽目になったのだろうか。それはボスザルが No.2 からの挑
戦に対し，攻撃的に反応することができなくなったためである。サルの世界で
は，ボスザルがその地位を守るためには，下の地位にいるより若いサルからの
挑戦を跳ね返す必要がある。自分の地位が脅かされると，ボスザルは挑戦して
きた若いサルを攻撃して追っ払う。これがうまくいけば，ボスザルは自分の地
位を維持することができる。プリブラムの実験は，ボスザルが下位のサルの挑
戦を跳ね返すためには扁桃体が健全に機能している必要があることを明らかに
した[33]。このことは，**怒り**（anger）が持つ適応上の役割を示唆するものだと
いえる。

6.14.2　前部帯状回

　帯状回は，大脳半球の内側で脳梁の上部に広がる皮質領域である。そのうち，
前頭葉の部分を**前部帯状回**（anterior cingulate）と呼ぶ。前部帯状回は，大きく
3 つの領域に区分されている。そのうち，一番前方で下よりの部分が情動や動
機づけに関係している。これ以外の部分は，社会的認知や第 4 章で紹介した注
意の働きと関係している。

　前部帯状回の先端部には，大脳辺縁系から送られてきた情動や動機づけの信号
を行動へと結びつける部位がある。アイオア大学の神経学者の**ダマジオ**（Damasio,

33）　ベイカル, D.A. (1983). 第 2 章

A. R.) は，『生存する脳』という本の中で，前部帯状回のこの部分が損傷を受けた結果，自発的に外界に対して反応しようとしなくなった（動因欠如）とし，患者の様子を以下のように紹介している。

　　Ｔさんは，脳卒中により，この部分（前部帯状回）に大きな損傷を受けた。その結果，彼女は突然動かなくなり，ものが言えなくなり，目を開いたまま無表情でベッドに横たわって過ごすようになった。調子はどうかと尋ねてもたいていは黙ったままであった。数ヵ月後，彼女は徐々にこうした無言症と運動不能症から抜け出して質問に応じるようになった。その結果分かったことは，彼女が決して何もできない状態だったのではなく，単にそうした欲求を全く感じなかっただけであった。彼女自身の言葉では，「本当に話すことが何もなかった」という。

　ダマジオによれば，前部帯状回のこの部分は，「複雑な個人的・社会的状況で情動反応を組織化する」機能を果たしている[34]。脳機能研究からは，意欲の減退を特徴とするうつ病では前部帯状回のこの部分に萎縮が見られることが明らかになっている。こうした知見から，脳のこの領域は，動機づけや情動に基づく大脳辺縁系の処理を行動へと結びつける働きに関わっていることがうかがわれる[35]。

6.14.3　眼窩面と前頭前野内側面

　前頭前野の眼窩面から内側（その一部は前部帯状回）に広がる領域は，欲求や動機づけの状態をモニターし，それに基づく行動調節を行っている。この領域は，扁桃体や視床下部からの信号を受けるだけでなく，大脳基底核から道具的条件づけの強化の履歴（特定の行動に対し，これまでどのような報酬が伴っていたか）に関わる信号も受けている。その結果，この領域は，自分が置かれている状況を認識し，過去の経験から学んだ行動評価に基づいた意思決定に関わっている（第４章「意思決定」の節）。

---

34)　ダマジオ, A.R. (2000). pp. 133–135.
35)　Drevets, W.C. et al. (1997).

第 6 章　動機づけと情動

　脳のこの部位が損傷されると，適応的な行動の調節がうまくできなくなり，**社会病質人格**（sociopathy）と呼ばれている不適応行動を示すようになる。脳の損傷がもたらすそのような大きな行動変容は，**フィネアス・ゲージ**（Phineas Gage）という線路工夫の親方が見舞われた悲劇的な事故により広く知られることになった。彼は，19 世紀後半のアメリカ人で，鉄道の敷設工事の監督をしていた。ところが，爆破作業中の事故で前頭葉の眼窩面から内側面にかけての領域に大きな損傷を受けた。その結果，ゲージはそれまでとは違い，感情の抑えがきかず，勝手気ままに振る舞うようになってしまった。そのため，事故以降，彼は二度と元の仕事には復帰できなかった。

　ダマジオのグループは，保存してあったゲージの頭蓋骨を元に，彼の被った脳損傷が前頭葉の眼窩面から内側面にかけての領域であることをつきとめた[36]。さらに，ダマジオ達は，脳腫瘍の手術などでフィネアス・ゲージと同様の部位に損傷を受けた患者を対象にした研究から，前頭葉のこの部位を手術で切除された人は，実生活では，ものごとを決めることに極端に時間がかかるようになり，時間にルーズになり，見込みのない仕事に手を出すなど，社会病質人格と呼べるような行動変容を示すことを見出している。それにもかかわらず，知能検査や性格検査の結果は正常で，判断力には何の問題もみられなかった[37]。このことは，情動の制御に関わる処理と認知的処理の乖離（つまり，これら 2 つの心の働きに関わる処理が脳の別々の場所で行われていること）を示している。

Q & A

Q: **サッカーのワールドカップで有名なマラドーナ監督が胃を切除することで大幅に減量したという報道がありましたが，なぜ胃を切除するだけで減量できるのか分かりません。**
A: 胃を縫い縮めることで，食事の量をコントロールし，減量するという方法は，実際に極度の肥満をコントロールする方法として行われています。これは，単純に食べられる量が減る（胃が小さくなるのですぐに満腹になる）ためです。胃がんなどで胃の部分的な切除あるいは全摘を行う手術を受けた人でも同様の理由で体重が減少します。

---

36)　　Damasio, H. et al. (1994).
37)　　Damasio, A.R., Tranel, D., & Damasio, H. (1990).

さらに学ぶために

Q: 母親から子への愛情はどこからくるのか。虐待は，母親の子どもに対する愛情が不十分なために起こるのではないか。

A: 母親から子への愛情は母性愛と呼ばれており，社会的動機の1つです。母性愛は，哺乳類では一般的に見られる親が子の世話をするという行動を生み出す動機づけです。だからといって，哺乳類の母親が子どもを全く虐待（という言い方があたっているかどうかは分かりませんが）しないかというと，そんなことはありません。生物学的に母性愛を支えているのは母親の遺伝子が次の世代に受け継がれるかどうかであり，そのために不利であれば子どもを殺すこと，あるいは子育てを途中で中断することは，生物界ではそれほど珍しくありません。

Q: ある社会学者の本を読んで，中に「子どもの時の何らかの欲求が満足できなかった子どもは大人になったら社会の協調性に何らかの欠陥が生ずる」ということが書かれていました。ハーローの代理母の実験で使用していた子ザル達は，大人になったら社会協調に何らかの欠陥が生じたでしょうか。

A: 社会学者の言っていることが妥当かどうかは分かりませんが，ハーローは，子ザルを親から離して子ザルだけで育てると，大人になってからの適応に問題が生ずることを実験で確かめています。

Q: 皮膚の電気抵抗を測って嘘を見破ることができるという話しを聞いたことがありますが，なぜ嘘と皮膚の電気抵抗が関係しているのですか。

A: 皮膚の電気抵抗の変化は，汗腺の活動によるとされています。汗腺は，温熱性発汗と精神性発汗があり，このうち，精神性発汗は，自律神経系の活動に伴って起こります。嘘をつくためには能動的な心の働きが必要であり，それには前頭葉が関与しています。前頭葉が活動すると，これが大脳辺縁系を介して自律神経の興奮を生じます。そのため汗腺の活動に変化が起こり，これが皮膚の電気抵抗の変化となります。

さらに学ぶために

『ヒューマン・モチベーション──動機づけの心理学』バーナード・ワイナー　金子書房

『感情』ディラン・エヴァンス　岩波書店

『愛と憎しみ　1・2』アイブル・アイベスフェルト　みすず書房

『人間にとって顔とは何か──心理学からみた容貌の影響』レイ・ブル & ニコラ・ラムズィ　講談社ブルーバックス

『奇跡の生還を科学する──恐怖に負けない脳とこころ』ジェフ・ワイズ　青土社

『生存する脳──心と脳と身体の神秘』アントニオ・R・ダマジオ　講談社（現在，『デカルトの誤り──情動，理性，人間の脳』として，ちくま学芸文庫から入手可）

第 6 章　動機づけと情動

トピック 6–1　服従の心理

　テレビの番組の中で本当の殺人が起こる可能性を確かめるというとんでもない問題意識から，フランスで実際のテレビのクイズ番組の事前テストという触れ込みで，視聴者の参加を募って，ある実験が行われた。その実験とは，1960年代にアメリカの社会心理学者**スタンレー・ミルグラム** (Milgram, Stanley) が，「良心に反するような命令を権威（上官）から下された場合，人はどれくらいその命令に服従するか」を調べるためにイェール大学で行った有名な実験（別名**アイヒマン実験** (Eichmann experiment) と呼ばれている）のやり方をそのまま真似て行われた。

　元の実験は，ナチスドイツのユダヤ人虐殺の背景となった上からの命令（権威）に対する服従の心理が，民主的な米国でどこまで機能するかを調べることを目的としていた。ミルグラムの実験では，実験参加者は，実験助手として実験に協力するという触れ込みで，記憶テストでさくらの回答者が間違う度に電撃を与えるよう依頼された。実際には電撃は与えられなかったが，回答者は電撃の目盛りが徐々に強くなっていくに従い，次第に激しく苦痛を訴え，最後の方はぐったりして意識を失うという演技を行った。ミルグラムは実験をやる前は，アメリカ人なら大部分は，非人道的だとして途中で実験を中止するだろうと予想していたが，実際には実験者に継続するように促されると 3 分の 2 の実験参加者は，最後まで電撃を加え続けた[38]。

　フランスでの実験は，科学者をテレビに置き換えた場合に，テレビの権威がどこまで人を従わせることができるかに焦点を当てて行われた。実験は，「新しいクイズ番組のパイロット版への参加者募集」という名目で，2009 年から始まった。募集の際には，パイロット版のため賞金はなしだが，参加者には 40 ユーロを支払うと告げた。マーケッティング会社を介して 1 万 3000 人にメールでアクセスし，返事があった 2500 名から，年齢や性別のバランスをとった上で，番組の好みが偏らないように注意してこれまでクイズ番組に出たことがない 90 名

---

38)　ミルグラム, S. (1975).

214

を選んだ。実際のクイズ番組に近づけるために，クイズ番組参加者とは別に
スタジオには毎回 100 名の観客を用意した。観客は，クイズ番組らしくするため
に，ディレクターの合図で，回答者がクイズに正解すると「大金」と，また間
違うと「お仕置き」と叫ぶように誘導された。

　このようにして募集された人は，ミルグラムの実験と同様に，回答者が間違
うたびに罰を与える出題者の役目を請け負った。クイズに答えるのは，ジャン・
ポールと名乗る回答者（この人は俳優）が演じた。最後まで質問に答え続けるこ
とができたなら，正解か不正解かにかかわらず，賞金 100 万ユーロが 2 人に与
えられるという設定（ただし，この実験はパイロット版のため，賞金は出ない）になっ
ていた。参加者は，回答者が間違うたびにタニア・ヤングと名乗る司会者に命
ぜられてレバーを操作して罰（電撃）を加えた。電撃は，最初 20 ボルトから始
まり回答者が間違うたびに少しずつ電圧が高くなっていった。電圧は最後には
460 ボルトまで上昇し，300 ボルト台では，回答者は苦しみのうめき声をあげ，
400 ボルトが近づくと失神して反応しなくなったという設定になっていた。実
際のクイズでは，回答者役の俳優は，いったんは外からは中が見えないブース
に入り，電撃を加える装置につながれたが，クイズが始まるとすぐにブースを
出てしまい，クイズの進行に従って後は録音した音声だけが流れるようになっ
ていた。

　驚いたことに，この実験に参加した人のうち，81％もの人が司会者に促され
ながら最後まで電撃を加え続けた。これは，ミルグラムの実験での完遂率に比
べても高い数字であった。つまり，この実験は，テレビ局という「権威」は，心
理学実験での実験者という権威にもまして，人を命令に従わせる力があること
を証明したことになる[39]。

---

39)　ニック，C.・エルチャニノフ，M. (2011).

第6章　動機づけと情動

トピック6–2　労働の倫理

　マックス・ウェーバーは，『プロテスタンティズムの倫理と資本主義の精神』の中でプロテスタントに基づく労働倫理が資本主義の発展を支えていると主張した。この労働倫理とは，勤勉，自己否定を基調とする労働に対する態度をいう。現在の世界を見渡せば，こうした労働に対する倫理感は特にプロテスタントに特有のものとは言えないと思える。この労働倫理を測定するおもしろい質問が考案されている。それは，「宝くじに当選したら仕事を辞めるか？」という質問である。具体的な質問は，「残りの人生を安楽に暮らせるぐらい十分なお金を宝くじの当選金あるいは遺産の形で手に入れたら，あなたは仕事を続けますか，それとも辞めますか」というものである。

　1955年にこの質問をアメリカ人に対して行ったところ，80%の人が仕事を続けると答えた。ところが，1970年代には72%に低下し，その後も1980年以降，徐々に低下していき，1990年代には70%を割り込んでいる。これは，アメリカ人の労働倫理が時代を経るにつれ，徐々に低下しているということを意味すると解釈されている[40]。

　他の国ではどうだろうか。1980年代に行われた調査では，日本を含む先進7カ国のこの質問に対する答えは，「辞めない」という率の高い方から，日本93.4%，米国88.1%，イスラエル87.4%，オランダ86.3%，ベルギー84.2%，ドイツ70.1%，イギリス68.8%の順であった。この結果は，男女を平均したものだが，男女を比較するとイギリスを除く他の6カ国ではいずれも男性の方が女性よりも「辞めない」人の割合が高く，特に日本，ベルギー，ドイツでは統計的にも差が見られた。つまり，男性の方が女性に比べ，仕事を続けようという動機づけが高いようである[41]。最近の我が国の調査でも，いくら宝くじの当選金が高くても辞めない（配偶者に辞めてほしくない）と答えた人は32%にのぼっている。このように，現在でもどれだけお金が手に入っても仕事を続けるという

---

40)　Highhouse, S., Zickar, M.J., & Yankelevich, M. (2010).
41)　Harpaz, I. (1989).

トピック 6-2　労働の倫理

人は決して少なくないことが分かる[42]。

　この質問は，あくまでも架空の想定であり，現実味に乏しいので信頼できないと思われるかもしれない。それでは，実際に宝くじに当選した人ではどうだろうか。大多数が本当に仕事を続けるのだろうか，それとも大金を手にしたらコロッと態度を変えて，大して金にもならない割にはストレスに満ちた仕事などさっさとおっぽり出し，悠々自適の生活をおくるのだろうか。アメリカで実際に宝くじに当選した人を対象に行われた研究では，おもしろいことに，よほど高額の賞金（3000 万ドル受け取った人達では半数以上が仕事を辞めている）が手に入れば別だが，3 万ドル程度までなら，大部分の人はそのまま仕事を続けている。こうした人は高額の当選者にもみられ，たとえば，2000 万ドルを得た 64 才のバスの運転手は，「宝くじの当選金はたまたま手に入ったボーナスのようなもので，私の仕事のリズムや人生の目標には何の影響も与えない」と述べている。この調査のもう一つの興味深い点は，賞金額が平均 3000 万ドルと高い人達では労働倫理（この調査では，「人生で最も大切なことは仕事がらみで起こる」というような質問に対する 5 段階評定で労働倫理を測定している）の相対的に高い人の方が低い人よりも仕事を辞める率が低かったことである[43]。以上の結果は，仕事を続けるかどうかに関係した労働倫理を支えているのは，お金だけではないということを示唆しているのではないか。

---

42)　日経新聞，2012/2/18
43)　Arvey, R.D., Harpaz, I., & Liao, H. (2004).

第7章　個人差

　人は，一人ひとり皆その行動が違っている。そうした違いがなぜ起こるのか，言い換えると，どのような**個人差**（individual difference）がどの程度みられるのか，またその原因は何かを研究することで個々人の行動を成り立たせている要因が明らかになる。ここでは，主要な個人差として知能と性格をとりあげ，個人差の測定法及びそれがもたらされる要因について説明する。

7.1　個人差の測定

　測定には，長さや重さのような単純な物理量の測定から，物価のような経済指標，さらにここで紹介する知能や性格のような心理的特徴に関するものまでさまざまなものがある。そうした測定に共通する基盤は何であろうか。それは，測定された量が表現している意味と測定の基準となる量を明確に定義することである。長さや重さのような単純な物理量の場合，測定する量がもつ意味は自明のこととして特に定義されないままだが，基準となる量は標準原器として定められており，測定道具の校正の大本とされている。

　知能や性格の測定では，基準として測定対象の個人が属する集団が用いられる。知能や性格を測定しようと思ったなら，まず，測定道具（知能検査や性格検査）で，基準となる集団の個々の成員を測定し，得られたデータから平均値と標準偏差を求め，これを基に標準得点化する。これはいわゆる偏差値である。この検査の基準となるデータを得るプロセスは，**標準化**（standardization）と呼ば

第 7 章　個人差

れている。従って，測定される個人が属する集団（国や年齢，それに場合によるが
性別）が違えば基準となる数値も異なってくる。つまり，知能や性格特性のよう
な心理学的測定で得られた数値は，検査を受けた人が属する集団内でのその人
の相対的位置づけを表す。

7.2　初期の知能測定の試み

知能（intelligence）を測定するという試みを最初に行ったのは，ダーウィンの
いとこのフランシス・ゴールトン（Galton, Francis）であった。ゴールトンは，人
間のさまざまな個人差に興味をもっており，指紋が個人ごとに違うことや身体
のさまざまな部分が身長と相関すること，視覚心像を思い浮かべることができ
る能力には個人差があることなど，心理測定全般にわたり研究を行っている[1]。
彼が中でも熱心に追求したのは，知的能力の個人差であった。

優生学の基礎を作ったことでも知られるゴールトンは，社会階層の上の人ほ
ど肉体的にも精神的にも優れているという信念に基づき，知的能力が遺伝によ
り決定されていることを証明しようと考えた。そこで彼は，1885 年のロンドン
万国健康博覧会を契機に，さまざまな身体的・精神的な側面について計測を試
みた。ゴールトンが測定した項目は，表 7–1 にあげてある。これをみると，彼
が測定した項目の中には，身長や体重のような身体計測に加え，視力や肺活量，
それに握力のような身体的能力，さらに反応時間，それに視力や高音閾（どこま
で高い音が聞こえるか）のような感覚機能の測定が含まれていた。これらの項目の
ほとんどは，今からみると知能とはあまり関係なさそうに思われるが，当時は
社会階層が上の人ほど身体的にも精神的にも優れていると信じられていた。そ
のため，ゴールトンが身体面の計測を知能の測定に含めたのには，その当時と
してはそれなりの根拠があった。ちなみに，17 世紀のイギリスで残された遺言
書を分析した研究では，「貧乏人の子だくさん」という言い習わされた表現とは
裏腹に，死亡時の財産が多い人（つまり，生前経済的に恵まれていたと思われる人）
ほど（遺産相続する）子どもの数も多くなる傾向が見いだされていることから[2]，

---

1)　トムソン, R. (1969). pp. 95–108.
2)　Clark, G. (2007). pp. 115–117.

7.2 初期の知能測定の試み

表 7–1：ゴールトンが測定した項目　出典：Johnson, et al.(1985).

測定内容	具体的な測定項目
知覚機能	視力（左右），聴力（高音限界）
反応速度	反応時間（音・光）
身体機能	肺活量，握力（左右）
身体計量	パンチの速さ，頭部（長さ，幅），身長，座高，膝までの高さ，腕全体の長さ，中指の長さ，腕（肘から中指の先まで）の長さ，体重，身長／体重比

親から子への遺伝子伝達に社会階層による違いがあったことがうかがえる。そうした遺伝子伝達の社会階層による違いは，知能や身体の頑健さのような遺伝的影響の強い特性では，社会階層間の特性の違いを生むことにつながった可能性がある。

　残念ながらゴールトンの予想とは異なり，測定結果と業績との間に明確な関連は見つからなかった。知能に関する現在知られている知見から考えると，ゴールトンが測定した項目のうち，知能と相関することが判明しているのは，反応時間ぐらいである。頭の大きさについては，MRI により脳の大きさを直接計測した現代の研究からは，脳の大きさと知能の間には 0.3 から 0.4 程度の相関があることが知られている[3]。しかし，ゴールトンは当時の技術的な限界もあり，頭蓋骨を含めた大きさを測定したため，頭蓋骨の厚みの個人差の影響で脳の大きさとの相関が隠蔽されてしまったのであろう。

　後になってゴールトンの残したデータを再分析したところ，1) 全体として現在より発達が遅い（これは成熟の加速現象と呼ばれている）こと，特に，2) 社会階層の低い人たちは発達が 20 代半ばまで続いたこと，3) 階層の下の人たちは，知覚課題の成績が悪いこと，4) 上の階層の若い男性は，視力，聴力，反応時間，頑健さ，肺活量が下の階層よりも勝っていたこと，5) 兄弟・姉妹間の相関は高い（ただし性別が違うと相関は下がる）ことが明らかになった。4) の結果は，階層が上の人ほど，身体的にも精神的にも優れているというゴールトンの考えをおおむね裏付けるものだった[4]。ゴールトンが試みた知能の測定法が妥当性を欠

---

3)　Jensen, A.R. (2002).
4)　Johnson, R.C. et al. (1985).

第 7 章　個人差

くものとなったのは，知能がどのような能力であるかについての理解が不十分であったことが影響している。現在では，知能テストは心の機能の一側面を測定する道具として広く認められ，利用されるようになっている。その結果，知能とは，「知能テストで測定されたもの」だとする循環論法ともいえる定義すら登場している。

7.3　ビネーによる知能テスト開発

　現在，世界中で広く用いられている知能検査の基になっている検査を考案したのは，フランスの**ビネー**（Binet, A.）であった。ビネーは，法学の博士号を得た後，独学で心理学を習得し，個人差，ことに認知機能の発達について研究していた。その当時の欧米は，義務教育が発足して間もないころで，この制度によりすべての家庭の子どもたちが学校に通い勉強するようになっていた。義務教育が普及するにつれ，学習に適応できない子どもがいることが問題となってきた。現在の日本とは異なり，当時は家庭の事情やさまざまな理由により，子どもが勉強を続けることに対して十分な支援ができない家庭の子どももたくさんいた。そうした子どもの中に学校での勉強が遅れがちの子どもがいた。そこで，学習成績はふるわないが能力に問題はない子どもと知的な障害などにより学校の勉強についていけない子どもを判別する必要が出てきた。フランスの教育委員会はビネーに対し，そのための検査を開発するように要請した。ビネーは弟子の**シモン**（Simon, T.）とともに，この要請に答え，1905 年に複数の課題から構成された**ビネー―シモン知能尺度**（Binet-Simon intelligence scale）を完成した。これが改良されて，他の国へも広まり，現在の知能検査の基本デザインができあがった[5]。

　アメリカでは，スタンフォード大学で**ターマン**（Terman, L.）がビネー―シモン尺度をベースに，アメリカ版を作成した。これは，**スタンフォード―ビネー知能尺度**（Stanford-Binet intelligence scale）と呼ばれている。我が国でも，鈴木治太郎及び田中寛一により，日本版が作成され，**鈴木―ビネー知能検査**及

---

5)　Plucker, J. (2012a).

7.3 ビネーによる知能テスト開発

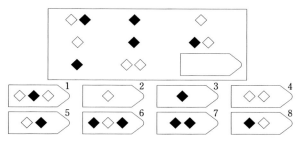

図7–1：レイブンプログレッシブマトリックス検査 右下のスペースに入る形を周りの図形から推理する。出典：Prabhakaran, et al. (1997).

び**田中―ビネー知能検査**と呼ばれている。現在，我が国で使われている知能検査には，ビネー―シモン尺度に由来するもの以外に，アメリカの**ウェクスラー**（Wechsler, D.）が開発した16才以上の大人向けの**WAIS**（Wechsler's Adult Intelligence Scale）とそれ以下の子ども向けの**WISC**（Wechsler's Intelligent Scale for Children）を日本向けに標準化したものが使われている。これ以外にも，現在広く使われている検査としては，パターン間の関係から空白に当てはまる図を選ぶという図形的推論能力を調べる**レイブンプログレッシブマトリックス検査**（Raven's progressive matrices Test）（図7–1）がある。この検査は，流動性知能（後述）を反映するとされており，そのため知識や経験の影響を受けにくい知能検査だとされている。

7.3.1 ビネー―シモン知能尺度の成り立ち

ビネー―シモン知能尺度では，知的機能の個々の側面について，難しさの異なる同種の問題が年齢ごとに順番に並べられており，検査を受ける子どもは，それぞれの問題を易しいものから順に答えていった。検査を受けた子どもがある年齢段階の問題に対し1つ以上間違わなければ，その年齢の知的水準に達していると判定され，次の年齢段階に進むことができた。もし，1つ以上間違うと，その年齢には達していないと判断された。

こうして決定された知的発達段階は，**精神年齢**（Mental Age: MA）と呼ばれることになった。ビネー―シモン知能尺度は，ある子どもの精神発達が何歳相当であるかを明らかにしたが，これだけだと異なる年齢の子どもの知能を比較

第 7 章　個人差

$$IQ = \frac{精神年齢}{暦年齢} \times 100$$

図 7–2：IQ の計算方法

することがむずかしい。そこで，後にドイツの個人差研究で知られる**シュテル
ン**（Stern, W.）が知能を指数（**IQ**）で表すことを提案し，ターマンがこれをスタ
ンフォード−ビネー知能尺度に取り入れて IQ の計算法（図 7-2）が誕生するこ
とになった[6]。この計算方法では，IQ は，**暦年齢**（Calendar Age: CA）で精神
年齢を割り，小数点をなくすために 100 を掛けて得られる。そのため，精神年
齢と暦年齢が等しい子どもは，IQ が 100 ということになる。現在 IQ=100 が
平均的な知能を意味するとされるのは，この計算方法に由来している。ちなみ
に，IQ の I は知能（intelligence）の頭文字で，Q は Quotient つまり商の頭文字
である。つまり，IQ という略号は，精神年齢を暦年齢で割るという計算方法に
由来している。

7.3.2　ビネー−シモン知能尺度は，何を測定しているか

　ビネー−シモン知能尺度は，上述のように義務教育への適応能力を査定する
という目的で開発された。ビネーは，この検査の実施に際して，3 つの基本原
則を設けている。それは，1) 得点は，生まれつきのもの，あるいは永久的なも
のを何ら明確にするものではないこと，2) 得点等級は，学習障害のある子ども
を見極め，助けるための大まかな指針であり，普通の子どもたちを測るもので
はないこと，3) 低い得点は子どもの能力が生まれつき劣っていることを意味し
ないこと，であった[7]。ビネーも警告しているように，ビネー−シモン知能尺
度は，生まれつきの能力を測定することや知能が高いかどうかを決定するため
の測定器具として開発されたのではない。その狙いは，検査の結果が低い子ど
もに対し義務教育への適応を援助し，学業成績を高めることにあった。ビネー
とシモンの開発した検査は，実際子どもの学業成績とよく相関し，当初の目的
を達成した。しかし，ビネー−シモン知能尺度が米国でターマンにより標準化
され，広く使われるようになると，ゴールトンの優生学的な考えに同調し，知

---

6)　トムソン, R. (1969). p. 192.
7)　ブロード, W.・ウェード, N. (1988). p. 266.

能検査は遺伝的な知的能力を測定する道具であると見なす研究者が（少なくとも
アメリカでは）多数を占めるようになっていった[8]。

7.3.3 集団式知能検査

ビネー－シモン知能尺度やその後開発されたウェクスラーの知能検査は，い
ずれも検査を受けるためには，検査者と一対一で対して検査を受ける必要があ
り，専門的な検査者による臨床場面での利用が主である。そのため，多くの人
を対象にいっせいに検査を行うのには適していない。

知能検査がアメリカに導入されてしばらくして第一次大戦が勃発した。アメ
リカはこれに参戦するために多くの若者を徴兵した。当時アメリカ心理学会長
をしていたヤーキスは，知能検査によって新兵を検査し，その結果に基づいて
それぞれの能力に合った軍務を与えてはどうかと提案し，この提案に基づいて
大勢の人に対し一斉に検査を実施できる集団式知能検査が作成された。この検
査はアメリカ陸軍の後押しで作られたので，陸軍 A 式および B 式と呼ばれて
いる。このうち，A 式は字の読める人を対象にし，B 式は字の読めない人を対
象にした。集団式の知能検査は，第一次大戦中に 200 万人のアメリカの若者に
対し実施され，アメリカ社会で知能検査の有効性が広く認められるきっかけに
なった。集団式の知能検査は，検査の内容が印刷された問題用紙と解答するた
めの鉛筆だけしか必要ないことから，**紙筆検査**（pen-and-paper test）と呼ばれて
いる[9]。

7.4 知能の成り立ち

知能テストで測定しているのは具体的にどのような心の働きだろうか。ビネー
自身は，知能を構成する能力のうち，「実際的な判断能力」が最も重要だと見な
していたが，自分達が開発した知能テストにさまざまな認知機能（記憶力，集中
力，推理力，機械的才能，言語流暢性）を反映する課題を採用していることから，知
能は複数の能力が総合的に発揮された結果だと考えていたと思われる。

---

8) アイゼンク, H.J. ・ケイミン, L. (1985). 第 12 章
9) アイゼンク, H.J. ・ケイミン, L. (1985).

第 7 章　個人差

表 7-2：一般人と専門家の知能観　出典：スタンバーグ (1983).

一般の人	具体的な行動例	専門家	具体的な行動例
実際的な問題解決能力	論理的推論 問題のあらゆる側面をとらえる アイデアが豊かである 臨機応変な反応	問題解決能力	知識を応用する 最適の方法，かたちで問題を提起する 客観的 洞察力・直感力
言語能力	はっきり話す・会話がうまい 読解力 よく勉強する 新しいことに挑む	言語能力	語彙が豊か 読解力・読書好き 学習速度 話題が広い
社会的能力	他人をありのままに受け入れる 関心が広い 公平 自分や他人に正直	実際的知能	状況をよく判断する 目的を達成する方法を決める 自分を取り巻く世界をよく知っている 世界に対する関心が高い

心の働きは日常生活の中でさまざまな場面で折に触れ自覚されることがあるので，それについて一般の人が専門家と共通した認識をもっても不思議ではない。実際，一般の人が知能を反映しているとみなしている行動（表7-2）をながめると，その考えが専門家の知能観とそれほど大きな隔たりがないことが分かる[10]。ただし，(3)の社会的能力は，第6章の「眼窩面と前頭前野内側面」で述べたような実際的な社会的場面で発揮される能力で，**情動知能**（emotional intelligence）と呼ばれており，知能には含めないことが多い。

7.4.1 生涯発達からみた知能の構成

生涯発達（life-span development）という観点から，知能は**流動性知能**（fluid intelligence）と**結晶性知能**（crystalized intelligence）に分けることができる（図7-3）。流動性知能は，問題解決能力のような場面に応じて柔軟に解決法をあみだすことを可能にする知能の側面であり，頭脳の柔軟性といえる。これに対し，結晶性知能は，学習の結果蓄積された知識であり，いわゆる経験値や年の功とよばれるような能力である。この2つの側面の発達をみると，どちらも20代でピークに達するが，図7-3からも分かるように，その後の経過に違いが見られ，流動性知能は，30代ころにピークに達してその後は徐々に低下する。これに対し，結晶性知能は，流動性知能が低下する年齢以降も高い状態で推移する。

このような違いは，流動性知能が知識を吸収する際の能動的な心の働きに関係しているからである。何かを覚えようとする時には，意図的にそうする必要

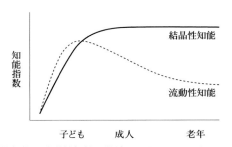

図7-3：結晶性知能と流動性知能の発達　出典: Craik, & Bialystok (2006).

---

10) スターンバーグ, R. (1983).

第 7 章　個人差

がある。つまり，内容に能動的に注意を向けることで，内容を理解したり反復したりし，内容の記憶への定着を促進する（第 4 章「自動と能動」）。この能力を支えているのが流動性知能であり，その能力は，必要な学習がある程度達成される成人期以降，徐々に衰える。これに対し，結晶性知能は，学習結果が蓄積されたものであり，知識を増進するための新たな学習の効率は，知識が余り蓄積されていない若い時には流動性知能に依存するが，ある程度学習が進んだ段階では，以前に習得した知識によりそれに関連した新たな学習が促進されるので，流動性知能に陰りがみられる 30 代以降も比較的よく保たれる[11]。

7.4.2　知能は，単一の能力か能力の集合か

知能が複数の認知機能を総合した能力だとするビネーのような立場に対し，イギリスの**スピアマン**（Spearman, C.E.）は，知能はいろいろな認知機能を反映する課題を通底する単一の能力だと考えた。もし，この考えが正しいならば，たくさんの人に対し多くの種類の異なる課題を課し，個々人が得た課題ごとの成績の相関を求めれば，そこには課題に共通した能力を反映して相互に相関がみられるはずである。つまり，1 つの課題でよい成績をとった人は別の課題でもやはりよい成績をとるし，逆にある課題の成績が悪ければ，他の課題の成績も低いという結果になると予想される。実際，スピアマンは，多くの認知課題の成績の間に相関がみられたことから，それぞれの課題の成績に影響する一般的な知的能力があると主張し，この能力を**一般知能**（general intelligence，これは，g と略される）と呼んだ。この g という表現は今でも知能という単一の能力を表す名称として使われている。

これに対し，ハーバード大学の知能研究者の**ガードナー**（Gardner, H.）のように，そうした一般的な知能を仮定せず，ビネーと同様に知的能力は複数の独立した能力の集まりだと考える知能の研究者もいる。ガードナーは，知能を構成する能力として，1) 言語，2) 論理–数学，3) 音楽，4) 空間，5) 身体運動，6) 対人能力（対人知性），7) 個人内のコントロール能力（心的知性）があるとした上で，従来の知能テストは，主として 1)，2)，4) を測定しているとしている。[12]。

---

11)　Craik, F.I.M., & Bialystok, E. (2006).
12)　ガードナー, H. (1999).

現在では，上記2つの考え方のうち，知能は単一の能力だとする考えがより広く支持されている。その理由としては，1) スピアマンが想定したように，知能検査の成績がさまざまな課題の成績と相関し，そうした知能と相関する課題の中にはあまり知的とは言えない単純な処理速度の指標（単純反応時間を含む反応時間やどれだけ短い時間で線分の長さを知覚できるかという**視察時間**（inspection time）のような課題）も含まれること[13]，2) 知能は機能局在（第2章）が明確でないこと，つまり知能を低下させるような限局された脳の領域はなく，知能に影響が出るためには，大脳皮質が広範に変成するは**アルツハイマー病**（Alzheimer's disease）のような病変が必要なこと，があげられる。

7.5　知能に対する遺伝の影響

既に述べたように，ゴールトンが知能を測定することを試みた理由として，階層の上の人ほど知能が高く，それは遺伝的な要因でそうなっていると信じていたからだといわれている。実際，「**氏か育ちか**（nature vs. nurture）」という問いは，ゴールトンにより発せられ，広く使われるようになったとされている。知能が遺伝により決定されているかどうかは，純粋に学問的興味の対象であるが，これが「どの民族や人種，あるいはどの階級が知能が優れているか」という問題と重なってくると，「自民族中心主義」（第6章「超社会的動機」）の臭いがしてき，たいへん生臭い論争の種になる[14]。実際，ハーバード大学の進化生物学者の**グールド**（Gould, S.J.）は，『人間の測りまちがい』という本の中で，かつて欧米の人類学者の中には，自分達の知的優位を実証しようとして，黒人の頭蓋骨のサイズを故意に歪めて測定した人がいたと述べている[15]。

知能の個人差にどの程度遺伝が関係しているのかについては，自分が属する集団を他の集団より優れていると思いたいという無意識の願望が働くためか，どうしてもそれに沿ったデータや解釈を優先する傾向がある。あるいは，そうした立場に批判的な人からは，知能に対する遺伝の影響を重視する立場からの主

---

13)　Jensen, A.R. (2002).
14)　スターンバーグ, R. (1983).
15)　グールド, S.J. (1989). pp. 53–59.

第 7 章　個人差

張はそのように解釈される。このことは，イギリスの個人差研究で著名な**アイゼンク**（Eysenck, H.J.）と元々は学習の研究を行っていた米国の心理学者の**ケイミン**（Kamin, L.）の間の論争を記録した本『知能は測れるのか——IQ 討論（原題の方は，Intelligence: The Battle for the Mind とより戦闘的な含みを持たせている）』を読むとよく分かる。

　この本の中でアイゼンクは，知能の 80% は遺伝で決まるという立場を主張し，ケイミンは，知能がどれ位遺伝で決まるのかは現時点（この本が書かれた 1981 年当時）では決定できないという立場をとっている。アイゼンクは，自身が人種差別論者でないことを証明しようと，自身の主張が客観的な証拠に基づいたものであることを強調する。その一方，ケイミンは，ゴールトンを初めてとして，アイゼンクや彼と同様に知能に対する遺伝の影響を強調する立場の多くの研究者達は，科学的立場の裏側に人種差別的な考えを隠していると断じている[16]。

7.5.1　双生児法

　ある能力や特性について，それがどの程度遺伝の影響を受けているのかを知るためには，遺伝的に繋がりのある個人間でその能力や特性がどの程度相関しているかを調べる方法がとられる。これは，家系調査と呼ばれており，たとえば，家系の中に同じ病気が代々起こるかどうかを調査することで遺伝が関係する疾患かどうかを明らかにすることができる。知的能力や性格上の問題についても同様で，家系を調べることにより遺伝的影響の有無や遺伝の仕方（メンデル式の遺伝かどうか，優性か劣性かなど）を明らかにすることができる。

　遺伝と環境の影響を解明するのに最適なのは，2 種類の双生児を比較する**双生児法**（twin study）である。双生児には**一卵性**（monozygotic）と**二卵性**（dizygotic）がある。一卵性双生児は，1 つの卵子と 1 つの精子が受精した後で，それが 2 つに分割し，別々の個体に成長したケースである。従って，基本的に一卵性双生児同士の全遺伝子は同一であり，お互いが相手のいわゆるクローンになっている。一卵性双生児の場合には，当然のことながら，必ず双生児は同性となる。これに対し，二卵性双生児は，2 つの卵子と 2 つの精子が同時に受精したケー

---

16)　アイゼンク, H.J.・ケイミン, L. (1985).

230

7.6 知能に対する環境の影響

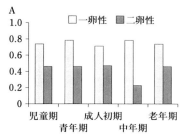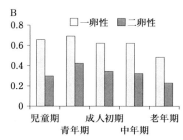

図 7-4：双生児同士の知的能力の相関　どの年齢をみても言語能力 (A), 空間能力 (B) とも, 一卵性双生児間の相関が二卵性双生児間の相関よりも 2 倍前後高い。出典：プロミン・ディフリース (1998).

スである。従って，遺伝子的には兄弟姉妹と同じであり，双生児同士は同性とは限らず，異性の組み合わせも同性同士と同程度にみられる。

双生児を対象にした知能の研究からは，図 7-4 にみるように，言語能力についても空間的能力についても，年齢によらずほぼ一貫しており，理論的に予想されるように，一卵性双生児の方が二卵性双生児よりもほぼ 2 倍の相関係数となっている。経験の影響は，年齢が進むにつれて大きくなると考えられるので，上記の結果は，知能の決定に遺伝的要因の貢献が大きいことを示している。一卵性双生児と二卵性双生児を比較した多くの研究を総合して，言語能力の 60%, 空間的能力の 50% は遺伝に由来すると推定されている[17]。

7.6　知能に対する環境の影響

前節のように，知能に対して遺伝がかなり影響していることは確かであり，知能に関わる遺伝子の節でもふれるように，最近の研究では具体的に知能に影響する多くの遺伝子が見つかっている。しかし，だからといって環境の影響を考えなくて良いということにはならない。遺伝的貢献度を除いた分（言語能力では 40%, 空間的能力では 50%）は，（誤差によるデータの変動分を考慮しなければ）環境の影響で生じた知能の個人差ということになる。

---

[17] プロミン, R.・ディフリース, J.C. (1998).

第7章 個人差

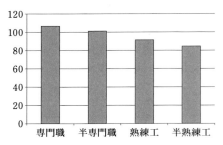

図7-5：養父の職業と養子の知能　出典：Bouchard & Segal (1985).

環境の影響としては，1) 胎内での影響，2) 家庭環境，3) 教育歴の影響，4) 文化的影響がある。胎内環境の影響としては，たとえば，アルコールなどの薬物や母体へのストレスなどが知られている。家庭環境の影響は，両親の影響に加え，親の職業や社会的地位，さらに以下に述べる出生順と兄弟数がある。また，文化的影響が疑われるものとして**フリン効果**（Flynn effect）がある。

7.6.1　出生順と同胞数の影響

ゴールトンは，科学で高い業績を上げた人が選ばれる英国王立協会の会員に第一子が多かったことから，出生順が知能に影響することに気がついたという。同様のことは，最近，ハーバード大学で学生の人気第一の講義を行っていることで日本でも有名になった政治哲学者の**サンデル**（Sandel, M.J.）も自著の中で述べている。サンデルによると，彼の授業を受講しているハーバード大学の学生にアンケートをとると，毎年そのうちの75-80%は第一子だという[18]。

出生順と同胞数が知能にどのように影響するのかについて科学的に研究しようとすれば，万単位となるような非常に多くの人を対象に知能検査を実施する必要がある。これは，実際的な手間とコストを考えると，よほどのことがない限り実施困難である。そこで，大量のデータを必要とするような研究では，しばしば別の目的で既に集められているデータを，研究目的に沿って整理し直して分析する方法がとられる。

---

18)　Sandel, M.J. (2009). p.159.

7.6 知能に対する環境の影響

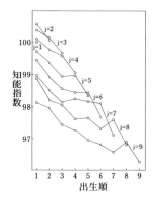

図 7-6：兄弟姉妹の数と出生順が知能に与える影響　出典：Bouchard & Segal(1985).

　出生順と同胞数が知能に与える影響についても，既存のデータを利用した研究が行われている。そのデータとは，オランダで徴兵検査の一環として行われたレイブンプログレッシブマトリックス検査（図 7-1）による知能検査結果である。この検査の対象者は，1944 年から 1947 年生まれの 19 歳の男性約 40 万人で，これは当時のこの年令のほぼ全ての男性であった。この膨大なデータを，一人っ子から 9 人兄弟（姉妹を含む同胞）まで兄弟の数で分類し，さらにそれぞれについて何番目に生まれたかにより区分けし，各区分ごとに平均知能を計算した。

　分析の結果，図 7-6 に示されたようにたいへん興味深い傾向が表れた。全体の傾向をまとめると，1) 出生順が後になるほど知能は低くなる，2) 家族数が多くなるにつれ，全体としての知能は低下する，3) 一人っ子は，2) の傾向の例外で，2 人あるいは 3 人兄弟の長男よりもやや知能が低くなり，ほぼ 4 人兄弟の長男と同等であった。4) もう一つの例外として，末子は，特に同胞数が多い場合に，その 1 つ前の兄（最後から 2 番目）に比べて大きく知能が低下し，逆に最後から 2 番目の兄は，さらに 1 つ前，つまり最後から 3 番目の兄よりもむしろ知能が高くなった。1) からは，「総領の甚六」という昔の言い伝えとは異なり，長男は一人っ子でない限り，次男・三男など，後に続く兄弟よりも知能は高いことが明らかになった[19]。

　出生順や兄弟数はなぜ知能に影響するのだろうか。これを説明するために社

---

19) Belmont, L., & Marolla, F.A. (1973).

第 7 章　個人差

会心理学者の**ザヨンク**（Zajonc, R.B.）は，**合算モデル**（confluence model）を提案している。このモデルでは，家族の中で成長する子どもは，その家族の自分を含むメンバー全員の合算した知能に影響されて自分の知能が決まると仮定している。長男の場合，少くとも誕生してしばらくは家族の構成員は，父親と母親，それに本人なので，その時の家族の知能を合算すると，IQ＝（100（父）＋100（母）＋0（本人））/3 となり，66.7 である。これに対し，次男の場合，IQ＝（100（父）＋100（母）＋30（長男）＋0（本人））/4 から 57.5 となり，次男は，まだ成長していない長男が既に家族にいる分だけ長男に比べ不利となる。ただし，長男の知能はその年齢によって変わるので，長男がより成長した段階で次男が家族に加われば，次男の知能はより高くなることが予想される。この家族の合算した知能の影響に加え，ザヨンクは幼児の面倒をみることは知能を伸ばすと仮定した[20]。これは，一人っ子や末子の知能が長男や最後から 2 番目の子どもに比べ低下しているという結果と整合性をもたせるために取り入れたやや苦しい仮定である。小さな子どもの面倒をみるのは実際には直前の子どもとはかぎらず，むしろある程度成長した上の兄や姉である方が普通なので，幼い弟や妹の世話をすることが知能にプラスに働くとしても，それがすぐ上の兄や姉の知能にだけ影響すると考えるのは無理がある。

7.6.2　フリン効果

　知能が生まれつきの能力で遺伝子の支配を受けていると仮定すると，ある集団全体が持っている遺伝子の総体は短時間のうちには変化しないことから，集団の平均知能は数十年程度の短い時間ではほとんど変わらないことが予想される。しかし，1987 年にニュージーランドの知能研究者**フリン**（Flynn, J.R.）は，この予想が間違っていることを明らかにした。フリンは，日本を含む世界の 14 の先進国から第二次大戦後の知能検査結果を取り寄せ，その推移を国ごとに分析したところ，意外なことが判明した。それは，10 年から 25 年を隔てて得られた知能検査の結果を比較すると，国により多少の違いはみられるが，どの国でも知能指数が 5 点から 25 点の範囲で向上していたことだった。

---

20)　Zajonc, R.B. (1983).

フリンは，この知能の大幅な上昇の原因をさまざまに検討した。たとえば，成熟加速については，知能の上昇は，国ごとに対象となった年齢が異なるものの，成熟に達した成人での結果でも同様に知能が向上していたことから，成熟加速のような発達傾向の変化ではないとした。また，経験的な影響を受けにくいとされるレイブンプログレッシブマトリックス検査でも同じように知能の上昇がみられたことから，学校教育の改善などによる知識の普及のせいにすることもできないとした[21]。結局，何が原因で知能検査の結果が改善したのかははっきりしないままである。ただ言えることは，知能検査は，純粋に生まれつきの認知的能力だけを反映したものではなく，社会状況（文化）のような環境変化も影響する可能性があるということである。

7.7　知能に関わる遺伝子

　2003年に実現したヒトの全遺伝子シークエンスの解明に象徴されるように，遺伝子シークエンスを決定する技術が進歩するにつれ，さまざまな身体機能や疾患に関わる遺伝子が毎日のように発見されている。こうした近年の遺伝子解析技術を用いて，心の働きについても，関連すると思われる遺伝子が多数見つかってきている。このうち，知能に関連する認知機能（記憶，学習，認知）及び精神遅滞に関係する遺伝子は，2001年の時点で76個見つかっており，今後の研究でさらにその数が増えるものと思われる。さらに，このうち認知機能に特に関連が疑われている36の遺伝子をみると，大部分が何らかの神経伝達物質やホルモンに対する受容体に関係した遺伝子である。つまり，知能と総称される認知機能の個人差は，いろいろな神経伝達物質やホルモンの受容体の構造や機能に関わる**遺伝子多型**（genetic polymorphism: 同じ蛋白を作る基となる遺伝子符号にみられる個人差）が関係していることが推測される。今後こうした遺伝子がどのように脳の回路形成や機能に影響しているかが解明されることで，知能を支える脳というハードウェアの働きがその設計図である遺伝子の働きを通して明らかになることが期待される[22]。

---

21)　Flynn, J.R. (1987).
22)　Morley, K.I., & Montgomery, G.W. (2001).

7.8 性格

個人差は，知的側面だけでなく，さまざまな社会的状況における個人の振る舞いにもみられる。社交的な人は，家にお客が来ても，新しく学校や会社に入った時も，道で誰かにすれ違っても，気軽に他の人と交流をもつ。これに対して，内気な人は，相手や状況によって対応が変わり，必ずしも誰とでも気軽に交流するわけではない。このように個人の行動には状況によらずある一貫性がみられる。こうした個人の特徴的な行動を総称して**性格**（personality）と呼んでいる。

7.9 性格の構造

図 7–7 に示したように，個人の行動に一貫した傾向を与える心の働きとしては，まずヒトとしての共通した行動の特徴（第 2 章）が土台となっている。その上に，**気質**（temperament）と呼ばれている遺伝的影響が強い性格の側面が加わり，さらに社会的役割や文化的影響などにより形成される性格の側面が付け加わっている。その上には，**態度**（attitude）や**好み**（preference）のような年齢や経験で変化する選択的な行動傾向がのっかっている。このうち，間の 2 層が性格にあたる。

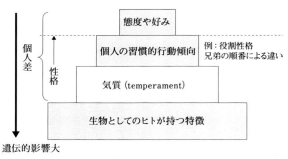

図 7–7：個人の行動に一貫性を与える要因

7.10 類型論と特性論

　性格をどのように記述するかについては，2つのアプローチがある。古典的なアプローチは，性格を目につく特徴により複数の独立したカテゴリーに分類するというやり方である。これは，ちょうど犬や猫などをそれぞれの持つ特徴から別々の種類に分類するやり方と同じで，**類型論**（typology）と呼ばれている。類型論では，複数の性格類型を仮定し，それぞれの類型についてその特徴を記述しておく。特定の人がどの類型に属するかを決めるためには，その人の性格が各類型のうちどの類型の記述に最も適合しているかを判断して類型を決定する。このやり方で直観的に分類できるのは，せいぜい数個のカテゴリーにとどまる。

　類型論は，性格の特徴を直観的に把握し，それをグループ分けすることから，類型ごとの特徴が分かりやすく，誰にもとっつきやすい。そのため，古代ギリシャの時代から現代まで，性格の分類法として用いられている。しかし，人格を精密に測定するという観点からすると，少数の類型に分類するというやり方では不十分であり，現在では，性格を複数の**特性**（trait）の集合として捉える**特性論**（trait theory）が一般的である。

7.11 特性論

　特性論では，個人の性格は複数の独立した（独立とは統計学的な意味であり，特性相互には相関がないことを意味している）特性から構成されていると考える。特性とは，たとえば，「内向的」という言葉で表現されるような，個人の特定の行動傾向のことをいう。そうした特性が複数集まって個人の性格の基本次元を構成している。特性を測定することで性格を記述するのは，ちょうどオーダーメードの洋服を作る際に，体のいろいろな部位の寸法を測定し，それに合わせて細部を調整して洋服を仕立てるのに似ている。そうすることで，体にぴったりフィットする洋服が仕上がるように，複数の特徴について測定することで，きめ細かに性格を把握できる。

第7章 個人差

　特性論では，特性を測るものさし（**尺度** (scale) と呼ばれている）を，性格を構成する特性の数だけ用意し，それらを使って性格を多面的に計量する。そのためには，後述の質問紙を用いた性格検査が使われている。複数の特性から構成された質問紙を用意すれば性格を測定できるということでは研究者間の意見の一致が得られたが，次の問題として，いくつの特性を測定すれば，性格を総体として測定したことになるのかが問われることになった。この点については，3種類の特性を提案したアイゼンクから 16 種類の尺度からなる性格検査を開発した**キャッテル**（Cattell, R.B.）まで，さまざまな提案が行われてきたが，近年は，後述のように，**ビッグ 5**（Big 5）と通称される性格測定法が広く用いられている。この測定法では，その名前からも分かるように，5 つの特性を用いている。

7.12　性格の測定法

　性格の測定法には，上記の特性論に基づいた質問紙による測定と**投影法**（projection test）と呼ばれている反応選択の自由度を高くすることで検査を受ける人の内面がより素直に結果に反映されるよう工夫された検査がある。それぞれの検査の具体例については，表 7–3 にあげておいた。質問紙による検査では，特定の特性に関わる簡単な質問が複数用意されており，その質問内容が自身の日頃の行動傾向に当てはまるかどうか，あるいはどの程度当てはまるかを，検査を受けている当人が判断して答えるようになっている。正確な診断のためには，当然のことながら自分の性格について正直に答えることが求められる。しかし，検査を受ける状況によっては，必ずしも正直に答えるかどうか保証がない。ことに望ましくない側面については，本来の答えとは別の選択肢が選ばれることも起こりうる。これが質問紙を用いた性格検査に共通した問題点である。

表 7–3：性格検査

性格検査	具体的な検査名
質問紙検査	Y-G, MPI, MMPI, NEO-PI-R（短縮版は NEO-FFI）
投影法	ロールシャッハ，TAT，文章完成法，PF スタディ 描画検査（例：バウムテスト）

質問紙の問題点を回避しようとして工夫されたのが投影法と呼ばれている検査である。たとえば，**ロールシャッハ検査** (Rorschach test) では，検査を受ける人は，インクのしみが作った左右対称の図形を見せられ，「これが何に見えるか」を自由に答えて下さいと言われる。ロールシャッハの図版（全部で 10 枚ある）は，どれも特定の対象を描いたものではないので，見る人により違ったものに見える。それを見て答える人は，自分が見えたものをそのまま答えることになる。図版の意味は曖昧なので，特にどう答えたらどう評価されるのかは検査を受けている当人にもはっきりしないので，内面がそのまま反映される（内面が投影された答えが得られる）と考えられている。以上のように，投影法の検査では，反応の自由度が高いことが特徴となっている。反応の自由度が高いことから，選ばれた反応は，人によりさまざまとなり，そこにどのような内面が反映されているのかを判断することは，簡単ではない。従って，投影法は経験を積んだ検査者により実施されなければ信頼性が保証されないことになる。そのため，この検査は，もっぱら精神科などの臨床場面で臨床心理士により行われている。

7.13 性格の基本的次元

性格を記述する次元あるいは特性として，5 つの特性を用いるやり方は，複数の性格研究の流れが合流して出てきた。出発点となったのは，古典的な性格記述研究であった。この研究法では，「性格とは何か」という問いに答えるために，辞書に載っている性格に関わる用語を全て探し出し，それらがどのようなまとまりをなすかを調べた。最初に組織的にこの方法を試みたのは，**オルポート** (Allport, G.) という米国の性格研究者であった。オルポートは，ウェブスターという辞書に載っている単語から個人差を表現していると思われる単語をくまなく探し出した。その結果，全部で 1 万 8000 近くの単語が見つかった。その中には，性格特性に関わる用語が約 4500 語含まれていた。残りは気分のような一時的な状態を表現する言葉や評価に関連する言葉，さらには身体的な特徴や能力に関わる言葉であった。

キャッテルは，オルポートが見つけた性格に関連する 4500 語に独自に選択し

第 7 章　個人差

表 7–4：ビッグ 5 を構成する特性とその特徴

特　性	特　徴
神経症傾向	不安，イライラ，抑うつ，内気，気分屋，自信がない
外向性	社交的，自己主張，活動的，刺激希求，陽性感情，暖かさ
開放性	好奇心，想像力，芸術志向，興味が広い，感動しやすい，新しい価値に敏感
調和性	許容的，率直，愛他的，融通が利く，控えめ，やさしい
誠実さ	有能，秩序を好む，義務感旺盛，達成，自己統制，入念な準備

た用語を加えたものを，同義語をまとめるなどして 180 余りのカテゴリーに分類した。彼は，さらにそれを 35 の特性にまとめた。そこからこの 35 の特性に含まれる用語を用いて性格の評定を行い，その結果を**因子分析**（factor analysis）という**多変量解析**（multivariate statistics）の手法により分析し，12 因子からなる性格構造を得た。これが，後に彼の 16 因子の性格検査となった。その後，オルポートと同様に辞書に掲載されている言葉から性格特性と関係があると思われるものを選び出し，そこから特性を抽出する研究が欧米各国で行われ，最終的に 5 つの特性が残った。それが現在ビッグ 5 と呼ばれる性格特性（表 7–4）である[23]。

　ビッグ 5 を測定する性格検査として現在広く使われているものは，1980 年代に**コスタ**（Costa, P.T.）と**マクレー**（McCrae, R.R.）により開発されたものである。彼らは，キャッテルの 16 因子の性格検査をベースに独自の性格検査を開発しようとしていた。彼らが最初に開発した性格検査は 3 つの特性から構成されていた。そのうちの 2 つは，他の性格検査でもかならず登場する基本的特性（気質）である**外向性**（extraversion）と**神経症傾向**（neuroticism）で，残る 1 つは**開放性**（openness to experience）であった。コスタとマクレーは，この 3 つの特性が上記の性格関連用語を分析した研究から得られた 5 つの特性のうちの 3 つと同じものであることに気がつき，さらに残りの 2 つの特性，**誠実さ**（conscientiousness）と**調和性**（agreeableness）を加えた性格検査を 1985 年に発表した。この性格検査は，**NEO-PI-R** と呼ばれている。なお，この名称の最初の 3 文字は，神経症傾向（N），外向性（E），それに開放性（O）を表している。現在，この NEO-PI-R

---

23)　John, O.P., Angleitner, A., & Ostendorf, F. (1988).

に加え，質問項目を減らした短縮版（**NEO-FFI**）が我が国を含む多くの国で利用されている[24]。

7.14　三つ子の魂百まで

　幼い時の行動に既に性格の違いを反映した個人差がみられることが知られている。たとえば，3歳児を観察してその子の性格の特徴を判断した結果と，その子が18歳になった時に実施した性格検査の結果を比べた縦断研究がある。それによると，3歳の時に衝動的で行動の統制が悪い子どもは，18歳でも行動統制が悪く，性格検査の結果は，衝動的で危険を好み，情動的には不安定であった。また，3歳の時に人見知りで怖がりだった子どもは18歳の時には，自分を抑えすぎる傾向がみられ，自己主張が苦手で引っ込み思案な性格であった[25]。後者に関しては，脳の活動の違いも確認されている。fMRIを用いて2歳の時に人見知りが強かった人とそうでもなかった人を対象に，知らない顔に対する扁桃体の反応を比べた研究から，2歳の時に人見知りが強かった人では，知らない人の顔に対して見慣れた顔よりも扁桃体がより強く反応した。これに対し，人見知りでなかった人では，扁桃体の活動でみる限り，知らない顔も見慣れた顔も違いはなかった[26]。つまり，人見知りは幼児に一般的に見られる傾向であるが，扁桃体の活動からすると，人見知りが強かった人は，大人になっても依然として知らない人に対し警戒心を残しているといえるだろう。

7.15　性格に対する遺伝的影響

　双生児法を用いた研究などからビッグ5のような基本的な性格特性については，遺伝的な影響が相当程度あることが判明している。たとえば，外向性では遺伝の影響は60%程度，神経症傾向ではそれよりもやや低い50%だと推定されている。これに対し，他の3特性では遺伝の影響はやや弱く，約40%だとされ

---

24)　McCrae, R.R. & Costa, P.T.Jr. (1999). 第5章
25)　Capsi, A. & Silva, P.A. (1995).
26)　Schwartz, C.E. et al. (2003).

第 7 章　個人差

ている。これとは逆に，環境の影響の 1 つである出生順の影響を受けやすい特性は，開放性，誠実さ，調和性，神経症傾向，外向性の順になっており，遺伝の影響の裏返しとなっている[27]。

7.15.1　チンパンジーの性格

　ビッグ 5 のような性格の基本的特性には遺伝的な基礎があることをうかがわせるおもしろい観察がある。それは動物園で飼育されているチンパンジーの性格を飼育係が評定したものである。表 7-4 のような性格特性を表す形容詞を用いてチンパンジーの性格を評定し，そこから性格特性を得るという方法を適用したところ，ビッグ 5 とほぼ同様の 5 因子（ただし，誠実さに代わって信頼性）に支配を加えた 6 因子が得られた[28]。この結果は，進化的にはごく近縁であるヒトとチンパンジーでは，基本的な性格に関し，種を超えた生物学的共通性があることをうかがわせる。

7.15.2　性格に関係する遺伝子

　性格に対しても知能以上に多くの遺伝子が関わっていることが予想される。最近は，遺伝子レベルの個人差が，主に神経伝達物質の受容体を作り出す遺伝子の多型（遺伝子の個人による違い）を介して特定の性格特性に影響していることがだんだんと分かってきた。

　性格特性との関連が指摘された最初の遺伝子は，ドパミンの受容体に関わる遺伝子で，それが関係する性格特性は刺激希求（sensation seeking）だった。刺激希求は，新奇なものを求める余り，衝動的でむちゃをしがちな傾向をいう。この性格特性には，脳の報酬系に関わるドパミン（第 6 章）受容体のうち，D4 というタイプを決定している遺伝子 DRD4 の個人差が関わっていることが知られている。D4 受容体は，第 11 染色体上にある遺伝子によりその構造が決定されている。この遺伝子中には 48 の塩基対からなる部位があり，この部分が人により 2 から 8 回繰り返している。この繰り返しの長短により D4 受容体のドパミンに対する感度が変化し，繰り返しの長い人ではドパミンに対する感度が低く

---

27)　Bouchard, T.J.Jr. (1994).
28)　King, J.E., & Landau, V.I. (2003).

7.15 性格に対する遺伝的影響

なる。そのため，そうした（刺激希求の強い）人では，ドパミンに対する反応が弱いため，より強い刺激を求めるようになると説明されている[29]。

遺伝子レベルでの性格特性との関連が知られているもう1つの神経伝達物質にセロトニンがある。セロトニンの**トランスポーター**（(transporter, シナプス間隙に放出されたセロトニンをシナプスが再度吸収することでシナプス間隙のセロトニンを減少させる役割をもつ）の構造を決定する遺伝子SLC6A4では，その一部にある繰り返しの長さに多型がみられる。この多型（繰り返しが16のものと14のものが多く，繰り返しの長短（l vs. s）で遺伝子多型を表す）がトランスポーターの性能と関係しており，短いものは長いものに比べトランスポーターとしての効率が悪い。そのため，この部分が短い人はシナプス間隙からなかなかセロトニンがなくならない。SLC6A4遺伝子対の一方でも繰り返し部分が短い人（s/l あるいはs/s: s型）は対の両方で繰り返しが長い人（l/l: l型）に比べビッグ5で測定された神経症傾向が高くなる[30]。神経症傾向の高い人は，感情を刺激する状況でより強く反応することから，s型はl型よりも陰性の情動刺激に対し強い感情反応を示すことが予想される。

実際，fMRIを用いてs型とl型の人を対象に恐怖の表情に対する扁桃体の活動を調べた最近の研究[31]では，s型の人はl型の人よりも扁桃体の活動が高かったという結果が得られており，SLC6A4遺伝子の繰り返し部分の多型が陰性の情動刺激に対する反応性の個人差の一因となっていることが脳の活動からも裏付けられている。この結果は，性格特性という行動レベルの個人差がセロトニンのシナプス間隙からの回収効率というミクロレベルの個人差に基礎を置いていることをうかがわせるもので，たいへん興味深い。今後，このような研究がさらに進むと，性格検査で測定している個人差が脳の神経細胞レベルでの活性の違いとして理解されるようになることが期待される。

---

29) Ebstein, R.P. et al. (1996).
30) Ebstein, R.P. (2006).
31) Hariri, A.R. et al. (2002).

第 7 章　個人差

7.16　性格に対する環境の影響

　知能以上に性格は環境の影響を受ける。また，前節で述べたように，特性により環境が影響する程度には違いがある。性格に影響する環境要因としては，既に述べたように，家庭環境からその後の職業や社会的地位，さらには文化に至るまで発達段階の全体にわたりさまざまあるが，ここではその中でも，とりわけ影響の大きい発達早期の影響について紹介する。

7.16.1　乳幼児期の影響

　乳幼児期が性格形成に大きな影響を与えることを強調したのは，フロイトが創始した精神分析学派の研究者であった。フロイトは，乳幼児期の性格の発達段階として**口唇期**（oral stage），**肛門期**（anal stage），**男根期**（phallic stage）があるとした。これは，フロイトの考えでは，正の強化（フロイトはこれをもたらすのはリビドー(libido)の満足だとしている）を求めて乳幼児が注意を向ける身体の部分が，発達段階により変化するためである。最初期には，乳児は授乳に伴う口唇部から得られる快感から満足を得ている。この段階を過ぎると，トイレットトレーニングに伴う排泄行為から満足を得るようになり，さらに生殖器官からの満足へと進んでいくというのがフロイトの性格発達段階説であった。さらに，フロイトの発達理論では，もし，ある発達段階から次の発達段階へ順調に移行できない場合には，前の発達段階に固着が起こり，その段階の特徴が性格に刻まれることになるとされている。たとえば，口唇期に固着した人は，他者への依存やその不満からの怒りにさいなまれるようになり，飲酒や喫煙，あるいは食行動のような口唇からの満足に関わる問題行動が起きやすいとしている[32]。

　また，精神分析学派に属し性格の生涯発達段階説で有名な**エリクソン**（Erikson, E.H.）は，人生の最初の数年間を，**基本的信頼**（basic trust），**自律性**（autonomy），**積極性**（initiative）の 3 段階に分けている。このうち，生後 1 年は基本的信頼の段階で，この段階では母親との関係から他者との信頼関係の基本となる感覚を

---

32)　Western, D., & Gabbard, G.O. (1999). 第 3 章

7.16 性格に対する環境の影響

学ぶとしている。もし，基本的信頼の感覚を習得できないと，その後の精神生活（特に親密な他者との関係）に大きなマイナスの影響が出ることになる。さらに，その後に続く自律の段階では身体発達に伴い，自分のことは自分でやれるという感覚が身につき，次の段階の何でも自分でやってみようとする積極的な行動へとつながるとしている。エリクソンもフロイトと同様，発達のある段階から次の段階への移行に問題が起こると，それがその後の性格形成に大きな影を落とすことになると考えている[33]。

乳幼児期の経験を重視する精神分析学派の立場に対しては賛否両論があるが，乳幼児期にストレスの多い出来事を経験するとその後の性格形成に大きな悪影響が出ることは容易に予想できるであろう。この点を早い段階で指摘したのは，精神分析学の流れを汲むイギリスの精神科医のボールビー（Bowlby, J.）であった。彼は，孤児院に収容された子どもの知的発達や精神的健康に問題があることから，健全な性格形成にとって母親との密接なスキンシップに基づく愛着が不可欠であり，母性剥奪（maternal deprivation）がそれに対して悪影響を及ぼすことを指摘した。この点を，サルを用いた実験から裏付けたのがハーローであった。ハーローは，母親から隔離された子ザルは，成長すると不安の高い抑うつ的な個体になることを剥奪実験により確かめている[34]（第6章「愛着は2次的動因か」）。

さらに大きなストレスとしては，我が国でも近年マスコミを賑わすようになった子どもの虐待（abuse），特に性的虐待がある。小さな子どもにとって親は絶対的な存在であり，たとえその親から暴力的な酷い扱いを受けても，親の下を去ってもっと安心できる環境を選ぶことはできない。そのため，虐待される子どもの中には，虐待に伴う精神的・肉体的苦痛に対処しようとして自分が想像した人格が苦痛を受けているように振る舞うことがある。これが解離という心の働きを伴うと，状況により行動を制御する主体が変わるいわゆる多重人格（multiple personality）を形成することにつながる（第8章「解離性障害」）。

ここでいう解離とは，自分の心の一部を自覚しないようにすることをいい，フロイトが抑圧と呼んだ防衛機制（defense mechanism）と共通している。この解

---

33) エリクソン，E.H.（1973）．pp. 55–87.

34) Van der Horst, F.C.P., LeRoy, H.A., & Van der Veer, R. (2008).

第 7 章　個人差

離という心の働きにより，本来は自分が感じている苦痛を想像上の他者が経験していることのように処理することができ，その「他者」が体験したことを自分の体験としては思い出さないですむ。この対処行動を幼児期から継続すると，成長するにつれ解離された心の一部が（情動や動機づけに応じた）状況により勝手に行動を制御するようになり，まるで別の人格が支配したような印象を与えるようになる。これが多重人格である[35]。

7.16.2　出生順と性格

　兄弟姉妹の何番目かによって性格に違いが見られることは，日常的にも取りざたされている。前にもふれた「総領の甚六」という表現や下の子はやんちゃだとか末っ子は甘えん坊だなどのような広く信じられている考えもそうした**大衆心理学**（folk psychology）の反映である。しかし，本当のところ，出生順による性格の違いはあるのだろうか。知能の研究でふれたゴールトンも，既に出生順により，性格，特に達成に関して違いがみられることを，科学者の業績と出生順の関係から主張していた。この点について，進化心理学的な立場からなぜ出生順が性格に影響するかについて，以下のような仮説を提案したのは，性格研究者の**サロウェー**（Sulloway, F.J.）である。サロウェーは，親の愛情や世話という資源をめぐる兄弟間の競争から，兄弟姉妹のそれぞれは親の愛情や注目が自分にとって最大になるように独自の地位（ニッチ (niche)）を築こうとすると考えた。

　長男・長女は，少なくとも次の子どもが生まれるまでの数年間は他に競争相手がいないので親の愛情を独占できる。しかし，逆に言えば常に親の目があるので，どうしてもそれを意識し，親が成績にこだわれば成績をあげようとし，親がこうだといえばそのとおりの行動をしたり言ったりするようになる。言い換えると，まじめではあるが体制に順応したタイプになりやすい[36]。これは，ビッグ5でいえば，誠実性を高める一方で開放性を下げることにもなる。これに対し，第2子以降の子どもは，既に親の愛情や注目を存分に浴びて育っている兄や姉から愛情や注目を自分に向けさせる必要がある。そのためには，自分は独

---

35)　Ludwig, A.M. et al. (1972).
36)　Sulloway, F.J. (1995).

246

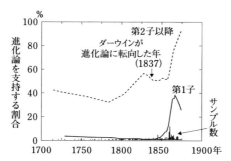

図 7-8：進化論を信ずる人は第 2 子以降に多い　出典：Sulloway(1995).

自の存在だということを親に認めさせる必要がある。そこで彼らは兄や姉とは違うことや目立つことをやろうとする。第 2 子以降の子ども達が置かれた家族内の地位から，彼らは，親との親密さが長子ほどでなく，危険を冒しても権威に反抗し，新しい考えに飛びつき易い傾向を示すようになる。これは，ビッグ 5 で言えば開放性を高めることにつながる[37]。

このような第 2 子以降にみられる開放性の高さを示すおもしろいデータがある。それは，進化論の受容である。ダーウィンが『種の起源』を発表した 1859 年当時，既に進化論的な考えはある程度欧米の知識人の間で広まりつつあった。そのころ（1700 年から 1875 年まで），進化論に関して意見を表明した科学者約 600 名について賛成の割合を第 1 子かそれ以外かに分けて調べてみたところ，進化論に賛成する人の割合は第 2 子以降の方が第 1 子に比べ圧倒的に多かった（図 7-8）。特に，ダーウィンが進化論に鞍替えした 1837 年で比較すると，進化論に賛成した割合は 10:1 で，圧倒的に第 2 子以降の生まれが多かった[38]。ちなみに，ダーウィン自身も医師を父親にもつ次男だった。

7.17　個人差と社会適応

どのような個人の資質が社会生活，特に職業生活を円滑に行うために重要となるだろうか。現代社会では学歴が社会での個人の評価につながる重要な資質

---

[37]　Healey, M.D., & Ellis, B.J. (2007).
[38]　Sulloway, F.J. (1995).

第7章　個人差

となっている。ビネーが知能検査を開発した目的が義務教育に対する適応を評価するためであることは既に紹介したが，高い知能は高い学歴につながり，これが社会での個人の資質評価につながっていることは，その是非はともかく厳然たる事実である。日本は平等主義の考えが強く，学業成績により教育上の扱いを変えることに対しては一般に批判的な意見が多い。しかし，欧米では個人の能力に応じた扱いをより重視し，能力別の教育に対する抵抗感が少ない。特に米国では，そうした傾向が顕著で，才能のある子ども達には英才教育を行ったり，早くから高等教育を受けさせたりしている。

　ビネーの知能検査を米国に導入したターマンは，早熟な子どもは精神的に不安定で大人になるとうまくやっていけないという当時の常識が正しいかどうかを確かめるために，高い知能を持つ子ども達（平均 IQ が約 150）を選別し，その子ども達のその後の発達を調べる研究をスタートさせた。その研究は，ターマンの死後も 70 年にもわたり続けられた。この追跡研究から，「ターマイト」と呼ばれているターマンが選抜した子ども達は，成人すると経済的にも社会的にも成功し，まずまず幸福な家庭生活をおくっていることが確かめられている[39]。

　以上のように知能が，高い学歴とその後の職歴にとって重要なことは論をまたないが，知能だけが社会適応において唯一の資質ではない。近年，知能とは質の異なる情動知能の重要性が指摘されるようになってきている。これは，**ダニエル・ゴールマン**（Goleman, Daniel）というジャーナリストが広めた見解である。彼は，思いやり，自制，協力，調和を重んずるという価値観（これは，日本社会では珍しくない特性だとゴールマンは述べている）が，社会の安定や成功を支えるとともに，社会の成員のその社会での成功にも関係していると指摘している[40]。こうした情動知能に最も関係すると思われる個人の性格特性は，ビッグ 5 で言えば調和性であろう。また，きちんと仕事をこなすことに関わる誠実性も仕事に対する信頼感を高めることにつながり，実社会での評価に関係することが予想される。

　実際のところはどうであろうか。子ども時代から成人後期（53–62 歳）まで繰り返し行われた性格測定からビッグ 5 に基づく性格特性を抽出し，これと社会

---

39)　アンドリアセン，N.C. (2007). pp. 26–29.
40)　ゴールマン，D. (1996).

に出てからの仕事に対する満足度と仕事上の評価（地位や収入）との関連性を縦断的に調査した研究からは，実社会での満足度や仕事上の評価には，知能に加えて性格も影響することが判明している。性格特性の中では，満足度と仕事上の評価のいずれの面においても誠実性が一番強く関連し，その影響の程度は知能と同程度であった（誠実性が高いほど満足度や仕事上の評価が高くなる）。これに対し，神経症傾向は仕事上の評価に対しマイナスの影響を与えていた。調和性については，予想に反して，むしろ調和性が低い方が仕事上の評価が高くなった[41]。この結果は，調和性を除けばゴールマンの主張をほぼ裏付けている。なお，次章（8.4.1「ビッグ5からみた人格障害」）でふれるが，組織の中で問題行動を起こす人格障害には，共通して調和性が低いという特徴が見られることから，調和性を欠く性格は，他の性格特性との組み合わせによって，組織の中での行動が，組織の他の成員やその目的に適合しないことが考えられる。

Q & A

Q: IQは精神年齢/暦年齢×100ということだったが，子どもの時期は1歳ごとに能力が大きく変化するからよいが，例えば40歳と41歳ではそれほど違わないとすると，この計算方法ではIQが年齢が上がるにつれだんだん下がっていくことになりそうに思いますがどうでしょうか。

A: 本文でも述べたように，IQの元来の目的は義務教育への適応不全が知能によるかどうかを客観的に明らかにすることにありました。従って，ビネーが知能テストを開発した当時は，そもそも20歳を大きく越えた年齢に対してはIQを測定することは想定されていませんでした。ただし，現在ではどの年齢でもIQが測定されています。これは，元々の計算方法ではなくいわゆる偏差値（集団の中での相対的な位置づけ）としてIQを求めるようになったからです。現在は，基準として検査を受ける人と同年齢の集団を用いるようになっており，IQの数字は，知的能力について集団の中でその個人がどう位置づけられるかを示しています。

Q: 世間では血液型が性格と関係することが広く信じられていますが，血液型はなぜ性格と関連するのでしょうか。

A: 血液型と性格が関連するというのは，日本独自の迷信です。いわゆる血液型とは，赤血球の膜タンパクの性質で決まる抗体反応を利用して決定されます。その遺伝子が直接性

---

41) Judge, T.A. et al. (1999).

第7章　個人差

格を決定していることはありそうもないので，もし，両者が関係するとすると，赤血球の膜タンパク（A・B 抗原）を決定する遺伝子と性格を決定する遺伝子が同じ染色体上で近くに並んでいる必要があります。性格に関わる遺伝子はたくさんあると思われるのに対し，血液型に関係する遺伝子は 2 種類だけなので，たとえ性格関連遺伝子のうちの 2 種類が血液型を決定する遺伝子と同一染色体上に並んでいたとしても，残りの遺伝子は別の染色体上にあると考えられます。性格に関連する遺伝子の内のごく少数だけが血液型と関連していたとしても，全体として性格に対する影響はそれほど大きくないでしょう。実際，性格検査を使って調べてみても，血液型ごとに特有の性格特性を示すということはありません。

Q: スポーツで活躍する人には末子が多いと言われていますが，本当ですか。

A: 確かに末子で有名な選手としては，イチローや松井秀喜，浅田真央，宮里藍，横峯さくらなどたくさんいますが，かならずしもスポーツ全般で末子が活躍するという訳ではないようです。ただ，出生順と性格の節でもふれたように，第 1 子に比べ第 2 子以降（末子も含む）は，上の兄弟との競争からより危険を冒す傾向が育ってくるので，より危険なスポーツ（ラグビーや格闘技，それにスカイダイビングなど）に従事する傾向があることが分かっています。おもしろいのは，それほど危険ではないとされる野球についてメジャーリーグの記録を調べたところ，盗塁（これはアウトになる危険の割には得点に対する貢献度は低いとされている）を試みる傾向は第 2 子以降でより顕著なことやホームランや死球が多いことが知られています。このような野球での傾向も，第 2 子以降ではより危険を冒しやすい性格が育っていくことの表れだとされています。

さらに学ぶために

『知性誕生』ジョン・ダンカン　早川書房

『長寿と性格』フリードマン, H.S. & マーティン, L.R.　清流出版

『天才の脳科学』ナンシー・C・アンドリアセン　青土社

250

トピック7–1　誰がエイリアンに誘拐されるか

　テレビでエイリアンに誘拐された人の話が取り上げられることがある。そこで使われる記憶再生の方法は，催眠術であることが多い。しかしながら，催眠術による記憶再生の促進については，否定的な証拠が得られており，催眠術を使うことで忘れていた記憶をよみがえらせることができるというよりは，むしろ，ありもしない出来事を自分が実際に経験したことだと誤って信じ込むようになる。つまり，催眠術は，第5章で述べた偽りの記憶を生み出しやすくするとされている[42]。

　エイリアンがやってきて，人間を誘拐するとしたら，おそらくたまたま出会った人を行き当たりばったりに誘拐するのではないか。わざわざ事前に性格を検査した上で特定の性格の人だけを選んで誘拐するということは，ちょっとありそうもない。だとすると，エイリアンに誘拐されたことがあると主張する人には，特に性格上の共通点はないはずである。ところが，エイリアンに誘拐されたと主張する人について調査した心理学者の**スーザン・クランシー** (Clancy, Susan A.) によると，そう主張する人には共通したある性格特徴がみられるという。それは第8章で紹介する統合失調型人格障害である。統合失調型人格障害は，家族に統合失調症の患者がいる場合，その親族にこの人格障害が多いことから，統合失調症と遺伝的な共通性をもつとされている人格障害である。この人格障害の人は，関連性が薄いと思われる関係に意味を見いだす傾向がある。そのため，ものの見方や考え方がエキセントリックで呪術的思考や変わったことを信じ込みやすい。また，テレパシーや透視能力のような超能力を信じている人もこのタイプの性格特徴を示すとされている[43]。実際，実験的にランダムな点の集合を瞬間的に見せ，それが何かのパターンとして見えるかどうかを聞いたところ，超能力を信ずる傾向が強い人ほど，ランダムな点の集合に意味のあるパターンをみる傾向が顕著だった[44]。

---

42)　Dywan, J., & Bowers, K. (1983).
43)　クランシー, S.A. (2006).
44)　Brugger, P. (1993).

第 7 章　個人差

　クランシーは，エイリアンに誘拐されたと信じ込んでおり，かつその時の記憶を覚えていると主張する人とエイリアンに誘拐されたことは信じているが，特にその記憶があるとは思っていない人，それにそうした経験のない人，の 3 つのグループを対象に，**誤再認課題** (false recognition task) を使った実験を行ってみた。誤再認とは，お互いに関連した意味をもつ一連の単語を複数与えそれらを覚えさせ，後でその再認をテストすると，学習時には提示されていなかったが学習した単語と意味的に関連した単語を，誤って前に提示されたと判断するという現象（たとえば，「砂糖」，「キャンディ」，「酸っぱい」，「苦い」などという単語を提示し，この中に含まれていなかった「甘い」について再認テストを行うと，それが再認されやすくなる）で，多かれ少なかれ誰にも見られる傾向である。この誤再認がどの程度みられるかを調べたところ，エイリアンに誘拐され，そのことを覚えていると主張するグループでは，それ以外の 2 つのグループに比べ，誤再認率が高いという結果が得られた。つまり，このグループの人は，自分の記憶の曖昧さに対する許容度が高く，そのため偽りの記憶を形成しやすいということになる[45]。言い換えると，誤再認をしやすい人は，一連の単語から連想される別の言葉が，本当に自分が経験したものかどうかを十分吟味しないまま，なんとなく見覚えがあると感ずると，それを自分が体験したことだと思い込みやすいという特徴をもっている。こうした傾向が，催眠術にかかった状態で暗示を受けると，ありもしない出来事を，本当に体験したと思いこむ，つまり自分がエイリアンに誘拐された時の様子をまざまざと思い出すようになることにつながっている。

---

45)　クランシー, S.A. (2006). pp.192-194.

第8章 脳の病気・心のやまい

　この章では，主として成人でみられる主要な精神疾患について，その症状などを含めて紹介し，それらがなぜ起こる（病因）のか，またそうした状態から回復するためにどのような治療が行われているかについて概説する。

8.1　精神疾患の分類

　これまでの章で述べてきたように，心のさまざまな働きは，それに対応した脳の機能の反映だといえる。従って，心の働きに何らかの異常がみられる場合には脳が健全な機能状態から逸脱していることが想定される。この逸脱には，一時的なもの（機能的ともいう）と恒久的なもの（器質的という）とに分けられる。神経細胞は，原則として一度壊れると再生しないので，頭部の外傷や何らかの器質的病変により脳の特定の場所で神経細胞の変成が起こると，その場所が担う機能（第2章「機能局在」）に対応した非可逆的な症状が生ずることになる。これに対し，一時的な影響ではそうした非可逆的な神経細胞の変成は伴わず，機能的な変化が起こり，それが症状を生んでいる。

　ここでは，精神疾患の第1のグループとして一時的な機能変化が関係するものをとりあげる。一時的な機能変化を起こす要因は，①気分の変動のように脳の神経伝達物質の働きに乱れがある場合，②ストレスの影響のように，本来は脳の環境に対する適応的反応であるが，それが遷延化するなどにより精神状態に変調が起こる場合から，③薬物の影響で一時的に機能が変調をきたした場合，

253

第 8 章 脳の病気・心のやまい

さらに④身体疾患が背景にあって体の生化学的機能に変調が生じ，それが脳に影響し精神症状となって現れたケースまでさまざまなものがある。一時的な機能変調には，内因性と外因性のものがある。この区別は原因の比重が脳そのものにあるか環境にあるかによる。ここでは，分かり易く区別するために，内因性の精神疾患は脳の病気と呼び，外因性の精神疾患は心のやまいと呼ぶことにする。

精神疾患の第 2 のタイプは**人格障害**（personality disorder）である。これは，人格形成上の問題をいう。前章で述べたように，個々人の性格にはさまざまな違いがみられる。そうした個人差は，日常生活をする上で特に障害がなければ，個性の範囲であり特に問題にされることはない。しかし，周囲との関係に大きな問題が起こったり，本人が社会適応上の問題で悩んだりする場合には，疾患としての治療の対象となりうる。

第 3 のタイプは，発達途上で起こるさまざまな障害がある。これには，**自閉症スペクトラム**（autism spectrum）のように発達の早期の段階から障害が現れるものから**学習障害**（learning disorder）や**注意欠陥多動症**（attention deficit hyperactive disorder: ADHD）のように問題が学校生活をするようになって表面化するもの，さらには**摂食障害**（eating disorder）のように青年期の発達課題との関係が指摘されているものなど，発達段階に応じてさまざまある[1]。

8.2 脳の機能変調

精神的な症状の原因が主として脳それ自体の機能変調にある主な病気としては，**統合失調症**（schizophrenia）と**気分障害**（mood disorder）がある。かつては三大精神病と呼ばれ，これら 2 つの疾患にてんかんが加わっていたが，てんかんは現在では神経細胞の活動異常が原因の発作であることがはっきりしたために，精神病の分類からは外され，WHO の疾病分類（**ICD10**）では「神経系の疾患」という分類に入れられている[2]。気分障害と統合失調症は，内因性という言い方もされるように，症状の発症に脳の機能，特に神経伝達物質の異常が

---

1) ウェンダー，P.H.・クライン，D.F.（1990）．第 2・3 章
2) ICD10

254

8.2 脳の機能変調

関わっているため，脳の病気といえる。

8.2.1 統合失調症

　統合失調症は，かつては**精神分裂病**と呼ばれていた特異な精神症状を示す疾患である。その典型的な症状としては，発症の初期には高い不安と緊張を背景に被害的な**妄想**（delusion，「みんなが自分のことを悪く言っている」）や**幻聴**（auditory hallucination，頭の中で声がする」）が加わり，さらに奇妙な思考内容（たとえば，「悪魔が私に呪いをかけた」）がみられることが多い。これらは，**陽性症状**（positive symptom）と呼ばれている。ゲーム理論の研究により 1994 年にノーベル経済学賞を受賞した数学者のジョン・ナッシュ（Nash, J.）は，映画「ビューティフル・マインド」でも描かれたように，統合失調症にかかり，妄想や幻聴に苦しめられていた。MIT から教授職の就任要請があったときには「自分は南極の皇帝になる予定がある」という理由でそれを断ったという逸話があるという[3]。このように，統合失調症では他の人には辻褄が合わないと思える妄想にとりつかれることがある。

　統合失調症では，病態にもよるが，病気の経過とともに会話や行動にまとまりがなくなり感情が平板化し，引きこもりがちになる。こうした症状は**陰性症状**（negative symptom）と呼ばれている。陰性症状が顕著になると，一日中部屋にこもったまま何もしないという不活発な生活をおくるようになる。なお，これらすべての症状が常に見られるわけではなく，同じ統合失調症であっても，幻聴のような陽性症状が強い**妄想型**（paranoid type）や陰性症状からなる**破瓜型**（破瓜とは，16 歳の意味で，この年齢で発症することが多いことから，こう名付けられた。なお，米国精神医学会の診断マニュアル **DSM-IV-TR** では，**解体型**(disorganized type)と命名），さらに過剰な運動がみられる一方で蝋のように固まった姿勢をとったり，動かそうとしても自分からは動こうとせず（**カタレプシー**(catarepsy)），周囲が話しかけても無言を保つというように極度の拒絶がみられたり，しかめっ面や常同運動など奇妙な自発運動がみられる**緊張型**（catatonic type），それに過去には陽性症状があったが，現在は陰性症状を主に呈するという**残遺型**（residual

---

3）　バートン，R.A.（2010）．p. 58.

第 8 章　脳の病気・心のやまい

type）に分かれる。

　統合失調症は，典型的には思春期から青年期にかけて発症し，有病率は，成人の 0.5%〜1.5% とかなり高い頻度でみられる疾患である[4]。

8.2.2　気分障害

　気分は，第 6 章の情動の分類の節で説明したように，環境状態に応じて引き起こされる感情とは異なり，脳内の神経伝達物質やホルモンのバランスの変化で起こるよりゆっくりとした情動変化をいう。気分変動は，一過性には日常のさまざまな出来事がきっかけになって起こるが，そうした通常の変動では，気分は次第に元の平静な状態に戻ってゆく。これに対し，病的な気分変動は，その変動幅が大きく，そのままではなかなか元に戻らず，日常生活に支障をきたすようになる。そうなると気分障害に属する病名がつけられる。

　ホルモンバランスの変化が引き金となっておこる気分障害としては，**季節性うつ病**（seasonal depression）がある。これは北欧のように一年を通しての日照時間の変動が大きい国でみられるうつ病で，冬期に日照時間が短くなってくると発症する。季節性うつ病では，人工的に季節を夏にみせかけるため明るい照明を長時間患者に照射する治療法が行われている。

　気分障害は，気分変化の方向により，抑うつ気分が強い**うつ病**（depression）と陽気で熱狂した気分が病的になった**躁病**（mania）に分けることができる。うつ病（米国の診断マニュアルでは，**大うつ病**（major depression）と呼ばれている）では，患者は人生に対する意欲や興味を失い，物事に集中できなくなり，悲観的で自己評価が低下し，さらに病状が進むと絶望感が強くなり**自殺**（suicide）を考えるようになる。実際，米国ではうつ病や躁うつ病の患者のうち，15% が自殺するという。うつ病はそれほどめずらしい病気ではなく，米国では男性の 5–12%，女性の 10–25% が，一生のうちに一度はうつ病にかかるとされている[5]。

　これに対し，躁病では，患者は落ち着きがなくなり，過度に饒舌となり，多幸感やいらいらがつのり，自分が何でもできるという気になり，とてもできそうもないことをやろうとする。それを周りが止めさせようとすると怒り出し，周囲

---

4)　American Psychiatric Association (2004). pp. 292–308.
5)　ネメロフ, C.B. (1998).

8.2 脳の機能変調

とトラブルとなる。19世紀後半から20世紀の初頭に活躍したドイツの精神医学者**クレッペリン**（Kraepelin, E.）はうつ病と躁病は別の病気ではなく，うつ状態と躁状態が交替する1つの疾患（**躁うつ病**）だと考えていた[6]。これは，現在，**双極性障害**（bipolar disorder）と呼ばれている。米国精神医学会の診断マニュアル DSM-IV-TR では，大うつ病は躁を伴わない場合とされ，たとえ軽くても躁状態を経験している場合（双極Ⅱ型障害）や躁病にうつを伴う場合（双極Ⅰ型障害）は双極性障害に分類されている。

双極性障害は，一生のうちにⅠ型で 0.4–1.6％，Ⅱ型で 0.5％の人が罹患するとされており，うつ病ほど高頻度ではないが，統合失調症と同程度かやや高い頻度でみられる精神疾患である[7]。

8.2.3 強迫性障害

強迫性障害（obsessive-compulsive disorder）は，かつては**強迫神経症**と呼ばれていたことからも分かるように，一般的には心の機能変調に分類されている疾患である。しかし，この病気には，運動の自動的制御に関わっている大脳基底核の一部や情動に関係する前頭前野の眼窩面から前部帯状回にかけての領域に変調がみられることや，神経伝達物質のセロトニンの働きを増強する SSRI という薬が有効なことから，むしろ脳の機能変調が原因で起こる疾患と考えた方がよい。

強迫性障害は，**強迫観念**（compulsive idea）と**強迫行為**（compulsive act）からなる。強迫観念とは，自分では望んでもいない考えや衝動が勝手に湧いてくる状態をいう。これに対し，強迫行為は，そうした衝動や考えに促されて繰り返し行う行為をいう。そうした行為は，洗濯（手やものを繰り返し洗う），確認（ある行動が完了しているかを繰り返し確認する），それに計数（数を何度も数え直す）が主たるものである[8]。

こうした強迫観念や脅迫行動は，それを行う当人にとってもその不合理性は十分認識されている。しかし，本人はそれを自分ではどうしようもなく，そう

---

6) ウェンダー，P.H.・クライン，D.F. (1990). p. 65.
7) American Psychiatric Association (2004). 第6章
8) Schwartz, J.M. (1997).

257

第8章 脳の病気・心のやまい

した観念や行動から自由になれない。これがこの病気の病態である。

8.3 心の機能変調

日常生活で遭遇するさまざまなできごとがきっかけとなって，あるいは日々の生活への対応に忙殺されているうちに心の変調をきたすことがある。こうした変調は，環境要因の影響が大きいこと，比較的症状が軽く回復しやすいこと，心理療法により改善しやすいこと，から心のやまいと考えて良い。

8.3.1 抑うつ神経症

「うつは心の風邪」という言い方があるように，**神経症**（neurosis）としてのうつ状態（**抑うつ神経症**（minor depressive disorder））は誰にでも起こりうる心の病気である。しかし，だからといってほっといても大丈夫ということにはならないので注意が必要である。特にうつ状態で恐ろしいのは自殺が起こりやすくなることである。これは，気分障害としてのうつ病でも同様である。自殺は特に回復期に起きやすいとされているので，少し元気になったからと安心できない点に注意する必要がある。

抑うつ状態を引き起こす原因の1つは何らかの喪失体験である。喪失とは，大事なものを失うことで，長年連れ添った配偶者を亡くすとか仕事を失うとか，大事なペットに死なれるというように，自分にとってかけがえのない対象を失うことをいう。これがきっかけとなってうつ状態となることがある。

抑うつ状態を引き起こすもう1つの原因は，**過労**（overwork）である。近年，過労自殺という言葉がマスコミなどでもよく使われるようになっている。過度の残業が長期間続くと精神が疲弊してくることでうつ状態となり，自殺が起こりやすくなる。過労自殺を起こしやすい人は，むしろ頑張り屋で，自分がこなせる以上の仕事を押しつけられてもそれをまじめに引き受けてやり遂げようとするタイプである。そうした性格傾向を持つ人は，手を抜かずに言われた仕事をやろうとするあまり過労状態からうつ状態となってしまう。最近でこそ，過労が引き金となった自殺は労災と認定されるようになってきたが，以前は「自殺は自分で死を選んだ」のだから，本人の問題だと考えられ労災の認定がおり

258

8.3 心の機能変調

にくいという風潮がみられた。しかし，抑うつ状態は，脳，特に能動的な制御を行っている前頭葉が事態に対処しようと働きすぎた結果起こる一時的疲弊状態である。抑うつ状態では何もする意欲がおきなくなるが，これは脳が「休息をとりたい」と願っているためである（6.10.3「動機づけとしての機能」）。ところが，前頭葉の拡大で能動性を獲得した我々人間は，そうした欲求を押さえ込むことで無理に働き続けることができる。その結果として抑うつ状態から抜け出せなくなり，場合によっては自殺が起こる。一般に自殺は，年齢が高くなるにつれ起こりやすく，特に中年期以降に多くなるが，過労自殺の場合は，仕事について間もない若い人にも起こりうるので周囲の十分な配慮が必要である[9]。

8.3.2　恐怖反応が起こす心のやまい

恐怖が関係する心のやまいには，**恐怖症**（phobia），**パニック障害**（panic disorder），それに**心的外傷後ストレス障害**（post-traumatic stress disorder: PTSD）がある。これらの疾患は，恐怖を引き起こす原因となる状況はそれぞれ異なっているが，いずれも恐怖が関わっていること，恐怖反応がきっかけとなって回避行動が起こり，これが日常生活への障害になっている点で共通性がみられる。

8.3.3　恐怖症

恐怖症とは文字通り，合理的な根拠がないのに，あるいは合理的な範囲を超えて，特定の対象を過度に恐れる状態である。誰でも苦手なものや嫌なものがあるが，たとえ嫌であっても何とか日常生活を送れれば，それは病気ではない。しかし，日常生活に支障をきたすようであればその状態を改善する必要が出てくる。たとえば，仕事上どうしても海外との間を行き来する必要がある人が**高所恐怖**（acro phobia）のために飛行機に乗れないのであれば，治療した方がよい。

恐怖の対象は，動物（典型的なのはクモなどの昆虫やヘビ），高所や閉所，それにさまざまな社会的状況がある。公共交通機関やエレベーターなど他の人と一緒になるような状況を避けようとする傾向は，**広場恐怖**（agora phobia）と呼ばれている。これは，パニック発作などを経験したことから生まれる回避反応であ

---

9)　川人博 (1998).

第8章 脳の病気・心のやまい

る場合と，そうした原因が明確でない場合とがある。これに対し，特定の社会的状況に対する恐怖反応は，**社交恐怖** (social phobia) と呼ばれている[10]。これに含まれる恐怖症として，我が国では昔から赤面恐怖が知られている。これは，「人前にでると顔が赤くなり恥ずかしい」という恐怖であり，社交恐怖の一種である。同様な社交恐怖に，自分の体臭を気にしたり，自分の顔が醜いことを気にしたりするものがある。社交恐怖は，対人関係が拡大する青年期に表面化しやすい。

8.3.4 パニック障害

パニックとは，強い恐怖に囚われて行動の統制がとれなくなった状態をいう。典型的には，事故や災害に襲われた時などに起こる。よく知られた集団パニック反応としては，1938年に米国で起こったものがある。それは，H.G. ウェルズのSF小説『宇宙戦争』をオーソン・ウェルズがドラマ化したラジオ番組を聞いて，現実の宇宙人の襲来だと思って100万人以上の人がパニックを起こしたという事件である[11]。

パニック障害の場合は，具体的な出来事が引き起こした恐怖が原因（この場合には，PTSDとなる）ではなく，生理学的変化が引き金となって起こる自律神経系の過剰な興奮が元になっている。この状態になると，心拍が昂進し，発汗が起き，息切れや窒息感のような呼吸反応がみられる。こうした身体症状に直面すると，多くの人は強い不安をおぼえる。これがパニック発作となる。パニック発作を起こした人は，自律神経の反応を，心臓発作や気が狂ったためだと思い込む。そのため，パニック障害は，かつては**心臓神経症** (cardiac neurosis) と呼ばれていた。

パニック発作を起こした人は，あわてて病院に駆け込むことになるが，お医者さんの診察を受け，心電図をとっても特に異常は認められず，お医者さんからは「何でもないですよ」と言われてしまう。しかし，一度パニック発作を経験すると，次に同じようなことがおこったらどうしようという強い不安が形成される。そのため，同じ発作が起こっても対処が可能なようにあらかじめ用心

---

10) American Psychiatric Association (2004). pp. 416–440.
11) ドージア, R.Jr. (1999). pp. 78–84.

8.3 心の機能変調

するという行動が起こる。これは回避と呼ばれる反応である。この回避は，最初は発作に関連した限定された状況だけを対象にするが，次第に般化が起こり，いろいろなものを避けるようになる。たとえば，通勤途上で発作を経験すると，公共交通機関に乗れなくなり，さらには自家用車でも通勤できなくなり，やがては外出そのものが困難になる。こうなると日常生活に支障が出ることになり，パニック障害として治療する必要が出てくる[12]。

8.3.5　PTSD

　PTSD（心的外傷後ストレス障害）は，我が国では 1995 年 1 月に起きた阪神・淡路大震災や同じ年の 3 月に起こったオウム真理教による地下鉄サリン事件がきっかけとなって一般にも知られるようになった。世界的にみると，精神医学領域の専門家の間でこの病気が認識されるようになったのは，第一次大戦の時であった。当時のイギリスは，ドイツと塹壕戦を戦っていた。砲弾が飛び交う中で塹壕にこもってドイツ兵と向き合うイギリス兵のうち，数パーセントが PTSD のために戦線を離脱しなければならなくなり，これが戦争遂行上の大きな障害となった。その当時は，PTSD という病名ではなく，戦争神経症とかシェルショック（shellshock，シェルとは砲弾のことで，当時はこの症状が砲弾の微少な破片によるとされたためにこの病名がつけられた）とか呼ばれていた。米国ではベトナム戦争に従軍した兵士から多くの PTSD 患者が出たことで，大きな社会的関心を呼び起こした[13]。

　PTSD は，強い恐怖反応とそれに伴う**心的外傷体験**（traumatic experience）が引き起こす学習反応がその病因となっている。動物には，生命に危険が及ぶような状況から命からがら逃れることのできた場合には，そうした状況に 2 度と遭遇しないで済むように行動を変容する仕組みが備わっている。それは，扁桃体を中心とする脳のネットワークである。この時形成される記憶は，海馬が関わるエピソード記憶とは異なり，体験を生に近い形で保持する感覚的記憶である。これが，PTSD での**フラッシュバック**（flashback）や**悪夢**（nightmare）を引き起こすことになる。PTSD のやっかいな点は，後になってフラッシュバッ

---

12)　Ottaviani, R., & Beck, A.T. (1987).
13)　Gersons, B.P.R., & Carlier, I.V.E. (1992).

第 8 章　脳の病気・心のやまい

クや悪夢という形で心的外傷体験が再体験されることである。フラッシュバックは，元々の外傷体験時に類似した感覚的な刺激が引き金となり，突然その時の情景が感覚的によみがえる状態（その時の光景がまざまざとうかんだり，その時嗅いだ臭いが蘇ったりする）をいう。これが夢として起こると悪夢となる。PTSD に関わる記憶が繰り返し再生されることがストレス源となり，PTSD を重篤化・遷延化することになる[14]。

PTSD でもパニック発作と同様に外傷体験時に経験した状況に対して回避傾向が生ずることがある。たとえば，地下鉄サリン事件の被害者の男性は，外傷体験がきっかけになって生じた自身の情動反応について，「電車に乗ることが怖かった。乗って電車のドアが目の前ですっと閉まってしまうと，その瞬間から頭がぐわっと痛くなる」と語っている。また，別の女性は，「狭いところに入るとときどき体が立ちすくむことがあります。特に地下——地下鉄とか，地下から入るデパートとか。電車に乗ろうと思っても，足がすくんで動かないんですよ」と述べている[15]。回避行動が起きるようになると，パニック障害と同様に通勤や通学など社会生活上支障をきたすようになる。

8.3.6　恐怖反応と回避学習

恐怖の対象を回避（avoidance）するようになる仕組みは，古典的条件づけと道具的条件づけが組み合わさった学習による。強い恐怖を経験すると，その恐怖は古典的条件づけにより環境刺激に条件づけられる。いったん特定の環境刺激に対し条件付けが成立すると，般化により類似した環境刺激に対しても恐怖反応が喚起されるようになる[16]。

前節で紹介したように，地下鉄サリン事件の被害者では，地下鉄が最初に条件づけられた環境刺激であったが，それが般化により地下にあるデパートの入り口に対して「足がすくむ」とか「頭が痛くなる」というような反応が起きるようになる。こうした反応は不快なものなので，それを避けたいという気持ちが働き，回避行動が起こる。回避行動により，結果として嫌なものから逃れるこ

---

14)　American Psychiatric Association (2004). p. 451.

15)　村上春樹 (1997). p. 152, 325.

16)　Mowrer, O.H. (1951).

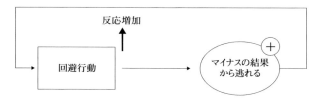

図 8-1：回避行動が維持される仕組み　回避行動は，それを行い続ける限り，−の結果から逃れられたという＋の結果を伴うため，維持される。消去するには，回避を行えないようにする必要がある。

とができる。この結果は本人にとって良いことなので，回避行動は正の報酬価をもたらしたことになる。これにより道具的条件づけが成立する（図8-1）。一端，この回避学習が成立すると，回避それ事態が正の報酬をもたらすので，なかなかそこから抜け出すことができなくなる。つまり，回避学習は消去に対し高い抵抗性を示すようになる。そこから抜け出すためには，自分から回避することを止めて不快な状況に身をさらすようにしないといけない。

8.3.7　解離性障害

　心の働きの一部が意識的制御や知覚から切り離された状態を**解離**（dissociation）と呼ぶ。影響を受ける心の働きは，知覚（視覚に異常が起こると子どもでは視力低下と思われることがある）から運動（筋肉や神経に異常が見られないのに手や足の麻痺が起こる），さらに記憶まで多岐にわたっている。

　記憶に異常が起こった場合には**解離性健忘**（dissociative amnesia）と呼ばれる。解離性健忘が引き金になって記憶を喪うことで現実の束縛がなくなり，本来の職場や家庭から別の場所へ遁走することがある。これが**解離性遁走**（dissociative fugue）である。さらに，発達の早い段階で虐待への対応として解離による対処方略が利用されると，第7章で紹介した多重人格が生じてくる。これは，DSM-IV-TRでは，**解離性同一性障害**（dissociative identity disorder）と呼ばれている[17]。解離性障害は，かつては**ヒステリー**（hysteria）と呼ばれており，フロイトが活躍していた19世紀末から20世紀初頭には代表的な神経症とされ，フロイトの

---

17)　American Psychiatric Association (2004). pp. 500–509.

第 8 章　脳の病気・心のやまい

精神分析理論を支える臨床像であった。

　解離性健忘は，一般的には強い心理的ストレスがきっかけとなって起こる記憶障害であるが，手術や感電のような身体的ストレスがきっかけになって起こることもある。このタイプの健忘は，エピソード記憶の想起障害が限定的な（ストレスに関わる経験に限定されて起こる）場合から，**全生活史健忘**（generalized amnesia）と呼ばれているような自分の過去について何も思い出せないという過去の経験全体に及ぶものまでさまざまである（トピック 5-2）。

　解離が特定の心の働きではなく，そうした感覚や運動を統括する自己それ自体に及ぶと，自分の心や身体が自己と一体感を喪い，あたかも自分が外部の傍観者であるかのように，あるいは夢の中にいるように遠く感ずるようになる。この障害は**離人症性障害**（depersonalization disorder）と呼ばれている[18]。

8.3.8　摂食障害

　摂食障害は，思春期以降の女性に典型的にみられる食行動の異常（男女比は女性 10:1）である。これには，正常体重の下限を下回ってまで極端なダイエットを行う**神経性無食欲症**（anorexia nervosa, 神経性食思不振症ともいう）と**神経性大食症**（bulimia nervosa）に分けられる。神経性無食欲症は，必要最低限度の食物摂取すら拒む拒食を中心とし，神経性大食症は逆にどか食い（**過食**）と強制的な吐瀉あるいは下剤による排泄を特徴とする。摂食障害には拒食タイプか過食タイプかにより特有の性格特性上の脆弱性がみられる。拒食では，自分の能力に対する自信のなさに加え，完璧主義や柔軟性のなさなど，強迫的傾向がみられる。これに対し，過食では抑うつ傾向に加え，不安が強く衝動性が高い傾向がみられる。

　摂食障害は，食べ物が豊富で子どもの時から空腹を体験することなく青年期を迎えるようになった近代社会で顕著に増加している精神疾患である。なぜ近代社会でこの障害が増えたかに関しては，諸説あるものの今のところ確立した説はない。具体的な説としては，女性らしい体型に変化してゆく自身の身体的成熟に対する拒否の心性があるという精神分析学的解釈や，雑誌やテレビなど

---

18)　American Psychiatric Association (2004). pp. 509–511.

のメディアがスリムな身体を強調したモデルであふれることで，そうした体型を理想とする社会風潮が広まっていることに原因の一端があるとする説がある。

青年期に摂食障害が発症することが多い原因の1つには青年期特有の状況がある。青年期には就職や進学を契機として生まれ育った家族の元を離れることで，それまでの家族中心の人間関係からより多様な人間関係へと対人関係が変化する。また，青年期は，独立した人格としてその後の人生を送るために自己を確立する時期でもある。こうした青年期特有の変化がストレスとして作用し，摂食障害を引き起こす要因となっている。ストレスにより過食が誘発されるのはなにも人間に限ったことではない。雌ラットを用いた動物実験で，ラットに痛みを加えると，砂糖で甘くしたミルクの摂取量が増え，体重が増加したという[19]。ネズミでも人間でもストレスが過食の原因となることからすると，ストレスに対する反応には，進化的に見て古い対処方略が影響しているものと思われる。

もう1つの要因は，自己を確立するためには他者，特に異性からの評価が重要なことがある。他者の評価を得たいという心理は達成動機により動機づけられている。男性の場合には，達成はもっぱらスポーツや学業などで成績を上げることであり，外見はそれほど重要視されないが，女性の場合には外見がその評価において重要であることから，体重を落としてスリムな体型を実現することが一種の達成と感じられる。実際，ダイエットをしたり過食したりしたことのある女子学生は，食行動に特に問題のない女子学生に比べ，達成動機に動機づけられ競争意識が強いという米国の調査がある[20]。

8.4 人格障害

人格障害とは，DSM-IV-TR の定義によれば，柔軟性に欠け不適応な上に文化的な期待（特定の文化が当然そうあるはずと予想する大人としての行動様式）から大きく逸脱した性格をいう[21]。さらに，人格障害と認定されるためには，周囲と

---

19) Rowland, N.E., & Antelman, S.M. (1976).
20) Striegel-Moore, R.H. et al. (1990).
21) American Psychiatric Association (2004). p. 651.

第8章 脳の病気・心のやまい

の関係に問題があるか本人が自身の行動やそれに対する周囲の反応に苦しんでいる必要がある[22]。

DSM-IV-TR には全部で 10 種類の人格障害があげられており，それらは 3 つのグループにまとめられている。第 1 のグループは，統合失調症と遺伝的に共通性（統合失調症の家族に，病気ではなくてもこのタイプの人格障害の特徴を備えた人が一般の人よりも高率でみつかる）をもち，統合失調症の症状の一部と共通した特徴を示す。このグループには，**妄想性人格障害**（paranoid personality disorder），**スキゾイド人格障害**（schizoid personality disorder），**統合失調型人格障害**（schizotypal personality disorder）の 3 種類がある。妄想性人格障害では他人の行動からその動機や意図に悪意があると解釈する傾向，つまり妄想を持ちやすい。スキゾイド人格障害は，自閉的な傾向が強く情動が平板である。統合失調型人格障害は，親密な関係を形成することがむずかしく，**関係念慮**（referential ideation）を抱きやすい。関係念慮とは，偶然の出来事や何でもない相手の行動に対し，常識に合わない意味づけや非合理な関連づけを行う傾向をいう。さらに，社会が受け入れていない奇妙な信念や魔術的思考に対し親近感を抱きやすい（トピック 7–1）という特徴を示す。

第 2 のグループは，感情的に不安定な特徴を示す人格障害である。この障害を示す人は，わざとらしく大げさに振る舞い，感情的でうつり気な特徴を持ち，それがストレスが加わると表面化する。このグループには，**反社会性人格障害**（antisocial personality disorder），**境界性人格障害**（boderline personality disorder），**演技性人格障害**（histrionic personality disorder，これは以前は**ヒステリー性格**と呼ばれていた），**自己愛性人格障害**（narcissistic personality disorder）の 4 種類がある。

第 3 のグループは，不安や恐怖感が非常に強いタイプで，まわりの評価を気にし，それがストレスになる。このグループには，批判や非難に過敏な余り社会生活を避ける傾向をもつ**回避性人格障害**（avoidant personality disorder），自己決定ができず一人になることに不安を感ずる**依存性人格障害**（dependent personality disorder），完全主義的で柔軟性に欠ける**強迫性人格障害**（obsessive-compulsive personality disorder）の 3 種類がある[23]。

---

22) Clark, L.A. (2007).
23) American Psychiatric Association (2004). p. 655–695.

8.4 人格障害

8.4.1 ビッグ5からみた人格障害

人格障害は，それぞれの障害を独立した疾患単位として捉えている。これは，性格のところで述べた類型論の考え方である。しかし，最近は特性論の立場，つまり各人格障害が示す個別の症状を性格特性上の極端な偏りとしてとらえ，人格障害かどうかを有りかなしかで判断するのではなく，それぞれの患者の示す各症状がどれ位人格障害の各特徴と合致するかを個別に検討しようとする考え方に変わりつつある。

こうした特性論の観点から人格障害をみると，各人格障害は，ビッグ5の特性のうちどの特性が際立っているかによりその特徴を把握することができる（表8-1）[24]。

神経症傾向は，多くの人格障害で高い傾向がみられるが，特に境界性人格障害は，この傾向が最も顕著である。この人格障害は，不安定な自己－他者のイメージ，感情や思考の制御の障害，衝動的な自己破壊行為などの特徴があり，高い割合で自殺や手首を切るというような**自傷行為**（self-injury）を試みる。これに加えて開放性の下位尺度の情緒（興奮しやすい）や行為（広い興味）も高い。こうした性格特性からみても，感情が不安定でそれを感情や行為として表現することに抵抗がない傾向があることがみてとれる。

これに対し，外向性が高いのが演技性人格障害である。この人格障害は，情緒不安定で，度を超して人の注意を引こうとする。特に異性との関係で相手の気を引こうとして発言や行動に過剰な表現がみられる。この人格障害は9割が女性だとされている（逆に9割が男性なのは反社会性人格障害）。興味深いのは，はでな感情表現とは裏腹に，この人格障害では神経症傾向はそれほど顕著ではない点である。神経症傾向の下位尺度のうち，**衝動性**（implusiveness, じっくり考えずに欲求のままに行動する）や**脆弱性**（vulnerability, ストレスに弱い）が高いぐらいである。また，開放性のうち行為と情緒，それに空想性が特に高い。こうしたビッグ5の特徴からしても，この人格障害では，対人関係での誇張された振る舞いが特徴だといえる。逆に外向性が低いという特徴を持つのは家族のような身近な他者とも親しい関係を築こうとしなく何事にも興味が薄いスキゾイド人

---

24) Lynam, D.R., & Widiger, T.A. (2001).

267

第 8 章　脳の病気・心のやまい

表 8-1：人格障害のビッグ 5 による性格特性　↑は高い、↓は低いことを表す。なお、下位の尺度が 2 つまでの場合には、括弧内にその尺度名を記入してある。出典：Lynam, & Widiger(2001).

人格障害	神経症傾向	外向性	開放性	調和性	誠実さ
パラノイド	↑(敵意)	↓(暖かみと集合性)	やや↓(価値)	↓	
スキゾイド	↑	↓	↑(新しい観念)	↓	
統合失調型	↑(不安と自意識)	↓	↑(行為)		→
反社会性	↑(敵意と衝動性)	↑	↑(行為)	↓	↓(自己統制と入念さ)
境界性	↑(不安と自意識)		↑(情緒と行為)		
演技性	↑(衝動性)	↑(自己主張と刺激希求)	↑(行為)	↓(信頼)	↓(入念さ)
自己愛性	↑(敵意)	↑	↑(情緒)	↓	
回避性	↑(自意識)	↓(刺激希求)		↑(控えめ)	
依存性	↑(不安と自意識)	↓(自己主張)		↑	
強迫性	↓(衝動性)	↓(刺激希求と陽性感情)			↑

格障害である。

　次に調和性が低いという特徴をもつ人格障害には，妄想型人格障害，反社会性人格障害，それに自己愛性人格障害の3種類がある。このうち，他の人の行動や発言を根拠もなく悪意に解釈するという被害妄想傾向をもつ妄想型人格障害は，統合失調症グループに属することからも分かるように，外向性のうち，暖かみと集合性が低い。そのためあまり他の人と積極的に関わりをもたない。これに対し，反社会性人格障害（特にそこに含まれる自己中心的で他者の心の痛みに鈍感な**精神病質人格** (psychopathy)）と自己愛性人格障害は，いずれも外向性の高さがわざわいして仕事をさぼったり規則を守らないなど，組織の中で仕事をする上でさまざまな問題行動を起こしやすい。DSM-IV-TR の人格障害には含まれていないが調和性が低いという特徴を共有するもう1つの人格障害として，自分の利益のために他の人を平気で利用するという**マキャベリ型人格** (Machiavellian personality) がある。上記の2つにこの人格障害を加えた3種類の人格障害は，**闇の3つ組み** (dark triad) というありがたくない名前が献上されている[25]。

　誠実さは，規則を守りまじめにきちんと仕事をこなすので望ましい特性だという印象を与えるが，これも過度になると融通の利かない固い強迫性人格障害となる。強迫性人格障害は，細かな規則にこだわりちょっとでもうまくいかないと全てを投げ出してしまう頑固な完全主義者を特徴としている。誠実さの高さは，こうした強迫性人格障害の特徴とよく合っている。この人格障害でもう1つ特徴的なのは，開放性が低いことである。この特性が低いことは，この人格障害がもつ新しい経験を受け付けず柔軟性に欠けるという特徴に反映されている。

8.5　脳の病気・心のやまいはなぜ起こるか

　行動主義が支配的だった1960年代ころまでは，個人差の原因は主として環境にあると考えられていた。精神疾患の原因についても，当時の後天的な要因を重視する立場に加え，そのころの米国精神医学会では精神分析学の影響が大

---

25)　Wu, J., & Lebreton,J.M. (2011).

第8章　脳の病気・心のやまい

きかったこともあり，親の養育態度に原因をもとめる考え方が支配的であった。しかし，その後，行動主義や精神分析の影響力が衰える一方で，双生児法を用いた研究や遺伝子解析技術の進歩により，環境一辺倒から環境と遺伝の両方を考慮する立場に変わってきている。たとえば，調節系神経伝達物質が関係しているとされる統合失調症や感情障害では，遺伝による影響が50％前後あると推定されている[26]。さらに，近年，人間の遺伝子全体を検索し，個々の遺伝子と病気との関連を調べる研究が精神医学分野でも盛んになってきており，個々の遺伝子の働きと病気との関係が生化学的・生理学的過程の問題として理解されるようになってきている。

　なぜ精神疾患が起きるのかを理解するためには，2つの要因を考慮する必要がある。その1つは脆弱性（vulnerability）と呼ばれている病気になりやすい傾向である。もう1つはストレス（stress）という言葉で代表されるような発病のきっかけとなる心理・社会的事象である。脆弱性は，ある個人が特定の精神疾患をどのくらい発症しやすいかに関係し，ストレスは実際に精神疾患を発症するきっかけとなる直接的な原因として作用する。脆弱性には，疾患ごとに影響する要因やその程度に違いがあるが，遺伝的要因に加えて，妊娠中や出産時の問題，さらには幼児期の虐待や親との離別のような心的外傷体験や劣悪な社会条件など環境要因まで様々ある。

8.5.1　ストレス

　ストレスは，元々は物体に力を加えた際に内部に生ずる変形に抵抗する応力と呼ばれている力を意味していた。カナダで活躍した内分泌学者のハンス・セリエ（Selye, Hans）は，これを様々な環境変化に応じて生体がそのホメオステーシスを維持しようと抵抗する様子の喩えとして用いた。セリエがストレスに対する生体の反応を汎適応症候群（general adaptation syndrome）として提案した際には，心理学的な適応反応よりむしろ寒冷や薬物のような物理・化学的な刺激や炎症のような生理反応を主たるストレス源と考えていた。しかし，現在ではストレスという言葉は日常用語となっており，「仕事でストレスがたまる」のよ

---

26)　McGue, M., & Bouchard, T.J.Jr. (1998).

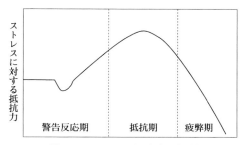

図 8-2：セリエの汎適応症候群

うに，もっぱら環境要因がもたらす心理学的な負の影響を意味するようになっている。

セリエが汎適応症候群と呼んだ一連の過程は，図 8-2 のように，3 つの段階からなる。第 1 の段階は，ストレスが加わった直後にそれに対処しようとして生体が生理学的な反応を起こす**警告反応期**（alarm phase）である。この時期の反応には自律神経系の反応や HPA 軸による一連のホルモン反応，それに外来の異物に対して起こる免疫系の反応が含まれる。それに続く第 2 の段階としては，ストレスに対抗して起こる生理学的な適応反応がストレス反応との間で拮抗した安定状態を保つ**抵抗期**（resistance phase）があり，さらに第 3 の段階として抵抗力の低下や抵抗反応そのものの生体に対する影響が表面化してくる**疲弊期**（exhaustion phase）が続く[27]。情動の機能の節（第 6 章）でも述べたように，ストレスに対する生体の反応は，ストレスが一過性であれば，適応上の問題とはならない。しかし，現代社会のように対処を必要とする出来事が次から次へとふってくる「仕事中毒」社会では，ストレスから回復する暇がなく，ストレスの作用が長期化・遷延化し，精神的にも肉体的にも健康に悪影響が及んでくる。

8.5.2 何がストレス源となるか

どのような心理・社会的要因がストレス源となるだろうか。これには大きく分けて 2 つの考え方がある。1 つは，**人生の重大事**（life event）を重視する立場である。たとえば，結婚するとそれまでとは生活が一変するが，こうした生活

---

27) Selye, H. (1950).

パターンの大きな変化がストレス源となるという考えである。この考えは，米国の精神科医である**ホームズ**（Holmes, T.H.）と**ラーエ**（Rahe, R.H.）が提案したものである。彼らは，結婚を基準（50とした）に，さまざまな出来事がどれ位生活に変化を起こすかを主観的に評定するという方法により，人生で遭遇する可能性のあるさまざまな出来事について，その**生活変化単位**（life change unit: LCU）を決定した。その結果の一部を，図8-3にあげておいた[28]。ホームズとラーエは，1年のうちに身に降りかかった出来事全てについてそのLCUの合計点を計算し，それが病気の頻度と関連していることを明らかにした。つまり，生活を変える必要性が大きいほど，大きなストレスを経験することになり，それが心身ともに健康に悪影響を及ぼすことになる。

もう1つのストレス源としては，**ラザルス**（Lazarus, R.S.）が提案した**日々の面倒事**（daily hassles）がある。日常生活には，通勤から仕事上のトラブルや繁忙，家族との口論や生活費の心配などさまざまな小さな面倒事が積み重なっている。そうした細々としたトラブルが詰み重なるとそれがストレスとなるというのがラザルスの考えである。ただし，ラザルスは，そうした日常のトラブルがそのままストレスとなるのではなく，それを受け取る人がどのように考えるか（**評価**（appraisal））とそれにどのように**対処**（coping）するかによりストレスの程度に違いが出てくるとしている。

ホームズとラーエが重視した人生の大きな出来事も，それに適応しようとす

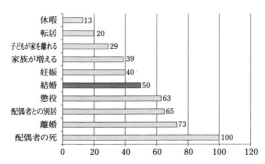

図 8-3：ホームズとラーエによる生活変化単位　結婚を基準（50）とし，他の人生の大きな出来事がどれ位の変化に相当するかを評定したもの　出典：スピールバーガー（1983）.

28）　Holmes, T.H., & Rahe, R.H. (1967).

れば，さまざまな小さな面倒を処理する必要がある。たとえば，結婚にあたっては，相手の家族とのつきあいや結婚式の準備，さらには新居の手当など，多くの生活上の調整が必要になってくる。そうした個々の小イベントは，それぞれがたくさんの事務処理や社会的交渉から成り立っている。つまり，ストレス源に関する2つの立場は，別個のストレス源というよりは，人生の大きな出来事はストレスの遠因として作用し，それがラザルスのいう日々の面倒を近因として引き起こすことにつながっている[29]。さらに，過労死や過労自殺の事例をみると，特に人生上の大きな出来事がなくても，過重な労働が長期間積み重なるだけで心身の健康を害することにつながることがわかる。こうした過労の健康に与える影響をみても，日々の面倒事はそれだけでストレス源となるといえる。

8.6　脳の病気・心のやまいを治療するには

　精神疾患の治療には大きく分けて2つのアプローチがある。その1つは，脳の機能に直接働きかけることで，その変調を修正するやり方である。そのためには主に薬物が用いられる。第2の方法は，心の働きを変えることで精神疾患を治療する**心理療法**（psychotherapy, **精神療法**という訳語も使われている）である。
　精神疾患の治療には薬物療法と心理療法が用いられているが，その用いられ方は，疾患のタイプにより違っている。神経伝達物質のバランスの乱れが病気の主たる原因である脳の病気の場合，薬物を使ってその乱れを直接正常な状態へと修正することがまず試みられ，それに心の働きを変えるための心理療法を併用することで，ストレスを減らし病気からの回復を維持したり再発を防止したりするというのが治療の基本となる。これに対し，心のやまいの場合には，薬物による治療は，不安を取り除くための抗不安薬や不眠をなくすための睡眠導入剤などが用いられるが，やまいの本質はストレスに適応しようとする心の働きにあるので，心の働きを調整することでやまいからの回復をうながす心理療法が中心となる。

---

29)　DeLongis, A. et al. (1982).

第 8 章　脳の病気・心のやまい

8.6.1　薬物療法の展開

　第二次大戦以降に薬物による精神疾患の治療が可能になるまでは，患者の異常行動を治療する有効な手立てがなかった。そのため精神科医は，患者を長期的に入院させる以上のことはほとんどできなかった。わずかに治療効果が認められていたのは，**電気ショック療法**（electroshock therapy）と**インシュリン昏睡療法**（insulin coma therapy）であったが，これらの治療法は，脳の障害や死の危険を伴う危険な治療法であった。こうした精神医学の無力な状態は，精神疾患に有効な 3 つの薬物が相次いで見つかり，解消されることになった。その最初となったのがオーストラリアの精神科医だった**ケイド**（Cade, J.）が躁病に関係する物質を尿中から特定しようと試みる中で偶然発見した**リチウム塩**（lithium salt）であった。リチウム塩は，リチウムというアルカリ金属（ナトリウム，カリウムなどと同類）に属する金属の塩化物である。化学物質としては単純な構造で，到底躁病に効果を表すとは思えない物質であった。ところが，この塩化物は躁病に対して興奮を抑え，患者の気分を日常生活に支障のないレベルまで落ち着かせるという顕著な効果をあげた。そのため，現在に至るまで躁病に対して有効な治療薬として広く使用されている。

　次に発見された薬物は，手術前の患者の不安を低減し，自律神経系のストレス反応を抑える目的でフランスの外科医が用いた**クロルプロマジン**（chlorpromazine）であった。手術前の患者を落ち着かせる効果があることから，この薬物を精神疾患患者に試しに投与してみたところ，躁病患者ではその興奮を抑え，妄想のある統合失調症の患者では攻撃性が収まるという効果が得られた。この発見をきっかけとして，クロルプロマジンは統合失調症の陽性症状を抑える薬物として使われるようになった。クロルプロマジンの登場により精神病院は収容所から真の治療施設へと変貌したとされる。クロルプロマジンは，ドパミン受容体の 1 つ（D2）に結合することでその働きを妨害する。統合失調症の陽性症状は，脳内でのドパミンの過剰によるとされているので，クロルプロマジンがこの病気に有効な理由も納得できる。

　3 番目に登場したのは，うつ病に効果がある**イソニアジド**（isoniazid）という薬物である。この薬物は，最初結核の治療薬として開発された。結核患者に投与したところ，結核の症状が改善するだけでなく気分の高揚も示したことから，

8.6 脳の病気・心のやまいを治療するには

試しに統合失調症やうつ病の患者に投与してみた。すると，重度のうつ病患者の70–80％で改善がみられるというめざましい成果をあげた。その後，イソニアジドは，モノアミン系の神経伝達物質を分解する**モノアミン酸化酵素**（MAO）の働きを抑え，シナプス間隙でのモノアミンの量を増やすことで効果を表すことがわかった。この薬物に続き，**三環系抗うつ薬**（tricyclic antidepressant）として知られているイミプラミンが発見された。放出された神経伝達物質は，トランスポーターと呼ばれている機構により放出元の神経細胞内に再吸収され，速やかにシナプス間隙から消失する。三環系抗うつ薬は，このトランスポーターの働きを妨害することで，シナプス間隙に放出された調節系の神経伝達物質の再吸収を妨害し，その量を高く保つ働きがある。トランスポーターの作用を妨害する作用は，再取り込みの阻害と呼ばれている。現在では，三環系抗うつ薬に加え，より作用の穏やかなセロトニンに特化した**再取り込み阻害剤**（SSRI: selective serotonin reuptake inhibitor）やセロトニンとノルアドレナリンに対して再取り込みを阻害する薬物が新世代の抗うつ薬として広く用いられている[30]。

　以上のような脳の病気としての精神疾患に効果を示す薬物の作用をみると，いずれも第2章でふれた調整系と呼ばれている神経伝達物質，特にモノアミン系の神経伝達物質に影響し，その働きを調整することで薬理効果を顕すことが分かる。現在，上記の薬物以外にもさまざまなものが開発され，脳の病気の治療に利用されている。

8.6.2　心理療法の展開

　心理学的な介入により心のやまいを改善する方法を確立したのは，フロイトであった。フロイトは，**催眠術**（hypnosis）を用いてヒステリーの若い女性患者を治療していた友人の**ブロイアー**（Breuer, J.）から触発されて，会話による心理的介入を試みた。フロイトは，ヒステリーの症状を改善するためには，症状に関連した記憶を思い出すことが重要であると考え，想起を促す手段として**自由連想**（free association）を用いるようになった。こうして長いすに横たわった**クライエント**（client, 心理療法では，治療を受ける人を患者とは呼ばずクライエント

---

30)　レスタック, R.M. (1995). 第5–7章

第 8 章　脳の病気・心のやまい

と呼ぶ）が自由連想法により抑圧されていた記憶を取り戻し，これにより症状が改善されるという精神分析療法の治療スキーマが確立した。

　フロイトは最初，心のやまいは，心の中で 2 つの力がぶつかり合うことが原因で起こると考えていた。1 つの力は，自分の望む結果を実現しようとする意思であり，もう 1 つはそれがもたらす現実への影響を考慮し，その実現を阻もうとするそれに対抗する力である。この 2 つの力が拮抗した状態から，意思の力が別の方向へ逸れ，特定の心の機能にそのエネルギーが配分されることで具体的な症状となると考えた。手の制御に関わる心の働きにそのエネルギーが配分される（カセクシス）と，手の麻痺が起こる。その後，フロイトは，意思を性的欲求であるリビドーに置き換えそれに対抗する力を**超自我**（superego）に由来する抑圧とみなすようになった。こうした力動的な理論的考察から，リビドーの無意識への抑圧が神経症の症状を生み出すという精神分析学の病因論が誕生した[31]。

　精神分析学に基づく心理療法は，米国では 1960 年代ころまでは心のやまいを治療する主たる治療法であった。しかし，精神分析による心理療法は，抑圧された記憶を思い出すという目標の困難さもあってなかなか思うような治療結果につながらず，多くの場合，治療が完了するまでに非常に長い時間を要した。そのため，治療費がかさみ，金銭的に余裕のある人でないと治療を受け続けられないという問題があった。また，特定の病因を心のやまいの全てに当てはめようとすることにも問題があり，もっと短期間で治療が終結する治療法が望まれた。さらに，症状をもたらした根本原因を探るのではなく，より症状に焦点を当てた行動療法や自律訓練法のような治療法が開発されるようになっていった。

　心理療法は，心のやまいのタイプ，治療者の資質，それにクライエントの特性によりその有効性に違いがみられるので，適切な治療法や治療者を選ぶことが治療効果をあげるためには重要である。こうしたことから，現在では多くの心理療法が開発され，利用されている。表 8–2 にそのうちから代表的なものをあげておいた。

---

31)　Erdelyi, M.H. (1985). 第 1 章

8.7　行動変容の仕組み

表 8-2：主な心理療法

心理療法	創始者	内　容
精神分析療法	フロイト, S	患者の無意識のこだわりを自由連想により自覚可能とすることで心の悩みを自分で制御できるようにする
来談者中心療法	ロジャース, C.	クライエントを受容し，その訴えに非指示的に耳を傾けることで，自発的な行動変容へと導く
認知行動療法	ベック, A.	病気に対する歪んだ考えを正すことで，治療を受け入れやすくした上で行動変容により問題行動を改善する
行動療法	ウォルピ, J.　　スキナー, B.F.	古典的条件付けに基づき，恐怖のような望ましくない反応を消去する療法（ウォルピ）と，道具的条件付けに基づき，望ましい行動に対し強化を与えることで行動を形成する療法（スキナー）からなる
自律訓練法	シュルツ, J.H.	一定の手続き（公式と呼ばれている）に従って，順序立ててリラックスできるように訓練する
EMDR	シャピロ, F.	外傷体験に伴うフラッシュバックのようなイメージに伴う情動反応を，イメージを浮かべながら目を動かすことで緩和する
森田療法	森田正馬	自己の悩み（劣等感）と徹底的に向き合うことで，クライエント自身がこだわりを棄てられるようになる

8.7　行動変容の仕組み

　人の行動を変えようとする試みは，日常生活でもいろいろな場面でみられる。たとえば，広告はメディアを使って購買行動に影響しようとする試みである。候補者による選挙演説は，投票行動に影響することを狙った働きかけである。こうした行動は，**説得**（persuasion）と呼ばれている。日常生活でみられるこうした働きかけは説得する側の一方的な働きかけに終わる場合が多い。これに対し，**行動変容**（behavior modification）を目的とした心理療法では，その主体はあくまでクライエントにある。心理療法を受ける中で，クライエントは，自身がかかえる問題点を認識し，自分の力でそれを変えるための行動を起こす必要がある。心理療法家の役割は，クライエントにそれを促し，心理療法の過程を通してクライエントを支え，クライエントが治療目標を達成できるように補助する

277

第8章　脳の病気・心のやまい

ことにある。

　心の悩みを抱えた人は，自分が悩みから解き放たれてより自由な行動ができるようになりたいと願う一方で，そうした変化を試みることに大きな心理的抵抗を覚えている場合が多い。その理由は，1つには自分を変えるための行動を起こすということはそれまでの自分に問題があるということを認めることであり，これは自尊心にとってマイナスであり，できればそうした認識は持ちたくないのが人情である。もう1つには，行動変容のためには，新たな学習が必要であり，そのためには心理療法を受けるなどの時間（とそれに加えてお金）のかかる余分な行動をわざわざ行わなくてはならなくなる。そうした手間をかけることに対する心理的な抵抗も行動変容に抵抗する理由となっている。

　心理療法では，こうした抵抗を乗り越えることが治療効果をあげるためには必要である。そのためにはクライエントの治療に対する自発的な関与が重要となる。**カール・ロジャース**（Rogers, C.）の開発した**来談者中心療法**（client centered therapy）では，療法家が権威としてクライエントを指導するというそれまでのスタンスを排し，治療者はクライエントが成長する力をもっていることを信じる必要があるとの立場に立っている。その上で，クライエントに受容していることを伝えるために，説得のようにあれこれ指示するのではなく，クライエントの話に耳を傾け，クライエントが自ら問題点に気がつくのを待つというアプローチがとられる[32]。

8.7.1　行動変容への道

　行動変容という視点からみると，心理療法には大きく分けて2つのアプローチがある。1つは，認知的なアプローチで，たとえば，精神分析療法ではクライエントが心のやまいの原因となっている記憶を思い出すことで症状の本質を認識できるようにする。この治療法では，クライエントが症状に対する認識を変えることが症状の軽減をもたらすことになると考えられており，認知的アプローチの代表例といえる。

　精神科医の**アーロン・ベック**（Beck, Aaron, T.）は，最初は精神分析療法を

---

32)　Hall, K.J. (1997).

278

行っていたが，認知革命（第1章参照）に影響され，行動療法のやり方を取り入れた**認知行動療法**（cognitive behavior therapy）を開発した。この治療法では，精神疾患にはそれぞれの疾患に特有の認知的な歪みがあると考え，そうした歪みを取り除き健全なものの見方を得ることがクライエント自身の対処を変えることにつながり，症状を改善するとしている。ベックは，最初うつ病を治療の対象としたが，うつ病患者は自己や個人的な世界，あるいは将来について否定的な見方をするという歪みをもっている。そのため，否定的な内容を思い浮かべたり，そうした内容に関係する環境中の対象に注意が向いたりする。ベックは，こうした傾向がうつ病からの回復を妨げる要因となっていると考え，この歪みを是正することを治療の中心に据えた[33]。

　我が国でも，慈恵会医科大学の精神科教授だった**森田正馬**が開発した独自の心理療法である**森田療法**では，症状と徹底的に向き合うことで症状に対する自己のこだわりを棄てることに治療の中心がおかれている。これも，「こだわり」という歪みを自ら洞察することを主眼にしている点で認知的治療法といえる[34]。これらの治療法に共通しているのは，症状に対するクライエントの認識を変化させることで症状をコントロールしようとする点である。

　もう1つのアプローチは，具体的な症状や不足するスキル（技能）に焦点を当て，それを改善しようとする治療法である。具体的な症状を対象とした治療法には，「恐怖反応が起こす心のやまい」の節で紹介したような，情動条件づけによる条件反応が原因となっている心のやまいに対するものがある。このタイプの治療法は，条件づけられた恐怖反応を消去し，平静な心の状態との間に新たな条件づけを形成するという一種の再学習が治療の中心となっている。具体例としては，**自律訓練法**（autogenic training）[35]などを利用してリラックスした状態を導き，その状態と恐怖刺激との間に新たな連合を形成する**行動療法**（behavior therapy）や，**EMDR**と呼ばれている眼球運動を利用した治療法[36]がある。

　心のやまいの根幹にスキルが関係している場合には，スキルを養成する必要があ

---

33)　Beck, A.R. (2005).
34)　渡辺利夫 (1999).
35)　伊藤芳宏 (1982).
36)　熊野宏昭 (1999).

第 8 章　脳の病気・心のやまい

る。たとえば，人前で話をするのが苦手な人は，「恐怖反応と回避学習」(8.3.6) で述べたように，そうした事態を避けようとする。避けることができれば，それには正の報酬を伴うので，一端習得されると，その行動はいつまでも続くことになる。苦手な状況を回避することで一時の安心感を得ることはできるが，その代償として，「人前で普通に話す」というスキルを獲得するチャンスを逃してしまう。スキルは，繰り返し練習することでしか向上しないので，苦手なものを避け続ける限りはスキルが育ってこない。スキルがないまま人前でしゃべると，緊張も加わり，たいていはうまくできない。これがますます苦手意識を強めることになる。このようなケースでは，認知の歪みを正すだけでは十分でなく，具体的なスキルを獲得する必要がある。そのためには，実際にスキルを磨くことである。人前で話すのが苦手なら，不安を軽減するために自律訓練法などのアプローチを併用しながら，不安の少ない状況から始めて，一歩一歩人前で話す訓練を積んでゆく。訓練を繰り返すことで徐々にスキルが身についてくる。そうなると，「人前であってもうまくしゃべれる」ことが分かってくる。自分のスキルに対する認識に変化が起これば，スキルを育てる訓練に対する抵抗感も薄らいでくる。

　スキルが十分でないことが社会適応を妨げる要因となっている場合には，スキルを育てることが社会適応を改善することにつながる。たとえば，日常生活をする上で必要なスキルに問題を抱えている統合失調症や自閉症では，社会的スキルを育てるための訓練が行われている。たとえば，統合失調症では，**生活技能訓練** (SST) と呼ばれている訓練法が用いられているが，これは日常生活でのありふれた行動がうまくできないことが統合失調症の社会適応を妨げる要因となっていることから，毎日のあいさつ行動や家事などの日常生活全般に必要な技能を訓練することで患者の適応力を向上させようとする学習心理学の理論に基づいた治療法である[37]。もう 1 つの例としては，自閉症児に対する**応用行動分析** (applied behavior analysis) がある。自閉症児はヒトの本能とも言うべき言葉による他者とのコミュニケーションがうまくできないことが多い。これを改善するため，この治療法では，自閉症児の行動を分析し，言葉を使用する

---

37)　Liberman, R., & Martin, T.

ことに対し報酬を与える（ほめたりする）ことで，言葉を使用するという行動を強化する。これにより，言葉を使用しようという動機づけを育成するとともに，そのスキルを伸ばすことができ，自閉症児の他者との交流をうながしてゆく。

Q & A

Q: トラウマと **PTSD** は同じものと考えていいのでしょうか。

A: これは，違う概念です。トラウマとは心的外傷体験と訳されており，死の恐怖のような極端なストレス体験のことです。PTSD とは，そうした体験が基になって発症した病的状態に対する疾患名です。

Q: 不安なことや思い出したくないことを語るのはとてもストレスのかかる作業だと思います。心を病んだ患者さんにとって，辛いことをはき出した上でそれを受け入れるという作業はとても苦痛であり，逆効果も生ずると思うが，実際はどうなのでしょうか。

A: 確かに辛い体験を思い出すことでストレスがかかり，かえって病気が悪化することはありえますが，心理療法では，患者との間の関係（ラポールと呼ばれている）を確立した上で，治療者がクライエントを受け入れていることを当人に実感してもらうことで安心感を与えるという手続きがとられます。そうした安心感のある状態で自分の体験を語ることができれば，感覚的な記憶が核となっているトラウマ体験が，言語によりシンボル化することで感情喚起が弱くなり，感情のコントロールがしやすくなります。

Q: 人はなぜ自殺するのでしょうか。

A: 自殺という行動がヒト以外では見られないことから，自殺には高次の精神機能が関わっていると思われます。おそらく，現状及び将来に対し悲観的な評価を下し，この状況を打破しようとして起こるのが自殺だと思われます。そのため，自殺をするには最小限の能動性が必要になります。うつ病の患者でうつ状態が最もひどい時には自殺が起こらず，その状態から少し回復した時に自殺が起こるのもそのためだと思われます。

さらに学ぶために

『現代精神医学への招待──生物学的アプローチの射程　上下』ポール・H・ウェンダー & ドナルド・F・クライン　紀伊國屋書店

『ふたごが語る精神病のルーツ』E. フラートリー, エドワード・H. テイラー, アン・E. バウラー & アーヴィン・I. ゴッテスマン　紀伊國屋書店

『マンガ　サイコセラピー入門──心理療法の全体像が見える』ナイジェル・C・ベンソン　講談社ブルーバックス

第 8 章　脳の病気・心のやまい

トピック 8–1　セルフカウンセリング

　心理療法は，なにも専門家が独占的に行うものとは限らない。場合によっては，以下の例のように，自分で自分に働きかけることで，行動変容を促すことも可能である。

　試験を受けるときには誰でも多かれ少なかれ緊張を覚えるが，人によっては，緊張のあまり「頭が真っ白になって」しまい，十分に力を発揮できなくなることがある。そうした人は，テスト不安が高いことになる。テスト不安が高い人は，自己評価に関わる心配（自分はできの悪い学生だとか実力がないなどの考え）に注意を奪われたり，自分が動揺しているかどうかを気にするあまり，テストに集中できない。そのため，実力通りの成績を発揮できなくなると考えられている。これに対し，テスト不安が低い人では，テストに全神経をそそぐことができるので，本来の実力を発揮することができる。実際，どれくらい頻繁に「いい成績がとれるだろうか」という考えが試験中に浮かんだかを，試験後に尋ねたところ，テスト不安の高い人では，そうした考えが試験中によく浮かんだと答える人が多かった[38]。テスト不安は，特に入学試験のように自分の将来に大きく影響する場合ほど高くなるので，余計に始末が悪い。第 6 章でもふれたように，不安は覚醒レベルを高くする。不安により覚醒が上昇すると，実力を発揮するのに必要な覚醒レベルよりも高い覚醒状態に陥ることになる。これも不安の高い人が実力を発揮できなくなるもう 1 つの理由になっている。

　うつ病の心理療法として，うつ病の人が抱えている心配事や悩みを何週間にもわたって繰り返し書き出すという治療法がある。そうすることでうつ病の特徴ともなっている心配事がしつこく頭に浮かぶという傾向が減少する。この治療法にヒントを得て，試験直前に試験に対する不安を書き出すことで成績が向上することをシカゴ大学の研究者が実証している。この研究では，中学 3 年生を対象に，生物の最終試験の直前にテスト不安について 10 分間書き出してもらった。これに対し，対照群の生徒には，試験と関係ないことを書き出しても

---

38)　Wine, J. (1971).

トピック 8-1　セルフカウンセリング

らった。この不安について書き出すという行動は，テスト不安の高い生徒（テスト不安は質問紙——具体的な項目例としては，「試験中は失敗したらどうしようと思う」——により測定）では，高不安の対照群（つまり，テスト不安は高いが試験とは関係ない内容を書き出した群）に比べ成績が向上した。これに対し，元々テスト不安の低い生徒では，テスト不安について書き出したかどうかは試験の成績に影響しなかった[39]。

　テスト不安について書き出すことにより，自己のネガティブな側面について明確に自覚することができ，それを客観視・対象化することができる。逆に，自分の良い点について書き出すことで，自己の評価を下げている偏見から自由になることもできる。米国では，中学に入学した黒人の生徒は，自分がマイノリティという偏見にさらされていることを嫌でも自覚するという。それが，自己評価にマイナスの影響を与え，結果的に成績の低下をもたらす。そうだとすると，逆に，自分の良いところに目を向けることで，偏見がもたらすマイナスの影響から自由になることもできるのではないかと考え，自己評価を改善する介入実験が行われた。具体的な介入法は，中学 1 年の黒人生徒に，自己の特性のうち，自分が評価している点をあげてもらい，それがなぜ自分にとって重要かを 15 分間で書き出させるというものであった。この操作を受けた生徒は，学期末の成績が 40％も向上した[40]。この研究は，自分の価値に目を向けることで，知らず知らずのうちに自らもそれに囚われている社会的な偏見から自由になることができ，それがひいては成績の向上につながることを示した，教育学的にも非常に示唆に富む研究だといえる。

---

39)　Ramirez, G., & Beilock, S.L. (2011).
40)　Cohen, G.L. et al. (2006).

引用文献

第 1 章

Byrne, A. (2010). Inverted Qualia. http://plato.stanford.edu/entries/qualia-inverted/

Caplan, P. J., MacPherson, G. M., & Tobin, P. (1985). Do sex-related differences in spatial abilities exist? A multilevel critique with new data. *American Psychologist*, **40**, 786–799.

チャブリス, C.・シモンズ, D. (2011). 錯覚の科学. 木村博江訳. 文藝春秋.

Chomsky, N. (1968). *Language and mind*. Harcourt Brace Jovanovich.

クロスビー, A・W. (2003). 数量化革命. 小沢千重子訳. 紀伊國屋書店.

Donders, F. C. (1969). On the speed of mental processes. *Acta Psychologica*, **30**, 412–432 (原著の出版は, 1868–1869).

Ferguson, G. A. (1971). *Statistic analysis in psychology and education*, 3rd Edition. McGraw-Hill Kogakusha.

Gardner, H. (1985). *The mind's new science: A history of the cognitive revolution*. Basic Books.

クーン, T. (1971). 科学革命の構造. 中山茂訳. みすず書房.

Lindsay, P. H. & Norman, D. A. (1975). *Human Information Processing: Introduction to psychology*. Academic Press.

Meyer, G. J., Finn, S. E., Eyde, L. D., Kay, G. G., Moreland, K. L., Dies, R. R., Eisman, E. J., Kubiszyn, T. W., & Reed, G. M. (2001). Psychological Testing and Psychological Assessment: A Review of Evidence and Issues. *American Psychologist*, **56**, 128–165.

モファット, J. W. (2009). 重力の再発見. 水谷淳訳. 早川書房.

Neisser, U. (1967). *Cognitive Psychology*. Prentice-Hall.

ペパーバーグ, I. M. (2010). アレックスと私. 佐柳信男訳. 幻冬舎.

パブロフ, I. P. (1975). 大脳半球の働き――条件反射学. 川村浩訳. 岩波書店.

ピンカー, S. (1995). 言語を生み出す本能（上・下）. 椋田直子訳. NHK 出版.

引用文献

Roberts, B. W., Kuncel, N. R., Shiner, R. L., Caspi, A., & Goldberg, L (2007). The power of personality: The comparative validity of personality traits, socioeconomic status, and cognitive ability for predicting important life outcomes. *Perspectives on Psychological Science*, **2**, 313–345.

Rosenzweig, M. R., Breedlove, S. M., & Watson, N. V. (2005). *Biological psychology, An introduction to behavioral and cognitive neuroscience*, 4th Edition. Sinauer Associates.

Stevens, S. S. (1946). On the scales of measurement. *Science*, **103**, 677–680.

トムソン, R. (1969). 心理学の歴史. 北村晴朗監訳. 北望社.

ワトソン, J.B. (1968). 行動主義の心理学. 安田一郎訳. 河出書房新社.

トピック 1–1

ブキャナン, M. (2003). 歴史の方程式——科学は大事件を予知できるか. 水谷淳訳. 早川書房.

第 2 章

Coren, S. (1992). *The left-handedness syndrome: The causes & consequences of left-handedness*. The Free Press.

Crick, F., & Mitchison, G. (1983). The function of dream sleep. *Nature*, **304**, 111–114.

Dimond, S.J., & Beaumont, J.G. (1974). Experimental studies of hemisphere function in the human brain. In S. J. Dimond & J. G. Beaumont (Eds.), *Hemisphere function in the human brain*. Elek Science.

Elbert, T., Pantev, C., Wienbruch, C., Rockstroh, B., & Taub, E. (1995). Increased cortical representation of the fingers of the left hand in string players. *Science*, **270**, 305–307.

Erdelyi, M. H. (1985). *Psychoanalysis Freud's cognitive psychology*, W.H. Freeman.

フロイト, S. (1969). 夢判断（上・下）. 高橋義孝訳. 新潮社.

Gazzaniga, M. S., & LeDoux, J. E. (1978). *The integrated mind*. Plenum Press.

グリーンフィールド, S. (2001). 脳の探求. 新井康允監訳, 中野恵津子訳, 無名舎.

原一之 (2005). 脳の地図帳. 講談社.

ホブソン, J. A. (2007). 夢に迷う脳——夜ごと心はどこへ行く？ 池谷裕二監訳, 池谷香訳. 朝日出版社.

井上昌次郎 (1989). 脳と睡眠——人はなぜ眠るか. 共立出版.

マグーン, H. W. (1967). 脳のはたらき. 時実利彦訳. 朝倉書店.

Meguerdichian, A., & Vauclair, J. (2006). Baboons communicate with their right hand. *Behavioural Brain Research*, **171**, 170-174.

引用文献

Meguerditchian, A., Vauclair, J., & Hopkins, W.D. (2010). Captive chimpanzees use their right hand to communicate with each other: Implications for the origin of the cerebral substrate for language. *Cortex*, **46**, 40–48.

ペンフィールド, W.・ラスミュッセン, T. (1986). 脳の機能と行動. 岩本隆茂・中原淳一・西里静彦訳. 福村出版.

Pesenti, M., Zago, L., Crivello, F., Mellet, E., Samson, D., Duroux, B., Seron, X., Mozoyer, B., & Tzourio-Mazoyer, N. (2001). Mental calculation in a prodigy is sustained by right prefrontal and medial temporal areas. *Nature Neuroscience*, **4**, 103–107.

レスタック, R. M. (1995). 化学装置としての脳と心――リセプターと精神変容物質. 半田智久訳. 新曜社.

ロック, A. (2006). 脳は眠らない――夢を生みだす脳のしくみ. 伊藤和子訳. ランダムハウス講談社.

Rosenzweig, M. R., Breedlove, S. M., & Watson, N. V. (2005). *Biological psychology, An introduction to behavioral and cognitive neuroscience*, 4th Edition. Sinauer Associates.

シルヴィア, C.・ノヴァック, W. (1998). 記憶する心臓――ある心臓移植患者の手記. 飛田野裕子訳. 角川書店.

Smith, C.U.M. (1998). Descartes' Pineal Neuropsychology. *Brain and Cognition*, **36**, 57–72.

Solms, M. (1997). *The neuropsychology of dreams*. Lawrence Earlbaum Associates.

Sperry, R.W. (1990). Forebrain commissurotomy and conscious awareness. In C. Trevarthen (Ed.), *Brain circuits and functions of the mind: Essays in honor of Roger W. Sperry*. Cambridge University Press.

Suk, I., & Tamargo, R. J. (2010). Concealed neuroanatomy in Michelangelo's Separation of Light From Darkness in the Sistine chapel. *Neurosurgery*, **166**, 851–861.

トムソン, R. (1969). 心理学の歴史. 北村晴朗監訳. 北望社.

トピック 2–1

Blanke, O., Landis, T., Spinelli, L., & Seeck, M. (2004). The Out-of-Body Experience: Disturbed Self-Processing at the Temporo-Parietal Junction. *Brain*, **127**, 243–258.

ペンフィールド, W.・ラスミュッセン, T. (1986). 脳の機能と行動. 岩本隆茂・中原淳一・西里静彦訳. 福村出版.

立花隆 (2000). 臨死体験（上・下）. 文藝春秋社.

引用文献

第 3 章

バロン＝コーエン, S. (1997). 自閉症とマインド・ブラインドネス. 長野敬・長畑正道・今野
義孝訳. 青土社.

Bramble, D. M., & Lieberman, D.E. (2004). Endurance running and the evolution of
Homo. *Nature*, **432**, 345–352.

バーン, R. ・ホワイトゥン, A. (2004). マキャベリ的知性と心の理論の進化論――ヒトはな
ぜ賢くなったか. 藤田和生・山下博志・友永雅巳監訳. ナカニシヤ出版.

コールーダー, N. (1980). 人間, この共謀するもの――人間の社会行動. 田中淳訳. みすず
書房.

ドーキンス, R. (1980). 生物＝生存機械論――利己主義と利他主義の生物学. 日高敏隆・岸由
二・羽鳥節子訳. 紀伊國屋書店.

ダンバー, R. (1998). ことばの起源――猿の毛づくろい, 人のゴシップ. 松浦俊輔・服部清美
訳. 青土社.

Eibl-Eibesfeldt, I. (1982). Warfare, man's indoctrinability and group selection. *Zeitschrift
fur Tierpsychologie*, **60**, 177–198.

Enard, W., Przeworski, M., Fisher, S.E., Lai, C.S.L., Wiebe, V., Kitano, T., Monaco,
A.P., & Paabo, S. (2002). Molecular evolution of FOXP2, a gene involved in speech
and language. *Nature*, **418**, 869–872.

Falk, D. (1998). Hominid brain evolution: Looks can be deceiving. *Science*, **280**, 1714.

Fischman, J. (1993). New clues surface about the making of mind. *Science*, **262**, 1517.

Fischman, J. (1994). Putting a new spin on the birth of human birth. *Science*, **264**,
1082–1083.

グッドール, J. (1973). 森の隣人. 河合雅雄訳. 平凡社.

Haesler, S., Wada, K., Nshdejan, A., Morrisey, E.E., Lints, T., Jarvis, E.D., & Scharff,
C. (2004). FoxP2 Expression in Avian Vocal Learners and Non-Learners. *Journal
of Neuroscience*, **31**, 3164–3175.

ヘイズ, C. (1971). 密林からきた養女. 林寿郎訳. 法政大学出版局.

Hill, K., Barton, M., & Hurtado, A.M. (2009). The emergence of human uniqueness:
Characters uderlying behavioral modernity. *Evolutionary Anthropology*, **18**, 187–
200.

Hrdy, S.B. (1999). *Mother Nature, Maternal instincts and how they shape the human
species*. Ballantine Books.

ジャブロンスキー, N.G. (2010). なぜヒトだけ無毛になったのか. 日経サイエンス, 5 月号,
30–38.

Jerison, H. J. (1973). *Evolution of the brain and intelligence*. Academic Press.

引用文献

Joseph, R. (2000). The evolution of sex differences in language, sexuality, and visual-spatial skills. *Archives of Sexual Behavior*, **29**, 35–66.

Lefebvre, L., Reader, S.M., & Sol, D. (2004). Brains, Innovations and Evolution in Birds and Primates. *Brain, Behavior and Evolution*, **63**, 233–246.

リーキー, R. (1996). ヒトはいつから人間になったか. 馬場悠男訳. 草思社.

Lovejoy, C.O. (2009). Reexamining human origins in light of Ardipithecus ramidus. *Science*, **326**, 74e1–74e8.

Milton, K. (1993). Diet and primate evolution. *Scientific American*, 8 月号, 70–77.

Mischel, W., Shoda, Y., & Rodriguez, M.L. (1989). Delay of gratification in children. *Science*, **244**, 933–938.

小川徳雄 (1994). 新・汗のはなし──汗と暑さの生理学. アドア出版.

森川幸人 (2000). 「マッチ箱の脳」──使える人工知能のお話. 新紀元社.

プリマック, A. J. (1978). チンパンジー読み書きを習う. 中野尚彦訳. 思索社.

ラフレニエール, P. J. (2004). ヒトにおける戦術的欺きの個体発生. ホワイトゥン, A.・バーン, R.W.（編）, 藤田和生・山下博志・友永雅巳監訳, マキャベリ的知性と心の理論──ヒトはなぜ賢くなったか, ナカニシヤ出版, 275–292 に収録.

リドレー, M. (2000). ゲノムが語る 23 の物語. 中村桂子・斉藤隆央訳. 紀伊國屋書店.

サベージ-ランボー, S. (1993). カンジ──言語を持った天才ザル. 古川剛史監修・加地永都子訳. NHK 出版.

Shreeve, J. (2006). The Greatest Journey: The genes of people today tell of our ancestors' trek out of Africa to the far corners of the globe. *National Geographic*, **March**, 60–69.

Silk, J. B., Alberts, S. C., & Altmann, J. (2003). Social bonds of female baboons enhance infant survival. *Science*, **302**, 1231–1234.

スレーター, P.J.B. (1998). 動物行動学入門. 日高敏隆・百瀬浩訳. 岩波書店.

Spence, S. A., Hunter, M. D., Farrow, T.F.D., Green, R. D., Leung, D. H., Hughes, C. J., & Ganesan, V. (2004). A cognitive neurobiological account of deception: Evidence from functional neuroimaging. *Philosophical Transactions of the Royal Society of London B*, **359**, 1755–1762.

スタンフォード, C. (2004). 直立歩行──進化への鍵. 長野敬・林大訳. 青土社.

ストリンガー, C.・マッキー, R. (2001). 出アフリカ記──人類の起源. 河合信和訳. 岩波書店.

タッタソール, I. (1997). 人類の祖先は何度アフリカを旅立ったか. 日経サイエンス, 7 月号, 72–81.

テラス, H. S. (1986). ニム──手話で語るチンパンジー. 中野尚彦訳. 思索社.

引用文献

Toth, N. (1985). Archaeological evidence for preferential right-handedness in lower and middle Pleistocene, and its possible implications. *Journal of Human Evolution*, **14**, 607–614.

van Schaik, C.P., Ancrenaz, M., Borgen, G., Galdikas, B., Knott, C.D., Singleton, I., Suzuki, A., Utami, S.S., & Merrill, M. (2003). Orangutan cultures and the evolution of material culture. *Science*, **299**, 102–105.

Vargha-Khadem, F., Watkins, K.E., Price, C.J., Ashburner, J.K., Alcock, J., Connelly, A., Frackowiak, R.S.J., Friston, K.J., Pembrey, M.E., Mishkin, M., Gadian, D.G., & Passingham, R.E. (1998). Neural basis of an inherited speech and language disorder. *PNAS*, **95**, 12695–12700.

ホワイトゥン, A.・バーン, R.W. (2004). 霊長類の戦術的欺きに見られる注意の操作. ホワイトゥン, A.・バーン, R.W.（編）, 藤田和生・山下博志・友永雅巳監訳, マキャベリ的知性と心の理論——ヒトはなぜ賢くなったか, ナカニシヤ出版, 2004, 241–256 に収録.

ウォン, K. (2009). ネアンデルタール人のたそがれ. 日経サイエンス, 11 月号, 42–47.

トピック 3–1

de Vignemont, F., & Singer, T. (2006). The emphatic brain: how, when and why? *Trends in Cognitive Neurosciences*, **10**, 435–441.

Singer, T., Seymour, B., O'Doherty, J.P., Stephan, K.E., Dolan, R.J., & Frith, C.D. (2006). Empathic neural responses are modulated by the perceived fairness of others. *Nature*, **439**, 466–469.

第 4 章

Albright, T.D. (1995). My most true mind thus makes mine eye untrue. *Trends in Neurosciences*, **18**, 331–333.

アンダーソン, J. R. (1982). 認知心理学概論. 富田達彦・増井透・川崎恵里子・岸学訳. 誠信書房.

Bower, T.G.R. (1966). Heterogeneous summation in human infants. *Animal Behaviour*, **14**, 395–398.

Burr, D.G., Morrone, M.C., & Ross, J. (1994). Selective suppression of the magnocellular visual pathway during saccadic eye movements. *Nature*, **371**, 511–513.

ディーコン, T. W. (1999). ヒトはいかにして人となったか——言語と脳の共進化. 金子隆芳訳. 新曜社.

Dement, W., & Wolpert, E. A. (1958). The relation of eye movements, body motility, and external stimuli to dream content. *Journal of Experimental Psychology*, **55**, 543–553.

エヴァート, J.-P. (1982). 神経行動学. 小原嘉明・山元大輔訳. 培風館.

引用文献

Faisal, A. A., Selen, L.P.J., & Wolpe, D. M. (2008). Noise in the nervous system. *Nature Reviews Neuroscience*, **9**, 292–303.

Fink, R.A., Ward, T.B., & Smith, S.M. (1992). *Creative cognition*. MIT Press.

ギブソン, J. J. (1985). 生態学的視覚論――ヒトの知覚世界を探る. 古崎敬・古崎愛子・辻敬一郎・村瀬旻訳. サイエンス社.

グッデイル, M.・ミルナー, D. (2008). もうひとつの視覚. 鈴木光太郎・工藤信雄訳. 新曜社.

Guilford, J. P. (1950). Creativity. *American Psychologist*, **5**, 444–454.

Haber, R.N., & Hershenson, M. (1973). *The psychology of visual perception*, Holt, Rinehart and Winston.

エカアン, H.・アルバート, M. (1990). 神経心理学（上・下）. 安田一郎訳. 青土社.

Hubel, D. H., & Wiesel, T. N. (I959). Receptive fields of single neurons in the cat's striate cortex. *Journal of Physiology*, **148**, 574–591.

Ingle, D. J. (1983). Brain mechanisms of localization in frogs and toads. In J.-P. Evert, R. R. Capranica. & D.J. Ingle(Eds.), *Advances in vertebrate neuroethology*. Plenum. pp. 177–226.

Ittelson, W. H., & Kilpatrick, F. P. (1951). Experiments in perception. *Scientific American*, 2 月号, 50–55.

岩崎祥一 (2011). 注意の理論とその歴史. 原田悦子・篠原一光（編）注意と安全, 北大路書房, pp.2–35.

Koechlin, E., & Hyafil, A. (2007). Anterior prefrontal function and the limits of human decision-making. *Science*, **318**, 594–598.

ケーラー, W. (1962). 類人猿の知恵試験. 宮孝一訳. 岩波書店.

コフカ, K. (1988). ゲシュタルト心理学の原理. 鈴木正襧監訳. 福村出版.

Lettvin, J. Y., Maturana, H. R., McClulloch, W. S., Pitts, W. H. (1968). What the frog's eye tells the frog's brain. In W. C. Corning & M. Balaban(Eds.), *The Mind: Biological approaches to its functions*. Interscience Publishers, pp. 233–258.

Malach, R., Levy, I., & Hasson, U. (2002). The topography of high-order human object areas. *Trends in Cognive Sciences*, **6**, 176–183.

Mishkin, M., Ungerleider, L. G., & Macko, K. A. (1983). Object vision and spatial vision: Two cortical pathways. *Trends in Neuroscience*, **6**, 414–417.

Moray, N. (1969). *Listening and attention*. Penguin Books.

Norman, J. (2002). Two visual systems and two theories of perception: An attempt to reconcile the constructivist and ecological approaches. *Behavioral and Brain Sciences*, **25**, 73–96.

ノーレットランダーシュ, T. (2002). ユーザーイリュージョン――意識という幻想. 柴田裕之訳. 紀伊國屋書店.

引用文献

Rosenzweig, M. R., Breedlove, S. M., & Watson, N. V. (2005). *Biological psychology: An introduction to behavioral and cognitive neuroscience*, 4th Edition. Sinauer Associates.

Tanaka, K. (1996). Inferotemporal cortex and object vision. *Annual Review of Neuroscience*, **19**, 109–139.

Tinbergen, N., & Perdeck, A. C. (1950). On the stimulus situation releasing the begging response in the newly hatched herring gull chick (Larus Argentatus Argentatus PONT.). *Behaviour*, **3**, 1–39.

Treisman, A., Cavanagh, P., Fischer, B., Ramachandran, V.S., & von der Heydt, R. (1990). Form perception and attention Striate cortex and beyond. In L. Spillmann & J. S. Werner (Eds.), *Visual perception: The Neurophysiological foundations*. Academic Press, pp. 273–316.

Wilson, T. D., & Schooler, J. W. (1991). Thinking too much: Introspection can reduce the quality of preferences and decisions. *Journal of Personality and Social Psychology*, **60**, 181–192.

山内昭雄・鮎川武二 (2001). 感覚の地図帳. 講談社.

トピック 4–1

Gregory, R. L. (2008). Emmert's law and the moon illusion. *Spatial Vision*, **21**, 407–420.

Kaufman, L., & Rock, I. (1989). The moon illusion thirty years later. In M. Hershenson (Ed.), *The moon illusion*. Lawrence Earlbaum, pp. 193–234.

Plug, C., & Ross, H. E. (1989). Historical review, I In M. Hershenson (ed.), *The moon illusion. Lawrence Earlbaum*, pp. 5–27.

トピック 4–2

Karremans, J. C., Stroebe, W., & Claus, J. (2006). Beyond Vicary's fantasies: The impact of subliminal priming and brand choice. *Journal of Experimental Social Psychology*, **42**, 792–798.

坂元章・森津太子・坂元桂・高比良美詠子 (1999). サブリミナル効果の科学——無意識の世界では何がおこっているか. 学文社.

第 5 章

アンダーソン, J. R. (1982). 認知心理学概論. 富田達彦・増井透・川崎恵里子・岸学訳. 誠信書房.

バッドリー, A. (1988). 記憶力——そのしくみとはたらき. 川幡政道訳. 誠信書房.

バートレット, F. C. (1983). 想起の心理学——実験的社会的心理学における一研究. 宇津木保・辻正三訳. 誠信書房.

引用文献

Bayley, T. M., Dye, L., Jones, S., DeBono, M., & Hill, A. J. (2002). Food cravings and aversions during pregnancy: relationships with nausea and vomiting. *Appetite*, **38**, 45–51.

ブルーム, F. E. (1987). 脳の探検――脳から精神と行動を見る（下）. 久保田競監訳. 講談社.

Brown, R., & NcNeill, D. (1966). The "tip of the tongue" phenomenon. *Journal of Verbal Learning and Verbal Behavior*, **5**, 325–337.

Buchanan, T. W., & Adolphs, R. (2004). The neuroanatomy of emotional memory in humans. In D. Reisberg & P. Hertel (Eds.), *Memory and Emotion*. Oxford University Press, pp. 42–75.

Burger, J. M. (1997). *Personality*, 4th edition. Brooks/Cole Publishing Company.

Conway, M. A. (1995). *Flashbulb memories*. Lawrence Earlbaum Associates.

Craik, F.I.M., & Lockhart, R. S. (1972). Levels of processing: A framework for memory research. *Journal of Verbal Learning and Verbal Behavior*, **11**, 671–684.

ダイアモンド, J. (1993). 人間はどこまでチンパンジーか――人類進化の栄光と翳り. 長谷川真理子・長谷川寿一訳. 新曜社.

エビングハウス, H. (1978). 記憶について――実験心理学への貢献. 宇津木保訳. 誠信書房.

Ellis, H. D., & Young, A. W. (1990). Accounting for delusional misidentifications. *British Journal of Psychiatry*, **157**, 239–248.

Flege, J. E., Yeni-Komshian, G. H., & Liu, S. (1999). Age Constraints on Second-Language Acquisition. *Journal of Memory and Language*, **41**, 78–104.

Garcia, J., Hankins, W. G., & Rusiniak, K. W. (1976). Behavioral regulation of the milieu interne in man and rat. *Science*, **185**, 824–831.

Grusec, J. E. (1992). Social learning theory and development psychology: The legacies of Robert Sears and Albert Bandura. *Developmental Psychology*, **28**, 776–786.

ヒルツ, F. J. (1997). 記憶の亡霊――なぜヘンリー・Mの記憶は消えたのか. 竹内和世訳. 白揚社.

Hyman, I.E. Jr., & Billings, F. J. (1998). Individual differences and the creation of false childhood memories. *Memory*, **6**, 1–20.

Isom, M. D. (1998). Theorist-Albert Bandura, www.criminoloy.fsu.edu/crimtheory/bandura.htm

Kleinsmith, L. J. & Kaplan, S. (1963). Paired-associate learning as a function of arousal and interpolated interval. *Journal of Experimental Psychology*, **65**, 190–193.

Kunter, L., & Olson, C. K. (2008). *Grand theft childhood: The surprising truth about violent video games*. Simon & Schuster.

Lenneberg, E. H. (1976). *Biological foundations of language*. John Wiley & Sons.

引用文献

Little, A. C., Penton-Voak, I. S., Burt, D. M., & Perrett, D. I. (2003). Investigating an imprinting-like phenomenon in humans partners and opposite-sex parents have similar hair and eye colour. *Evolution and Human Behavior*, **24**, 43–51.

ロフタス, E. F. (1987). 目撃者の証言. 西本武彦訳. 誠信書房.

ロフタス, E. F. (2011). Manufacturing Memories. 日本心理学会第 75 回大会招待講演. 日本大学.

ロフタス, E. F.・ケッチャム, K. (2000). 抑圧された記憶の神話——偽りの性的虐待の記憶をめぐって. 仲真紀子訳. 誠信書房.

ロレンツ, K. (1987). ソロモンの指環. 日高敏隆訳. 早川書房.

Miller, G.A. (1956). The magical number seven, plus or minus two: Some limits on our capacity for processing information. *Psychological Review*, **63**, 81–97.

Neisser, U. (1981). John Dean's memory: A case study. *Cognition*, **9**, 1–22.

Neisser, U. (1982). Snapshots or benchmarks? In U. Neisser(Ed.) *Memory observed Remembering in natural contexts*. Freeman and Company, pp. 43–48.

パブロフ, I. P. (1975). 大脳半球の働きについて——条件反射学. 川村浩訳. 岩波書店.

ペンフィールド, W.・ラスミュッセン, T. (1986). 脳の機能と行動. 岩本隆茂・中原淳一・西里静彦訳. 福村出版.

ピンカー, S. (1995). 言語を生みだす本能（上下）. 椋田直子訳. 日本放送出版協会.

レイノルズ, G. S. (1978). オペラント心理学入門——行動分析への道. 浅野俊夫訳. サイエンス社.

スレーター, P.J.B. (1998). 動物行動学入門. 日高敏隆・百瀬浩訳. 岩波書店.

Skinner, B. F. (1948). 'Superstition' in the pigeon. *Journal of Experimental Psychology*, **38**, 168–172.

Skinner, B. F. (1971). *Beyond freedom and dignity*. Hackett Publishing Company.

Spatt, J. (2002). Deja Vu: Possible parahippocampal mechanisms. *Journal of Neuropsychiatry and Clinical Neurosciences*, **14**, 6–10.

Sperling, G. A. (1960). The information available in brief visual presentation. *Psychological Monographs*, **74**, No. 498.

Squire, L. R. (1989). 記憶と脳——心理学と神経科学の統合. 河内十郎訳. 医学書院.

トーデス, D. P. (2008). パヴロフ——脳と行動を解き明かす鍵. 近藤隆文訳. 大月書店.

Tulving, E. (1985). Memory and consciousness. *Canadian Psychology*, **26**, 1–12.

Tulving, E., & Thomson, D. M. (1973). Endocing specificity and retrieval processes in episodic memory. *Psychological Review*, **80**, 352–373.

Zajonc, R. B. (2001). Mere exposure: A gateway to the subliminal. *Current Directions in Psychological Science*, **10**, 224–228.

ワトソン, J. B. (1968). 行動主義の心理学. 安田一郎訳. 河出書房新社.

引用文献

トピック 5–1

ロック, A. (2006). 脳は眠らない――夢を生みだす脳のしくみ. 伊藤和子訳. ランダムハウス講談社.

Stickgold, R., Malia, A., Maguire, D., Roddenberry, D., & O'Connor, M. (2000). Replaying the game: Hypnagogic images in normals and amnesics. *Science*, **290**, 350–353.

トピック 5–2

Goldenberg, G. (1995). Transient global amnesia. In A. D. Baddeley, B. A. Wilson, & F. N. Wattts (Eds.), *Handbook of memory disorders*. Wiley. pp. 109–134.

Markowitsch, H. J. (1998). The mnestic block syndrome: Environmentally induced amnesia. *Neurology, Psychiatry, and Brain Research*, **6**, 73–80.

Williams, L. M. (1994). Recall of childhood trauma: A prospective study of women's memories of child sexual abuse. *Journal of Consulting and Clinical Psychology*, **62**, 1167–1176.

第 6 章

ベイカル, D. A. (1983). 病気と痛みの心理学. 岡堂哲雄監訳. 新曜社.

ブルーム, F. E. (1987). 脳の探検――脳から精神と行動を見る（下）. 久保田競監訳. 講談社.

ブル, P. (1986). しぐさの社会心理学. 高橋超編訳. 北大路書房.

Cobos, P., Sanches, M., Garcia, C., Vera, M.N., & Vila, J. (2002). Revisiting the James versus Cannon debate on emotion: startle and autonomic modulation in patients with spinal cord injuries. *Biological Psychology*, **61**, 251–269.

コーネリアス, R. R. (1999). 感情の科学――心理学は感情をどこまで理解できたか. 齋藤勇監訳. 誠信書房.

ダマジオ, A. R. (2000). 生存する脳――心と脳と身体の神秘. 田中三彦訳. 講談社.

マレー, E. J. (1966). 動機と情緒. 八木冕訳. 岩波書店.

Damasio, A. R., Tranel, D., & Damasio, H. (1990). Individuals with sociopathic behavior caused by frontal damage fail to respond autonomically to social stimuli. *Behavioural Brain Research*, **41**, 81–94.

Damasio, H., Grabowski, T., Frank, R., Galaburda, A. M., & Damasio, A. R. (1994). The return of Phineas Gage: Clues about the brain from the skull of a famous patient. *Science*, **264**, 1102–1105.

Drevets, W. C., Price, J. L., Simpson, J. R. Jr., Todd, R. D., Reich, T., Vannier, M., & Raichle, M. E. (1997). Subgenual prefrontal cortex abnormalities in mood disorders. *Nature*, **386**, 824–827.

295

引用文献

エクマン, P.・フリーセン, W.V. (1987). 表情分析入門——表情に隠された意味を探る. 工藤力訳編. 誠信書房.

Gunstad, J., Paul, R. H., Cohen, R. A., Tate, D. F., Spitznagel, M. B., & Gordon, E. (2007). Elevated body mass index is associated with executive dysfunction in otherwise healthy adults. *Comprehensive Psychiatry*, **48**, 57–61.

Harlow, H. F., & Mears, C. (1979). *The Human Model: Primate Perspectives*. John Wiley & Sons, pp. 101–125.

Harvard Bussiness Review Anthology (2009). 動機づける力——モチベーションの理論と実践. DIAMOND ハーバード・ビジネス・レビュー編集部編訳. ダイアモンド社.

Hohmann, G. W. (1966). Some effects of spinal cord lesions on experienced emotional feelings. *Psychophysiology*, **3**, 143–156.

アイブル=アイベスフェルト, I. (1974). 愛と憎しみ（1・2）. 日高敏隆・久保和彦訳. みすず書房.

James, W. (1894). The physical basis of emotion, *Psychologicl Review*, **1**, 516–529.

Kinoura, Y. (1992). A sensitive period for the incorporation of a cultural meaning system: A study of Japanese children growing up in the United States. *Ethos*, **20**, 304–339.

Lang, P. J. (1994). The varieties of emotional experience: A meditation on James-Lange theory. *Psychological Review*, **101**, 211–221.

Lerner, J. S., Gonzalez, R. M., Small, D. A., & Fischhoff, B. (2003). Effects of fear and anger on perceived risks of terrorism: A national field experiment. *Psychological Science*, **14**, 144–150.

Levine, S. (1971). Stress and Behavior. *Scientific American*, 1 月号, pp. 21–31.

McClure, E. B. (2000). A meta-analytic review of sex differences in facial expression processing and their development in infants, children, and adolescents. *Psychological Bulletin*, **126**, 424–453.

Melzoff, A. N., & Moore, M. K. (1977). Imitation of facial and manual gestures by human neonates. *Science*, **198**, 75–78.

モーゲンソン, G. J. (1981). 神経生物学から見た動機づけ行動. 渡辺格・勝木元也・猪子英俊訳. 培風館.

Olds, J., & Milner, P. (1954). Positive reinforcement produced by electric stimulation of septal area and other regions of rat brain. *Journal of Comparative and Physiological Psychology*, **47**, 419–427.

小野武年 (1993). 情の流れ——喜び, 悲しみ, 怒り, 恐れ（快・不快情動）. 早石修・伊藤政男編, 精神活動の流れを遡る vol. 1, メディカル・ジャーナル社, pp. 64–65.

Reisenzein, R. (1983). The Schachter theory of emotion: Two decades later. *Psychological Bulletin*, **94**, 239–264.

引用文献

Ross, E. D. (1984). Right hemisphere's role in language, affective behavior and emotion. *Trends in Neurosciences*, **7**, 342–346.

Schachter, S., & Rodin, J. (1974). *Obese humans and rats*. Lawrence Erlbaum Associates.

Schacter, S., & Singer, J. (1962). Cognitive, social and physiological determinants of emotional state. *Psychological Review*, **69**, 379–399.

スレーター, P.J.B. (1998). 動物行動学入門. 日高敏隆・百瀬浩訳. 岩波書店.

スピールバーガー, C. (1983). ストレスと不安——危機をどうのりきるか. 池上千寿子・根岸悦子・平木典子訳. 鎌倉書房.

Stice, E., Spoor, S., Bohon, C., Veldhuizen, M. G., & Small, D. M. (2008). Relation of reward from food intake and anticipated food intake to obesity: A functional magnetic resonance imaging study. *Journal of Abnormal Psychology*, **117**, 924–935.

塚田裕三 (1981). Science Illustrated 生きている脳. 日本経済新聞社.

ウヴネース-モベリ, K. (2008). オキシトシン——私たちのからだがつくる安らぎの物質. 瀬尾智子・谷垣暁美訳. 晶文社.

Yerkes, R. M., & Dodson, J. D. (1908). The relation of strength of stimulus to rapidity of habit-formation. *Journal of Comparative Neurology and Psychology*, **18**, 459–482.

ワイズ, J. (2010). 奇跡の生還を科学する——恐怖に負けない脳と心. ニキリンコ訳. 青土社.

トピック 6–1

ミルグラム, S. (1975). 服従の心理——アイヒマン実験. 岸田秀訳. 河出書房新社.

ニック, C.・エルチャニノフ, M. (2011). 死のテレビ実験——人はそこまで服従するのか. 髙野優監訳. 河出書房新社.

トピック 6–2

Arvey, R. D., Harpaz, I., & Liao, H. (2004). Work centrality and post-award work behavior of lottery winners. *Journal of Psychology*, **138**, 404–420.

Harpaz, I. (1989). Non-financial employment commitment: A cross-national comparison. *Journal of Occupational Psychology*, **62**, 147–150.

Highhouse, S., Zickar, M. J., & Yankelevich, M. (2010). Would you work if you won the lottery? Tracking changes in the American work ethic. *Journal of Applied Psychology*, **95**, 349–357.

第 7 章

アンドリアセン, N. C. (2007). 天才の脳科学——創造性はいかに創られるか. 長野敬・太田英彦訳. 青土社.

引用文献

Belmont, L., & Marolla, F. A. (1973). Birth order, family size, and intelligence. *Science*, **182**, 1096–1101.

Bouchard, T. J. Jr. (1994). Genes, environment, and personality. *Science*, **264**, 1700–1701.

Bouchard, T. J. Jr., & Segal, N. L. (1985). Environment and IQ. In B. B. Wolman(Ed.), *Handbook of Intelligence: Theories, Measurements, and Applications.* Wiley. pp. 391–464.

ブロード, W.・ウェード, N. (1988). 背信の科学者たち. 牧野賢治訳. 化学同人社.

Capsi, A., & Silva, P. A. (1995). Temperamental qualities at age three predict personality traits in young adulthood: Longitudinal evidence from a birth cohort. *Child Development*, **66**, 486–498.

Clark, G. (2007). *A farewell to alms: A brief economic history of the world.* Princeton University Press.

Craik, F.I.M., & Bialystok, E. (2006). Cognition through the lifespan: mechanisms of change. *Trends in Cognitive Sciences*, **10**, 131–138.

Ebstein, R. P. (2006). The molecular genetic architecture of human personality: Beyond self-report questionnaires. *Molecular Psychiatry*, **11**, 427–445.

Ebstein, R. P., Novick, O., Umansky, R., Priel, B., Osher, Y., Blaine, D., Bennett, E. R., Nemanov, L., Katz, M., & Belmaker, R. H. (1996). Dopamine D4 receptor (D4DR). exon III polymorphism associated with the human personality trait of Novelty Seeking. *Nature Genetics*, **12**, 78–80.

エリクソン, E. H. (1973). 自我同一性──アイデンティティとライフ・サイクル. 小此木啓吾訳編. 誠信書房.

Flynn, J. R. (1987). Massive IQ gains in 14 nations: What IQ tests really measure. *Psychological Bulletin*, **101**, 171–191.

ガードナー, H. (1999). 知能の多重性. 別冊日経サイエンス 128. 日経サイエンス社.

ゴールマン, D. (1996). EQ──こころの知能指数. 土屋京子訳. 講談社.

グールド, S. J. (1989). 人間の測りまちがい──差別の科学史. 鈴木善次・森脇靖子訳. 河出書房新社.

Hariri, A. R., Mattay, V. S., Tessitore, A., Kolachana, B., Fera, F., Goldman, D., Egan, M. F., & Weinberger, D. R. (2002). Serotonin transporter genetic variation and the response of the human amygdala. *Science*, **297**, 400–403.

Healey, M. D., & Ellis, B. J. (2007). Birth order, conscientiousness, and openness to experience: Tests of the family-niche model of personality using a within-family methodology. *Evolution and Human Behavior*, **28**, 55–59.

アイゼンク, H. J.・ケイミン, L. (1985). 知能は測れるのか──IQ 討論. 斎藤和明他訳. 筑摩書房.

引用文献

Jensen, A. R. (2002). Galton's legacy to research on intelligence. *Journal of Biosocial Science*, **32**, 145–172.

John, O. P., Angleitner, A., & Ostendorf, F. (1988). The lexical approach to personality: a historical review of trait taxonomic research. *European Journal of Personality*, **2**, 171–203.

Johnson, R. C., McClearn, G. E., Yuen, S., Nagoshi, C. T., Ahern, F. M., & Cole, R. E. (1985). Galton's data a century later. *American Psychologist*, **40**, 875–892.

Judge, T. A., Higgins, C. A., Thoresen, C. J., & Barrick, M. R. (1999). The big five personality traints, general mental ability, and career success across the life span. *Personnel Psychology*, **52**, 621–652.

King, J. E., & Landau, V. I. (2003). Can chimpanzee (Pan troglodytes) happiness be estimated by human raters? *Journal of Research in Personality*, **37**, 1–15.

Ludwig, A. M., Brandsma, J. M., Wilbur, C. B., Bendfeldt, F., Jameson, D. H., & Lexington, K. (1972). The objective study of a multiple personality: Or, are four heads better than one? *Archives of General Psychiatry*, **26**, 298–310.

McCrae, R. R., & Costa, P. T. Jr. (1999). A five-factor theory of personality. In L. A. Pervin & O. P. John(Eds.), *Handbook of Personality*, 2nd edition. The Guilford Press. pp. 139–153.

Morley, K. I., & Montgomery, G. W. (2001). The genetics of cognitive processes: Candidate genes in humans and animals. *Behavior Genetics*, **31**, 511–531.

Plucker, J. (2012a) http://www.indiana.edu/~intell/binet.shtml

Plucker, J. (2012b) http://www.indiana.edu/~intell/wisslers.shtml

Prabhakaran, V., Smith, J. A., Desmond, J. E., Glover, G. H., & Gabrieli, J. D. (1997). Neural substrates of fluid reasoning: an fMRI study of neocortical activation during performance of the Raven's Progressive Matrices Test. *Cognitive Psychology*, **33**, 43–63.

プロミン, R.・ディフリース, J. C. (1998). 知能はどこまで遺伝で決まるか. 日経サイエンス, 8 月号, 26–35.

Sandel, M. J. (2009). *Justice What's the right thing to do?* Penguin Books.

Schwartz, C. E., Wright, C. I., Shin, L. M., Kagan, J., & Rauch, S. L. (2003). Inhibited and uninhibited infants "grown up": Adult amygdala response to novelty. *Science*, **300**, 1952–1953.

スターンバーグ, R. (1983). "知的"なのは誰か──知能指数論争のあとで. ビーイング, 5 月号, 42–47.

Sulloway, F. J. (1995). Birth order and evolutionary psychology: A meta-analytic overview. *Psychological Inquiry*, **6**, 75–80.

トムソン, R. (1969). 心理学の歴史. 北村晴朗監訳. 北望社.

引用文献

Van der Horst, F.C.P., LeRoy, H.A., & Van der Veer, R. (2008). "When strangers meet": John Bowlby and Harry Harlow on attachment behavior. *Integrative Psychological & Behavioral Science*, **42**, 370–388.

Western, D., & Gabbard, G. O. (1999). Psychoanalytic approaches to personality. In L. A. Pervin & O. P. John(Eds.), *Handbook of Personality*, 2nd edition. The Guilford Press.

Zajonc, R. B. (1983). Validating the confluence model. *Psychological Bulletin*, **93**, 457–480.

トピック **7–1**

Brugger, P. (1993). 'Meaningful' patterns in visual noise: Effects of lateral stimulation and the observer's belief inn ESP. *Psychopathology*, **26**, 261–265.

クランシー, S. A. (2006). なぜ人はエイリアンに誘拐されたと思うのか. 林雅代訳. 早川書房.

Dywan, J., & Bowers, K. (1983). The use of hypnosis to enhance recall. *Science*, **222**, 184–185.

第 8 章

American Psychiatric Association (2004). DSM-IV-TR──精神疾患の診断・統計マニュアル 新訂版. 高橋三郎・大野裕・染谷俊幸訳. 医学書院.

バートン, R. A. (2010). 確信する脳. 河出書房新社.

Beck, A. R. (2005). The current state of cognitive therapy: A 40-year retrospective. *Archives of General Psychiatry*, **62**, 953–959.

Clark, L. A. (2007). Assessment and diagnosis of personality disorder: Perennial issues and an emerging reconceptualization. *Annual Review of Psychology*, **58**, 227–257.

DeLongis, A., Coyne, J. C., Dakof, G., Folkman, S., & Lazarus, R. S. (1982). Relationship of daily hassles, uplifts, and major life events to health status. *Health Psychology*, **1**, 119–136.

ドージア, R. Jr. (1999). 恐怖──心の闇に潜む幽霊. 桃井緑美子訳. 角川春樹事務所.

Erdelyi, M. H. (1985). *Psychoanalysis: Freud's cognitive psychology*, W.H. Freeman.

Gersons, B.P.R., & Carlier, I.V.E. (1992). Post-traumatic stress disorder: The history of a recent concept. *British Journal of Psychiatry*, **161**, 742–748.

Hall, K. J. (1997). Carl Rogers. www.muskingum.edu/~psych/psycweb/history/rogers.htm

Holmes, T. H., & Rahe, R. H. (1967). The social readjustment rating scale. *Journal of Psychosomatic Research*, **11**, 213–218.

ICD10 国際疾病分類第 10 版 http://www.dis.h.u-tokyo.ac.jp/byomei/icd10/

引用文献

Liberman, R., & Martin, T. Social Skills Training. http://www.hawaii.edu/hivandaids/ Social%20Skills%20Training%20for%20People%20with%20Serious%20Mental%20 Illness.pdf

伊藤芳宏 (1982). 自律訓練法の医学. 中央公論社.

川人博 (1998). 過労自殺. 岩波書店.

熊野宏昭 (1999). EMDR の誕生と発展. こころの臨床à・la・carte, 18, 7–13.

Lynam, D. R., & Widiger, T. A. (2001). Using the five-factor model to represent the DSM-IV personality disorders: An expert consensus approach. *Journal of Abnormal Psychology*, **110**, 401–412.

McGue, M., & Bouchard, T. J. Jr. (1998). Genetic and environmental influences on human behavioral differences. *Annual Review of Neuroscience*, **21**, 1–24.

Mowrer, O.H. (1951). Two-factor learning theory: Summary and comment. *Psychological Review*, **58**, 350–354.

村上春樹 (1997). アンダーグラウンド. 講談社.

ネメロフ, C. B.　(1998). うつ病の神経生物学. 日経サイエンス, 9 月号, 26–36.

Ottaviani, R., & Beck, A. T. (1987). Cognitive aspects of panic disorder. *Journal of Anxiety Disorders*, **1**, 15–28.

レスタック, R. M. (1995). 化学装置としての脳と心——レセプターと精神変容物質. 半田智久訳. 新曜社.

Rowland, N. E., & Antelman, S. M. (1976). Stress-induced hyperphagia and obesity in rats: A possible model for understanding human obesity. *Science*, **191**, 310–312.

Schwartz, J. M. (1997). Obsessive-compulsive disorder. *Science & Medicine*, **March/ April**, 14–23.

Selye, H. (1950). Stress and the general adaption syndrome. *British Medical Journal*, **1**, 1383–1392.

Striegel-Moore, R. H., Silberstein, L. R., Grunberg, N. E., & Rodin, J. (1990). Competing on all fronts: Achievement orientation and disordered eating. *Sex Roles*, **23**, 697–702.

Wu, J., & Lebreton, J. M. (2011). Reconsidering the dispositional basis of counterproductive work behavior: The role of aberrant personality. *Personnel Psychology*, **64**, 593–626.

渡辺利夫 (1999). 神経症の時代. 学陽書房.

ウェンダー, P.H.・クライン, D.F. (1990). 現代精神医学への招待——生物学的アプローチの射程（上下）. 松波克文・福本修訳. 紀伊國屋書店.

引用文献

トピック 8–1

Cohen, G. L., Garcia, J., Apfel, N., & Master, A. (2006). Reducing the racial achievement gap: A social-psychological intervention. *Science*, **313**, 1307–1310.

Ramirez, G., & Beilock, S. L. (2011). Writing about testing worries boosts exam performance in the classroom. *Science*, **331**, 211–213.

Wine, J. (1971). Test anxiety and direction of attention. *Psychological Bulletin*, **76**, 92–104.

事項索引

あ 行

愛情　184
愛他　88, 183
愛着　184, 188, 189
アイヒマン実験　214
悪夢　261
アセチルコリン　35
遊び　181
アドレナリン　35, 199
アフォーダンス　103, 106
アルツハイマー病　229
暗順応　132
イオンチャンネル　34, 36
怒り　197, 210
閾下　127
閾下広告　127
意思決定　113, 121, 123
イソニアジド　274
依存性人格障害　266
1 次視覚野　96
一卵性　230
一過性全健忘　174
一般知能　228
偽りの記憶　166, 167, 251
遺伝子アルゴリズム　57–59
遺伝子多型　235, 242, 243
意図的　116
意味記憶　150, 153
因子分析　240
インシュリン昏睡療法　274
陰性症状　255
インパルス　36, 93–95
インプリンティング　143, 144

氏か育ちか　229

嘘　85–87
うつ病　256
ヴュルツブルグ学派　33
運動技能　129
運動野　40–42, 81
疫学　19, 21
エディプスコンプレックス　141
エピソード記憶　153, 157, 160, 172, 174, 261
演技性人格障害　266
エンメルトの法則　126
黄斑部　95
応用行動分析　280
オキシトシン　185
オペラント条件づけ　135
音韻　75, 147
音韻ループ　152
音素　76

か 行

外向性　240, 241, 267
概日周期　49
回収　168
外集団　87–89
外側　38
外側膝状体　96
下位側頭葉　103, 111, 112, 116
解体型　255
快中枢　187
海馬　153, 154, 173, 174, 261
回避　196, 262
回避学習　200, 263
回避性人格障害　266

事項索引

開放性　240, 242, 247
外抑制　135
解離　167, 245, 263
乖離　107
解離性健忘　263
解離性同一性障害　263
解離性遁走　263
蝸牛　94
学習　129
学習障害　254
学習の準備性　14, 143
覚醒　35, 49, 190, 192
カクテルパーティ現象　114
確認バイアス　19
過食　264, 265
カセクシス　32, 276
カタレプシー　255
合算モデル　234
活性化−合成説　52
悲しみ　196
カプグラ症候群　163
過労　258
感覚器官　93−95, 100, 113, 131
間隔尺度　4
感覚貯蔵　148
眼窩面　123, 208, 211, 212, 257
眼球運動　100, 279
関係性の学習　129
関係念慮　266
間欠強化　138
観察学習　131, 140, 142
干渉　168
桿体　94
観念運動失行　106
間脳　37
願望充足説　52
記憶検索　161
利き手　43, 46, 73
気質　236
季節性うつ病　256
基底膜　94
技能　81, 129, 280
機能局在　40, 43, 229

機能的イメージング　17, 82, 91
機能的 MRI　18
機能の非対称性　43
気分　193, 253, 256
気分障害　254
基本的信頼　244
帰無仮説　24
記銘　168
虐待　245
逆 U 字の関係　190
逆向性健忘　174
急速眼球運動　50
鏡映描写　154
強化　135, 136, 211
境界性人格障害　266
強化の随伴性　136
強化のスケジュール　138
共感　91, 92
教示による学習　131
強迫観念　257
強迫行為　257
強迫神経症　257
強迫性障害　257
強迫性人格障害　266
恐怖症　259
近縁選択　88
緊張型　255
偶発学習　160
クライエント　168, 275
クリューバー＝ビューシー症候群　209
グルタミン酸　35, 36
グルーミング　79, 80
クロルプロマジン　274
警告反応期　271
ゲシュタルト　109
ゲシュタルト心理学　99, 109
ゲシュタルトの法則　109
結晶性知能　227
ゲネプロア　120
原因帰属　203
言語習得　14, 15, 77, 78, 81, 144, 146
言語本能説　14
幻聴　255

事項索引

権力　183
語彙　75, 147
溝　37
交感系　199
好奇心　181
交互作用　23
交差支配　43
高次の精神機能　12, 37, 82, 85, 113, 181
恒常性　101, 106, 125
高所恐怖　259
口唇期　244
公正　91, 183
後天的　205
行動主義　9–12, 135, 143
行動変容　277
後頭葉　38, 96, 111
行動療法　279
構文　75
肛門期　244
効用　122
黒質　187
心の理論　83, 84
誤再認課題　252
個人差　219
誤信念　83
古典的条件づけ　11, 131–134, 145
好み　236
鼓膜　94
コミュニケーション　74
コルチコトロピン放出ホルモン　199
コルチゾール　199

さ　行

再学習　169
再生　161
再取り込み阻害剤　275
再認　161, 162
催眠術　167, 251, 275
作業記憶　114, 152, 161
錯視　106, 125
サッケード　101, 102
残遺型　255

三環系抗うつ薬　275
サンプリング　149
シェーピング　139
ジェームズ＝ランゲ説　201, 202, 204
視蓋　100
視覚失認　107
視空間機能　23
視空間メモ帳　152
軸索　34, 36
刺激　10, 132
刺激希求　242
自己愛性人格障害　266
試行錯誤　137
視交差上核　49
自殺　256
視察時間　229
視床　96
視床下部　49, 179
視床下部−下垂体−副腎系　199
自傷行為　267
耳小骨　94
自然範疇　117, 118
執行機能　116, 123, 152
失語症　44, 147
自伝的記憶　153, 172
シナプス　34, 36
シナプス間隙　34, 243, 275
シナプス小胞　34
支配　183, 242
紙筆検査　225
自閉症　84, 280
自閉症スペクトラム　254
自民族中心主義　182
視野　44
社会化　141
社会的学習　141
社会的動機　179, 182
社会病質人格　212
尺度　238
社交恐怖　260
シャドーイング　114
遮蔽　101
ジャメビュ　163

305

事項索引

従属変数　22
集団選択　89
集団防衛　182
終脳　37
自由連想　275
主観的輪郭　102
樹状突起　34
受容体　34, 35, 235, 242
受容野　111
手話　77
順序尺度　4
順応　131
生涯発達　227
上丘　100
消去　135
条件刺激　132
条件反応　133
焦点　41, 48, 163
情動　177, 193
情動価　195
情動条件づけ　279
衝動性　267
情動知能　227, 248
処理の深さ　160
自律訓練法　279
自律神経系　17, 199
自律性　244
人格障害　249, 251, 254, 265, 267, 269
新奇性　156
親近感　163
神経細胞　34, 36, 41
神経症　32
神経症傾向　240, 241, 249, 267
神経性食思不振症　264
神経性大食症　264
神経性無食欲症　264
神経節細胞　96, 97, 111
神経伝達物質　34-36, 275
神経ペプチド　35
人工知能　13
人生の重大事　271
心臓神経症　260
身体マーカー　122

心的外傷後ストレス障害　259, 261
心的外傷体験　174, 261
心的回転　22
心脳一体論　33
新皮質　39
心理療法　273, 282
親和　184
随意的　116
錐体　94
睡眠　50, 172
スキゾイド人格障害　266
スキナー箱　138
スキンシップ　185
鈴木－ビネー知能検査　222
スタンフォード－ビネー知能尺度　222
ステレオタイプ　117
ストレス　253, 264, 265, 270, 273
スモールステップの原則　139
刷り込み　144
性格　236
生活技能訓練　280
生活変化単位　272
正規化　108
正規分布　20, 27
誠実さ　240, 242, 269
誠実性　249
脆弱性　267, 270
精神年齢　223
精神病質人格　269
精神分析（学）　33, 141, 168, 174, 244, 245,
　　　264, 269, 276, 278
精神分裂病　255
精神療法　273
生成－再認モデル　162
生態学的心理学　103
生得的　205
正の強化　136
正の情動　195
正の罰　136, 137
生物学的動機　179, 188
生理心理学　17
生理的早産　66
脊髄　37, 202

事項索引

積極性　244
摂食障害　254, 264
摂食中枢　179
説得　277
セロトニン　35, 243, 257, 275
宣言的記憶　153, 159, 161
前向性健忘　154, 173
全生活史健忘　174, 264
選択的注意　113, 114
先天盲　129
前頭極　123
前頭前野　39, 53, 84, 85, 116, 123, 181, 208,
　　211, 257
前頭葉　38, 39, 44, 52, 53, 123, 203, 208,
　　259
前部帯状回　91, 210, 211, 257
躁うつ病　257
相関係数　20
双極性障害　257
双生児法　230, 241
喪失　196
躁病　256
相貌失認　112
側座核　188
側性化　43
側頭頭頂接合部　55
側頭葉　38, 43, 44, 55, 117, 153, 163, 209

た　行

第 1 種の誤り　24
大うつ病　256
体外離脱　43
体外離脱体験　55
大衆心理学　246
対処　272
体性感覚野　41, 42
態度　236
第 2 種の誤り　25
大脳化指数　64, 65
大脳基底核　187, 211, 257
大脳半球　43, 147
大脳皮質　37, 39–41, 43, 52, 68, 69, 100,

229
大脳辺縁系　39, 53, 122, 179, 181, 208, 211
タイムラグ効果　172
代理母　188
タキストスコープ　44, 48, 149
多幸　194
多重人格　245
達成　184
達成動機　265
田中－ビネー知能検査　223
多変量解析　240
短期記憶　148, 150, 151
男根期　244
単純細胞　111
単純接触効果　163
知覚　93
知覚技能　129
知覚システム　93, 100, 109
知能　220
痴呆症　113
注意　150
注意欠陥多動症　254
中隔　186
中心窩　95
調音　146
聴覚野　44, 94
長期記憶　148, 153
超自我　276
超社会性　87, 182
超社会的動機　182
超正常刺激　98
超複雑細胞　111
調和性　240, 242, 249, 269
直立 2 足歩行　60–64
月の錯視　101, 125
定位反射　135
抵抗期　271
デジャビュ　43, 163
手続き的記憶　153
転移　48
てんかん　40, 48, 55, 153, 159, 163, 254
電気ショック療法　274
典型性　117

307

事項索引

島　　91
同一視　　141
動因　　178
動因低減　　179, 180
投影法　　238
動機づけ　　128, 177
道具製作　　71
道具的条件づけ　　131, 135, 211
統計的検定　　22
統合失調型人格障害　　251, 266
統合失調症　　254, 255
洞察　　119
闘争か逃走か　　194, 199
頭頂葉　　38, 55, 102, 106
動物行動学　　97
特異性言語障害　　81
特性　　237
特性論　　237, 238
独立変数　　22
度数分布　　20, 27
トップダウン　　116
ドパミン　　35, 52, 187, 242, 274
トランスポーター　　243, 275

な　行

内観　　8, 9, 16, 29, 31, 33, 119
内集団　　87–89
内集団優越性　　182
内側　　38
内側前脳束　　187
内側面　　123, 208, 212
内発的動機　　179, 181
内抑制　　135
ナックルウォーク　　63, 64
慣れ　　131
二重課題　　115
ニッチ　　246
二要因説　　203
二卵性　　230
認知　　93, 113
認知科学　　12, 15
認知行動療法　　279

脳幹部　　37, 49, 50, 52, 187
脳幹網様体賦活系　　50
脳の報酬系　　180
脳波　　17, 36, 41
脳梁　　44, 46–48, 210
ノルアドレナリン　　35, 275
ノンバーバルコミュニケーション　　75, 76, 198
ノンパラメトリック検定　　23
ノンレム　　50, 51, 53

は　行

背外側部　　39, 123
背側　　38, 102, 104
破瓜型　　255
パーキンソン病　　187
剥奪法　　205
パターン認識　　13, 98, 108, 109, 112
罰　　135, 137
パニック　　260
パニック障害　　259, 260
早さと正確さの間の交換条件　　103
パラダイム　　7
パラメトリック検定　　23
般化　　10, 134, 137, 262
半球　　38
反射　　132
反社会性人格障害　　266
繁殖可能性の秘匿　　71
汎適応症候群　　270
反転学習　　47
反応　　10, 132
反応時間　　8, 17, 220, 221, 229
ヒステリー　　263, 275
ヒステリー性格　　266
尾側　　38
ビッグ5　　238, 240–242, 246, 248
ビネー－シモン知能尺度　　222, 224
日々の面倒事　　272
疲弊期　　271
比率尺度　　4
広場恐怖　　259
評価　　272

事項索引

標準化　219
標準偏差　20
敏感期　144
不安　192, 197, 245, 282
副交感系　199
複雑細胞　111
服従　183
副腎皮質刺激ホルモン　199
腹側　38, 102
腹側被蓋野　188
符号化　95, 97
符号化特異性　160, 161, 164
負の強化　136
負の情動　196
負の罰　136
部分報告　149
プライミング　115, 127
フラッシュバック　261
フラッシュ様記憶　156–158, 164
フリン効果　232
プレグナンツ　109
文化　72
分化　134
分割脳　31, 47, 48
吻側　38
文法　75, 77, 81, 147
平均　20
変形文法　13, 14
偏相関係数　22
扁桃体　158, 209, 241, 243
弁別訓練　134
防衛機制　245
包括的適合度　88
忘却　168
報酬　135, 137
報酬系　186, 188, 242
紡錘状回　112
保持　168
母集団　20, 23, 25, 27
母性行動　185
母性剥奪　245
ボトムアップ　116
ホメオステーシス　179, 270

ま　行

マインド　32
マキャベリ型人格　269
マキャベリ的知性　67, 68
膜電位　36
満腹中枢　179
味覚嫌悪学習　143, 145, 146
未視感（ジャメビュ）　43
無意識　32, 33, 276
無意識の推論　103
無意味綴り　169
無条件刺激　132
無条件反応　132
迷信行動　140
迷走神経　159
メラトニン　35
妄想　255
妄想型　255
妄想性人格障害　266
網膜　94
モデリング　141
モノアミン　35, 275
モノアミン酸化酵素　275
森田療法　279
問題解決　119

や　行

ヤーキス＝ドッドソンの法則　191, 192
闇の3つ組み　269
有意差　23
有意水準　24
誘引　178, 180
床効果　192
夢の仕事　52
夢見　52
陽性症状　255
抑圧　168
抑うつ　194
抑うつ神経症　258

事項索引

ら　行

来談者中心療法　278
ランゲージユニバーサル　15
離人症性障害　264
リスク評価　198
利他　87-89, 183
リチウム塩　274
リビドー　244, 276
流動性知能　227
両眼視差　105, 111
両耳分離聴　44, 45, 113, 114
臨界期　82, 144, 147
臨死体験　55
類型論　237
レイブンプログレッシブマトリックス検査　223,
　233, 235
暦年齢　224
レピソード記憶　155
レミニッセンス　158
レム睡眠　50-53
連合　130

連想　164
連続強化　138
ロボトミー　153
ロールシャッハ検査　239

アルファベット

DSM-IV-TR　255
EMDR　279
fMRI　18, 159
IQ　224
NEO-FFI　241
NEO-PI-R　240
NIRS　18
PET　18, 159
PTSD　261
WAIS　223
WISC　223
X 理論　186
Y 理論　186
γ-アミノ酪酸　35, 36

人名索引

あ 行

アイゼンク (Eysenck, H.J.)　　230
アイブル=アイベスフェルト (Eibl-Eibesfeldt, I.)　　206
アセリンスキー (Aserinsky, E.)　　50, 51
ヴィカリー (Vicary, J.)　　127
ウィーゼル (Wiesel, T.N.)　　111
ウェクスラー (Wechsler, D.)　　223
ウェルニッケ (Wernicke, K.)　　44
ヴント (Wundt, W.)　　8, 9, 17, 33, 190
エクマン (Ekman, P.)　　206
エビングハウス (Ebbinghaus, H.)　　168, 169
エームズ (Ames, A.)　　105
エリクソン (Erikson, E.H.)　　244
オールズ (Olds, J.)　　186, 188
オルポート (Allport, G.)　　239

か 行

ガザニガ (Gazzaniga, M.S.)　　48
ガードナー (Gardner, H.)　　228
ガードナー夫妻 (Gardner, R.A. ·Gardner, B.T.)　　77
ガルシア (Garcia, J.)　　145
ギブソン (Gibson, J.J.)　　103, 104, 106
キャッテル (Cattell, R.B.)　　238, 239
キャノン (Cannon, W.B.)　　201, 202
ギルフォード (Guilford, J.P.)　　120
グッドール (van Lawick-Goodall, J.)　　71, 72
クライトマン (Kleitoman, N.)　　50, 51
クランシー (Clancy, S.A.)　　251
クーリク (Kulik, J.)　　156, 157
クリック (Crick, F.)　　53

クリューバー (Klüver, H.)　　209
グールド (Gould, S.J.)　　229
クレイク (Craik, F.I.M.)　　160
クレッペリン (Kraepelin, E.)　　257
ケイド (Cade, J.)　　274
ケイミン (Kamin, L.)　　230
ゲージ (Gage, P.)　　212
ケーラー (Köhler, W.)　　119
コスタ (Costa, P.T.)　　240
コノルスキー (Konorski, J.)　　135
ゴールトン (Galton, F.)　　220, 221, 224, 229, 230, 232, 246
ゴールマン (Goleman, D.)　　248

さ 行

サベージ-ランボー (Savage-Rumbaugh, S.)　　78
ザヨンク (Zajonc, R.B.)　　234
サロウェー (Sulloway, F.J.)　　246
サンデル (Sandel, M.J.)　　232
ジェームズ (James, W.)　　201
シェリントン (Sherington, C.S.)　　40
シモン (Simon, T.)　　222
シャクター (Schachter, S.)　　180, 203, 204
スキナー (Skinner, B.F.)　　135, 138, 139
スティクゴールド (Stickgold, R,)　　172
スティーブンス (Stevens, S.S.)　　4
スパーリング (Sperling, G.A.)　　149, 150
スピアマン (Spearman, C.E.)　　228, 229
スペリー (Sperry, R.W.)　　47, 48
セリエ (Selye, H.)　　270
ソームズ (Solms, M.)　　52, 53

311

人名索引

た 行

ダーウィン (Darwin, C.)　57, 59, 60, 205, 247
ダート (Dart, R.)　62
田中啓治　111
ダマジオ (Damasio, A.R.)　210, 212
ターマン (Terman, L.)　222, 224, 248
タルヴィング (Tulving, E.)　162
ダンバー (Dumbar, R)　68, 79, 80
チョムスキー (Chomsky, N.)　13, 14, 81, 146
ティンバーゲン (Tinbergen, N.)　97
テラス (Terrace, H.S.)　78
ドッドソン (Dodson, J. D.)　191
ドンダース (Donders, F.C.)　17

な 行

ナイサー (Neisser, U.)　12, 155, 157
ニールセン (Nielsen, T.A.)　172
ノーマン (Norman, D.A.)　13

は 行

バッドリー (Baddeley, A.)　152
バートレット (Bartlett, F.C.)　164, 166
パブロフ (Pavlov, I.P.)　11, 132, 133
ハーロー (Harlow, H.F.)　188, 245
バンデューラ (Bandura, A.)　141
ビネー (Binet, A.)　222, 224, 225
ビューシー (Bucy, P.C.)　209
ヒューベル (Hubel, D.H.)　111
フィンク (Finke, R.A.)　120
フォン・エコノモ (von Economo, C.F.)　49
フォン・フリッシュ(von Frisch, K.)　74
ブラウン (Brown, R.)　156, 157
プリブラム (Pribram, K.H.)　209
フリン (Flynn, J.R.)　234
ブロイアー (Breuer, J.)　275
フロイト (Freud, S.)　32, 33, 52, 53, 141, 168, 244, 245, 263, 275, 276

ブローカ (Broca, P.P.)　44
ヘイズ夫妻 (Hayes, K.L.・Hayes, C.)　76
ベック (Beck, A.T.)　278
ペパーバーグ (Pepperberg, I.)　7
ヘルムホルツ (von Helmholz, H.L.F.)　103, 104, 108
ペンフィールド (Penfield, W.)　40-43, 55, 154, 155
ホブソン (Hobson, J.A.)　33, 51, 52, 172
ホーマン (Hohmann, G.W.)　202
ホームズ (Holmes, T.H.)　272
ボールビー (Bowlby, J.)　245

ま 行

マキャベリ (Machiavelli, N.)　67
マクリーン (McLean, P.D.)　39
マクレー (McCrae, R.R.)　240
マクレガー (McGregor, D.)　186
マグーン (Magoun, H.W.)　49, 50
マッカーリー (McCarley, R.)　52
ミッチソン (Mitchison, G.)　53
ミラー (Miller, G.A.)　150
ミルグラム (Milgram, S.)　214
ミルナー (Milner, P.)　186, 188
森田正馬　279
モルッチ (Moruzzi, G.)　49, 50

や・ら・わ行

ヤーキス (Yerkes, R.M.)　191, 225
ラーエ (Rahe, R.H.)　272
ラザルス (Lazarus, R.S.)　272
ランゲ (Lange, C.G.)　201
リーキー (Leakey, L.S.B.)　72
リンゼイ (Rinsei, P.H.)　13
ロジャース (Rogers,C.)　278
ロックハート (Lockhart, R.S.)　160
ロディン (Rodin, J.)　180
ロフタス (Loftus, E.F.)　166
ワトソン (Watson, J.B.)　10, 11, 133, 143

著者略歴

岩崎祥一（いわさき しょういち）
1951年生まれ。1978年，東北大学文学研究科大学院博士課程満期退学。博士（医学）。福島県立福島医科大学教授を経て，東北大学大学院情報科学研究科教授。著書に『脳の情報処理』（単著，サイエンス社，2008），『知性と感性の心理』（共著，福村出版，2000）がある。

心を科学する 心理学入門
2013年2月10日　第1版第1刷発行

　　　　　著　者　岩　崎　祥　一

　　　　　発行者　井　村　寿　人

　　　発行所　株式会社　勁　草　書　房
112-0005 東京都文京区水道2-1-1　振替 00150-2-175253
　　（編集）電話 03-3815-5277／FAX 03-3814-6968
　　（営業）電話 03-3814-6861／FAX 03-3814-6854
　　　　　　　　　　　三秀舎・中永製本所

© IWASAKI Syoichi　2013

Printed in Japan

JCOPY <(社)出版者著作権管理機構 委託出版物>
本書の無断複写は著作権法上での例外を除き禁じられています。複写される場合は，そのつど事前に，(社)出版者著作権管理機構（電話 03-3513-6969, FAX 03-3513-6979, e-mail: info@jcopy.or.jp）の許諾を得てください。

＊落丁本・乱丁本はお取替いたします。
　　　　　http://www.keisoshobo.co.jp

心を科学する　心理学入門
2018年8月10日　オンデマンド版発行

著　者　岩　崎　祥　一
発行者　井　村　寿　人
発行所　株式会社　勁草書房
112-0005 東京都文京区水道 2-1-1　振替　00150-2-175253
（編集）電話 03-3815-5277／FAX 03-3814-6968
（営業）電話 03-3814-6861／FAX 03-3814-6854
印刷・製本　（株）デジタルパブリッシングサービス http://www.d-pub.co.jp

Ⓒ IWASAKI Syoichi 2013　　　　　　　　　　　　　AK324
ISBN978-4-326-98323-0　Printed in Japan

JCOPY ＜(社)出版者著作権管理機構　委託出版物＞
本書の無断複写は著作権法上での例外を除き禁じられています。
複写される場合は、そのつど事前に、(社)出版者著作権管理機構
（電話 03-3513-6969、FAX 03-3513-6979、e-mail: info@jcopy.or.jp）
の許諾を得てください。

※落丁本・乱丁本はお取替いたします。
　　http://www.keisoshobo.co.jp